장애인자립생활개론

Introduction: INDEPENDENT LIVING

| 조영길 · 김정미 · 노경수 공저 |

학지사

머리말

 우리나라의 장애인복지는 그동안 선진국의 재활(rehabilitation) 모델을 연구하며 여러 장애 관련 특별법을 신규 제정하거나 개정하여 재활의 바탕을 공고히 해 왔다. 특히 2011년에 「장애인활동 지원에 관한 법률」이 제정됨으로써 중증장애인들의 신변 보호는 물론 사회적 참여가 보다 두드러지게 나타났다.

 장애인복지는 그동안 사회복지학의 한 영역으로만 인식되어 왔지만, '재활'이 학문적 영역으로 전문화되고 발전하면서 여러 대학에서 재활관련 학과를 설치·운영하고 있다. 재활을 전공한 뒤 전문 자격증을 취득할 수 있는 학과는 직업재활학, 특수교육학, 재활치료학(물리치료, 작업치료, 보조기기, 언어치료, 심리치료), 재활체육학 등으로 각 영역에서 전문가들을 육성하여 왔다. 그리고 이러한 노력들은 장애에 대한 국민의 인식을 한층 고양시키고, 국가적 책무성을 다하는 데 기여했다. 뿐만 아니라 재활을 하나의 학문적 영역으로 활성화하고, 보호와 시혜 중심인 장애인복지 패러다임을 통합으로 전환하였으며, 장애인이 자립할 수 있는 역량을 모아 왔다.

 현재 우리나라 정부는 '제4차 장애인정책발전 5개년 계획' 「장애인차별금지 및 권리구제 등에 관한 법률」 그리고 'UN 장애인권리협약'에 대한 정책을 실천하고 있다. 이러한 비약적 발전은 전 세계가 공동으로 빈곤, 장애, 여성에 대해 고민하고, 이에 대한 국가별 대책을 수립하며 문제를 해결하는 데 노력을 기울이고 있다는 것을 보여 준다.

최근 재활 전문가들은 지역사회 통합을 이슈화하고, 장애인 당사자들은 스스로 자립생활 패러다임을 도입하는 데 힘을 모아 왔다. 또한 재활 전문가들과 장애인 당사자들은 재활치료가 아니라 장애인의 자유와 시민의 권리, 자립에 대한 문제해결이 급선무이며 신변 관리가 우선임을 자각하고, 서구의 자립생활(Independent Living) 시스템을 보급하는 데 주력하였다. 그 결과 자립생활 프로그램은 '장애인 활동지원' 제도의 도입, 「장애인복지법」 개정, 동료 간 상담, 지역별 자립생활센터 설치, 자립생활 서비스 개발 등 활발한 당사자 운동을 중심으로 자립생활연합체를 결성하고, 자조그룹을 활성화하며, 자립생활의 교두보인 '체험 홈'을 지역에 설치하여 자립생활기술을 당사자에게 전수해 오고 있다. 이러한 시스템을 전담하는 조직인 지역 거점 소규모 장애인자립생활센터는 중증장애인의 서비스 전달체계로서 자리매김하여 왔다. 그러나 장애관련 시설이 「장애인복지법」에 근거하여 국가로부터 운영비를 지원받고 있는 것과 달리 장애인자립생활센터는 아직 법적으로 장애인시설로 인정받지 못하여 국가로부터 운영비를 지원받지 못하고 있으며, 매년 심사를 통하여 프로그램 운영비만을 지원받는 실정이다. 즉, '장애인자립생활센터'는 아직 국가 서비스 전달체계로 완전한 뿌리를 내리지 못하고 있는 실정이고, 더불어 고용직 종사자들도 적절한 대우를 받지 못하고 있으며, 이에 대한 법적 근거도 미약하다.

장애인자립생활센터가 중증장애인에 대한 개별적인 서비스 제공을 가장 우선시하여 장애인 활동지원인 양성과 파견이 특별법으로 제도화되었으나 재정이 불안정하여 많은 논란을 가져오고 있다. 뿐만 아니라 센터 종사자들 또한 전문 교육이 미비하여 중증장애인의 완전한 자립을 위한 개별적 지원을 제공하는 데 한계를 나타내고 있어 이를 위한 종사자들의 실무자 교육용 교재가 절실하다.

저자는 자립생활센터 종사자와 관련 학문을 전공하는 대학생들을 위해 자립생활에 대한 전반적 이론과 실제 적용 가능한 실무를 중심으로 자립생활 시스템 전반에 필요한 개론서를 집필하여 교재로 사용하고자 하였다. 또한 자립생활 현장에 종사하는 종사자를 공동 저자로 참여시켜 자립생활에서 필요로 하는 영역을 세부적으로 다룸으로써 지역사회의 자립생활센터가 실천적 학문으로서 언제든지 활용 가능하도록

이 책을 편집하고자 노력하였다. 이 책은 많은 학자와 연구진의 결과물로 자립생활에 필요한 이론과 실무를 한데 담아내는 것과 이용자 중심으로 편집하는 것을 목표로 하였다. 특히 전반부에서는 자립생활의 철학과 이념을 강조하였고, 각론은 자립생활센터가 실천하는 서비스를 중심으로 담아내는 데 주력하였다.

이 책을 출판할 수 있도록 배려해 주신 학지사 김진환 사장님과 집필에 참여한 김정미 해운대장애인자립생활센터 소장님, 노경수 사상구장애인자립생활센터 소장님께 감사의 마음을 전한다.

2016년 7월
대표저자 조영길

차 례

제3부
자립생활 서비스

제4부

자립생활 조직의 성과

제5부

중증장애와 소득

제1부

자립생활의 이해

제1장
자립생활운동의 배경

1. 자립생활운동

1960년대 미국 사회는 흑백 갈등으로 인권과 시민사회 운동이 거세게 확산되었다. 이러한 시민운동은 여성, 이민자, 베트남 전쟁, 반핵과 같은 커다란 사회적 이슈들을 가지고 청년들에 의해 활발하게 전개되었다. 이 시민운동으로 1964년 「공민권법」이 제정되었다. Kennedy는 흑인해방운동을 지지하고 여성의 사회적 권익을 높이는 데 조력하였으며, 더불어 지적장애인과 중증장애인에 대한 제도적 정비를 통해 장애인의 권리를 보장하고 사회참여를 지지하였다. 또한 이 시기에 장애유형별 단체가 급격히 조직화되었고, 장애인들도 민권운동에 가담하였다. 따라서 지방 혹은 전국 차원에서 장애인단체들의 권익옹호 활동이 전개되었다(이은경, 1996).

장애인단체들은 정상화 이념에 기초하여 탈시설화 운동을 제기하면서 스스로 자신의 생활을 관리하고 통제할 수 있는 지역사회 거주를 위해 노력해 왔다. 이러한 자조운동의 배경은 공민권 운동에 영향을 받아 장애인들도 인권을 주장하고 사회운동에 동참하였다.

장애를 가진 청년이었던 Edward Roberts, John Hessler, Judy Heumann은 캘리포니아 버클리 대학교의 선후배 관계로 학교 내에서 장애학습권을 획득하고자 함께 노력하였다. 자립생활운동은 소아마비 장애를 가진 Roberts가 1962년 버클리 대학교에 입학하면서 처음 전개되었다. 최초의 자립생활운동은 1969년 버클리 대학교 내의 Cowell 병원 장기입원 환자를 대상으로 한 장애거주자 지원 프로그램에서 그 기원을 찾을 수 있다. 이때 장애학생들이 대학교육을 이수하기 위해 '자립생활의 전략'이라는 보고서를 스스로 작성하였고, 프로그램으로 실천하였는데 이것이 오늘날 자립생활 철학이 되었다.

학교 내 장애학생고등교육지원프로그램(Physically Disabled Student Program: PDSP)은 몇 년 후 자립생활센터를 계획하고 발족하는 데 기반이 되었다. PDSP는 학습도우미가 필요한 장애인에게 교내에서 학습보조 서비스를 지원하는 제도로 각 주마다 지원 내용의 차이는 있지만 장애학생고등교육 지원이라는 측면에서 효과적인 프로그램이라 할 수 있다. 특히 중증장애인을 위하여 유급활동지원인을 지원하고, 시각장애인을 위하여 낭독자 및 점자 번역물을 지원하였으며, 청각장애인을 위하여 수화통역인을 파견하는 등 주정부 예산으로 프로그램이 지원되었다. 이에 따라 많은 장애학생이 고등교육의 기회를 제공받을 수 있게 되었고, 특히 Edward Roberts를 비롯하여 Judy Humann 등이 PDSP 지원에 힘입어 대학생활은 물론 자립생활 지도자로서의 역량을 키워 오게 되었다. 이들은 장애인의 지역사회 통합과 권익옹호를 주장하였고, 경험을 살려 장애인이 필요로 하는 서비스를 개발하고 사회적 편견과 맞서는 운동을 전개하였다.

1996년 버클리 대학교의 PDSP 통계를 살펴보면, 838명의 장애학생이 PDSP 지원을 받았으며, 지원 프로그램은 ① 상담서비스(입학상담, 주택정보제공), ② 전문서비스(활동지원인 파견, 시각·청각·학습장애 학생을 위한 점자 번역 지원, 가이드 헬퍼 파견, 수화통역사 파견, 이송서비스 제공), ③ 직업 소개, ④ 스포츠 등 여가 서비스 등을 포함하였다.

최초의 자립생활센터(Center for Independent Living)는 Edward Roberts에 의해 1972년 버클리 대학교 내에 설치되었고, 연방재활국으로부터 5만 달러를 지원받아 운영되었다. 그는 "장애인의 생활영역은 시설이 아니고 지역사회이며, 장애인은 환자나 혹은 숭배할 대상도 아니다. 장애인은 스스로 복지 서비스를 관리하는 관리자이며, 사회적 편견을 해소하는 데 앞장서야 한다."라고 장애인자립생활을 강조하였다.

자립생활센터에 지원된 보조금은 사무실 운영비, 소모품, 전화 등 임대료 및 사무비로 활용되었다. 자립생활센터의 주된 역할은 장애인 거주 주택의 경사로, 실내 장식의 개조, 복지서비스, 공공부조, 의료보호 등 장애인이 연방정부로부터 받을 수 있는 복지서비스에 대한 상담, 휠체어 수리 및 활동을 위한 특수 장치가 부착된 차량 제공을 통한 이동과 접근성 확보 등이 주된 역할이었다. 이들은 지역 내 장애문제와 관련하여 당사자의 욕구를 토론하고 표현할 수 있도록 자조조직을 결성하였다. 또한 자생적으로 자조조직의 성장을 도모할 수 있도록 일체감은 물론 동료지지, 생존력을 강화하는 데 필요한 역량을 모아 갔다. 그리고 이러한 활동들은 버클리 대학교 내의 자립생활센터에서 지역사회로 확산되었다. 이 시기 다수의 장애인이 시설에 거주하고 있었는데, 많은 장애인이 주거권 확보를 동시에 주장하였고 일상생활 서비스를 구체적으로 요구하였다. 또한 상호 연결망을 형성하고 지속적인 교류를 통해 그 운동력을 결집하였다.

2. 자립생활의 제도화

장애인정책은 제1차 세계대전 직후 1935년 장애인·노인의 소득보장에 대한 「사회보장법」 도입과 함께 1965년 의료보장 정책인 '메디케이드(Medicaid)' 및 '메디케어(Medicare)'가 도입됨으로써 지역사회 거주가 가능한 장애인복지 기틀이 마련되었다. 자립생활을 제도화하기 위해 1961년 '국립재활협회'는 자립생활 서비스 법안을 여러 차례 추진하였으나 부결되었다. 그러나 PDSP는 장애학생고등교육권 보장 차원에서 활동을 지원함으로써 중증장애인이 지역사회에 거주할 수 있는 탈시설 전략을 수립하고 개발하는 데 기여하였다. 미국은 1920년대부터 전통적 장애인복지 서비스를 '직업재활'에 중심을 두고 그에 대한 시스템을 개발하여 왔고, 여러 차례 「재활법(Rehabilitation Act)」에 반영하였다.

1973년 Nixon 행정부의 「개정재활법」(공법 93~112)에서는 자립생활의 명시 조항과 공무원 채용시 차별금지, 연방조달에 대한 장애인 차별금지, 장애인의 동등한 기회보장 등 공법 501, 503, 504조가 강조되었다. 자립생활센터 지원 근거는 시범사업으로 버클리, 산안토니오, 뉴욕 시 등 총 6개 자립생활센터 등에 주정부가 지원을 허가하였다. 이로 인해 민간의 자립생활 성과를 높이 평가하고, 정부는 자립생활 프로그램과 자립생활센터 운영에 대하여 활동지원인 서비스(Attendant Care Service)를 개별적으로 제공할 수 있게 되었다. 이로서 많은 중증장애인이 대학에 진학하게 되었고, 지역에서의 자립생활이 활발해졌다. 이에 따라 점차 중증장애인이 시설에서 지역으로 옮겨 오게 되었고, 병원에서 가정으로의 복귀는 자립생활의 탄력을 더해 주었다.

이 정책은 자립생활기술훈련, 활동지원사업과 주거 조건의 삭제, 정책결정 시 당사자 참여, 연방정부 보조금으로 운영되는 기관에서의 장애차별금지 등 장애인의 접근권을 강화하였다. 특히 이 개정법은 직업재활 서비스의 핵심인 개별적 재활 프로그램(Individualized Written Rehabilitation Program: IWRP)을 도입하고 취업 후 서비스를 추가하여 직업재활 기능을 강화하였다. 그럼에도 불구하고 504항을 삽입하여 장애차별금지에 대한 면모를 갖추었지만, 이 조항은 국가예산을 지원받는 기관들만 장애인 차별을 금지하는 매우 제한적인 정책으로 한계를 지니고 있었다. 특히 시행령이 지연되어 1977년 300명의 장애인들이 세크라멘토 주정부 청사에 진입하여 25일간 시위를 한 끝에 여성장애인 지도자 Judy Heumann 등의 노력으로 시행령이 채택되었다. 이후 자립생활센터는 1974년 '보스턴자립생활센터'를 기점으로 휴스턴, 컬럼비아, 뉴욕과 시카고는 물론 미국 전역에 확산되었고, 1977년에는 52개의 자립생활센터가 개소되었다.

자립생활은 1978년 「개정재활법」(공법 95~602)에서 구체화되고 제도화되었다. 504조의 시행과 더불어 장애인 주거 제공에 대한 차별을 금지하고, 자립생활 프로그램의 예산을 확정하였으며 자립생활 프로그램을 재활서비스에 포함시켜 주정부 책임성을 강조하였다. 그리고 장애인전국위원회 설치 등 노령 시각장애인까지도 자립생활 대상에 포함시켰으며, 정부지원 예산 투입과 함께 '자립생활종합시책(Comprehensive Services for Independent Living)'이 마련되었다.

「재활법」의 Title VII 중 Part A는 자립생활 서비스에 대한 지원, Part B는 자립생활센터 지원으로 구성되어 있다(Lachat, 1988). 자립생활센터와 관련하여 실제 지원이 이루어진 것은 1979년으로 10개소의 자립생활센터가 최초로 정부 보조금을 지원받게 되면서부터다. 그러나 예산은 주정부 직업재활사무소를 통해 지원되었으며, 직업재활사무소는 자립생활 기금을 관리함에 따라 장애인이 직접 운영하는 센터에 대해서는 연방정부 예산을 집행하지 않았다. 정부 보조금 교부 조건은 다음의 기준을 충족하도록 하였다.

첫째, 운영위원의 51%는 반드시 장애인으로 구성되어야 한다. 둘째, 중대한 결정을 내리는 대표 중 한 사람은 장애인이어야 한다. 셋째, 직원의 50%는 장애인이어야 한다. 넷째, 서비스 장애유형은 모든 장애유형을 포함하여야 한다. 다섯째, 자립생활 서비스에 대해 '전미장애인평의회'는 정보제공과 개호서비스, 주택 제공, 동료 간 상담, 자립생활 기술훈련, 권익옹호 등을 규정하였다.

1979년 Robert Wood 재단 설립과 Gerben Dejong(1979)의 자립생활에 대한 논문 발표, 독립생활실용연구소(ILRU) 창설 등 자립생활의 이론적 바탕이 마련되었다. 1980년대 자립생활은 지역사회보호나 사례관리 정책을 기반으로 하여 전문가에 의한 사회·보건·의료 서비스 개념으로 전개되었다. 기능적 관점에서 자립생활에 대한 가능성 여부는 전문가 평가에 기초하여 결정되었다(오혜경, 1998).

이후 1982년 전미자립생활협의회(Nationl Center for Independent Living: NCIL)가 창설되었고, 자립생활센터는 메디케이드 웨이버(Medicaid Waiver) 프로그램의 추진으로 300여 개로 확대되었다. 그동안 연방정부기금은 직업재활기관이 관리하여 왔으나, 1986년부터 자립생활센터에 직접 지원하게 되었고, 전문성을 인정받았다. 자립생활 서비스 지원기금은 1,100만 달러의 연방정부 기금이 확보되어 평균 20만 달러 정도가 주정부에 배정되었다. 그러나 이 기금 역시 주정부 직업재활사무소를 통해 배정되었으며, 당사자가 통제하고 지역사회에 기반을 둔 자립생활센터 제공 서비스에는 20%만이 사용되었다. 80%는 주정부 직업재활 기관이 장비 구입, 주택 개조, 의료 및 직업재활 서비스를 제공하는 데 사용되었다.

뉴욕, 캘리포니아 등 일부 주에서는 주정부 예산으로 자립생활센터를 지원하고 있으며, 주정부 예산이 투입되지 않는 주는 자립생활센터가 설립되지 못하는 결과를 초래했다. 이처럼 정부의 재정 지원이 안정적이지 못하였기 때문에 행위별 서비스 (fee for service) 이용료를 징수하였고, 기금 확보를 위해 다양한 노력을 시도하였다. 그 결과, 자립생활센터는 국가 서비스 전달체계로 공공기관의 책무성과 민간기관으로서의 효율성을 동시에 요구받게 되었다. 국가 예산을 집행하는 민간기관은 정부의 통제를 받아 주기적으로 평가와 성과 자료를 제출하도록 하였는데, 이에 따라 각 자립생활센터는 최우선 과제로 기금 확보를 위한 서비스 이용료 개발, 보조기기 판매, 후원금 등 다양한 자원개발을 위해 노력해 왔다.

1960년대 공민권 운동으로 시작된 자립생활운동은 1990년 「미국장애인법 (America Disabled Act: ADA)」의 제정에 힘입어 사회적 차별철폐와 물리적 장벽 없는 사회 실현을 위해 구체화되었다. 자립생활 정책은 지도자들이 전략적으로 새로운 그릇에 「재활법」504항을 담아내고자 노력하였다. ADA는 자립생활운동과 장애인단체의 총체적 노력의 결과로 나타났으며, 장애인을 미국의 시민으로 인정하는 공민권과 차별금지를 함께 담아내고 사회적 장벽을 제거하는 데 기초하였다. 또한 장애인을 차별하지 못하도록 고용, 이동, 교통, 공공서비스, 정보통신 분야에 대한 명쾌한 기준을 정하였고, 차별구제를 위해 적극적으로 대처하였다. ADA는 장애인이 민간기업과 협상할 때 강력한 힘을 발휘하였다. ADA 제정 이전에는 장애인이 민간기업과 협상 시 고용주는 장애인의 요구를 경청하는 것 같고, 수락하는 것 같았지만 내용은 달라지지 않았다. 그러나 ADA로 인해 협상 시 고용주는 장애인의 그 요구를 수용하고 협조적으로 변하게 되었다.

Bush 정부의 1992년 「개정재활법」(공법 102~569)은 철학과 실천 면에서 이전의 법률들과 차별성을 가지고 있다. 고용에 초점을 둔 재활서비스의 성과, 자립생활 서비스에 대한 신뢰, 개별적 재활계획, 재활기관의 방향과 서비스 계획 수립에 있어 내담자의 역할을 강조하였다. 특히 이 법은 '재활자문위원회'의 설치를 통해 자립생활의 정책 수립과 운영을 전반적으로 지원하게 되었다. 재활자문위원회는 자립생활 조직 운영에 있어 과반수 이상의 장애인이 포함되도록 규정되었다. 뿐만 아니라 서비스 적격성 판정 기준, 서비스 범위와 영역, 운영계획과 프로그램 평가, 협의체들과의 조정과 협력에 역점을 두었다. 특히 장애정책이 고용에 초점을 두는 직업재활과 자립생활 서비스의 신뢰 확보, 서비스 기관의 재활계획 의무화, 내담자 참여를 강조하였다. 주정부는 '재활자문위원회'를 설치하여 서면재활계획서, 전일제 유료활동 지원을 산하 조직으로 각 센터에 운영위원회를 두어 확정하였고, 과반수 원칙, 서비스 지침, 신규 센터 설치 기준, '자립생활 발전 3개년 기본계획 수립' 등을 결정하는 데 원동력이 되었다. 또한 운영위원회의 위원 절반 이상이 장애인으로 구성되어 소비자가 통제하는 시스템을 실현할 수 있게 되었다.

자립생활센터는 장애인이 독립적으로 생활할 수 있고, 자신의 생활에 영향을 미치는 제반 생활 여건을 개선한다는 목적 아래 자립생활 서비스와 권익옹호를 결합한 소비자 중심의 조직체로 발전하게 되었다. 「개정재활법」에서 자립생활센터는 자립생활의 목표, 조직, 철학을 담아내었으며, 그 기준을 제시하였다.

자립생활센터는, 첫째, 다양한 유형의 장애를 가진 장애인이 지역사회 내에서 독립적으로 생활할 수 있도록 필요한 지원 서비스를 제공하고, 둘째, 장애인이 직면하고 있는 사회적·경제적·물리적 장애물의 철폐를 지원하였다.

1994년 미국장애인시민연합(ACCD)이 결성되면서 '개별활동지원' 시스템이 대폭 개선되었고, 1995년 독립생활연구단체(WID)가 설치되어 자립생활의 이론을 보다 구체화하였다. 더불어, 1999년에는 '세계자립생활국제협의회'가 발족되어 자립생활 국제연맹이 태동하였다. 2001년 미국 자립생활센터의 수는 무려 650개소로 늘어났으며, 2003년 장애인이동권투쟁단체(ADAPT)는 메디케이드를 지역사회 서비스로 전환하여 자립생활이 지역사회를 변화시키는 운동력을 집결하였다.

자립생활은 '사회적 차별금지와 국가 서비스에 대한 권리의 확립'이다. 따라서 자립생활운동은 장애시설에 대한 문제를 인식함으로써 비롯되었다(Finkelstein, 1991). 자립생활운동의 발상지인 미국은 지난 43년 동안 자립생활운동을 확산시켜 왔으며, 이러한 성과는 UN은 물론 여러 국가에 영향을 미치고 있다. 자립생활운동이 자리매

김한 이유를 다음과 같이 분석할 수 있다.

첫째, 장애학생고등교육학습권의 확보다.

둘째, 자립생활 네트워크와 자조집단이 운동의 주체가 되었다.

셋째, 차별금지를 기반으로 공민권 운동과 시민사회 운동이 확산되었다.

넷째, 지역사회 참여를 통해 물리적 환경을 개선하는 데 기여하였다.

다섯째, 관련 법 제정과 서비스 차별화를 통해 지역사회 참여를 이루었다.

즉, 자립생활운동은 국제적으로 중증장애인의 사회참여를 증진시키고, 장애인에 대한 국가 서비스를 장애인의 권리로 인식시켰으며, 장애인의 인권을 소중하게 다루었다. 또한 조직화(NCIL, ACCD)운동은 장애인의 정치 참여와 관련 법 제도의 개선에 크게 영향을 주었다. 법 제도의 개선, 서비스, 예산의 방향을 전문가의 영역에서 장애인의 영역으로 옮겨 왔으며, ADA의 제정 이후 중증장애인은 자연스럽게 지역사회에 거주하는 권리를 확보하게 되었다. ADA의 에너지가 장애인 당사자의 정치 참여의 발판을 마련하게 된 것이다.

23

제2장
자립생활의 정의

1. 자립생활의 개념

자립생활 개념은 존엄성과 인권을 바탕으로 자기 스스로 선택한 삶을 지역사회에 거주하면서 영위하는 것이다(UN, 2006). 국제연합(UN)은 '장애인의 인권 차원에서의 자립생활'을 강조하였다. 자립생활은 탈시설을 통한 선택과 역량강화를 통해 지역사회에 통합된다. 자립생활은 중증장애인이 1차적 지원인 가족 및 동료지원, 자립생활기술 훈련, 권익옹호, 정보제공을 바탕으로 자립생활에 도전하는 과정이며, 2차적 지원인 보조기술과 장비, 활동지원, 접근 가능한 주거, 건강, 이동, 편의시설 서비스를 통하여 지역사회에 통합되는 것이다. 그리고 3차적 지원으로 중증장애인의 경제적 지원과 더불어 정책적 맥락에서 주거, 교통, 교육 등에 대한 자립생활 환경이 조성된다.

자립생활의 목표는 ① 자기관리, ② 심리적 자기확신, ③ 인지적 자립성, ④ 환경적 통합을 주된 목표로 한다. 자립생활은 "기능적 독립을 추구하는 프로그램에 의존하지 않고 자신의 삶의 양식을 스스로 결정하여 생활하는 능력이고, 사회 속에서 자유롭게 활동하는 권리이며, 자신의 삶을 타인의 간섭으로부터 최소화하는 것이다. 그리고 자신의 생활을 관리하여 일상생활의 참여와 사회적 역할을 수행하고, 자신의 의지에 의한 결정을 하는 것"(Independent Living Glossary, 1988: 정종화, 2001에서 재인용)이다.

자립생활은 ① 소비자 주권(consumer sovereignty), ② 자기신뢰(self reliance), ③ 정치적 · 경제적 권리(political · economic right)를 의미한다(Dejong, 1979a). Dejong(1979)은 장애인 정책이 시민권 운동의 연장선상에서 권리운동과 지역사회 생활에 대한 운동을 통해 방향성이 결정된다고 보았다. 장애인도 적절한 자원, 서비스와 정보 그리고 장벽 없는 물리적 환경이 제공된다면 모든 영역의 사회활동에 참여할 수 있다(Laurie, 1977). 따라서 Oliver(1990)는 자립생활을 지배적 사회구조와 조직 내에서의 장애인의 지위에 대해 명백한 비판을 반영한 것으로 보았다.

1970년대 초 미국 장애인 자조집단에 의해 주도되었던 자립생활운동은 자기가치 실현에 대한 운동으로 장애인에 대한 열악한 물리적 · 사회적 환경에 대응하는 표현이며, 기존 재활서비스에 있어 중증장애인에 대한 기능적 서비스의 한계점을 개선하고자 노력한 당사자주의 운동이라는 인식에 바탕을 둔 것이다(Oliver, 1990).

자립생활에 관한 개념을 규명하는 일은 일상생활의 신념과 가치를 확인하는 것에서부터 확고히 이뤄져야 된다. 따라서 자립생활의 이념을 이해하고 발전시키기 위해서는 독립적인 것에 대한 정의를 명확히 해야 한다(Oliver, 1991b).

제1장에서 언급한 Edward Roberts는 "장애인의 자립성과 삶의 질은 장애 발생 후 얼마나 잘 걸을 수 있는지, 사고 후 얼마나 다리를 잘 구부릴 수 있는지 또는 누구의 도움 없이 과업을 잘 수행할 수 있는지에 의해 측정되는 것이 아니라, 지역사회의 다양한 지원을 받으면서 자신의 삶을 스스로 통제할 수 있는가로 측정되어야 한다."고 주장하였다(Shapiro, 1993).

자립생활은 "일상생활의 활동뿐 아니라 서비스의 결정, 금전관리, 거주지 결정까지 모두 스스로의 선택과 판단에 의한 결정 과정에 참여하는 일"(Johnes, 1993)을 의미한다. "장애는 특수한 형태의 사회적 압제인 것이며, 자립생활은 이러한 구속으로 부터의 해방"(Oliver, 1996)이다.

전통적 재활서비스에 대한 척도는 장애인의 의료적 재활과 고용 적격성을 강조해 왔다. 하지만 이러한 재활서비스는 장애인에게 제한된 거주시설을 선택하거나 가족에 의존하도록 만드는 정책이었다. 중증장애인이 지역사회에서 살아가는 능력에 대한 잠재성은 종종 의료적 재활과 사회복지 서비스 체계에 의해 낮게 평가되거나 인정되지 않았다(Nosek, 1988a).

자립생활운동은 당사자가 필요로 하는 사회적 자원 획득이라는 사고에서 출발하였다. 이 운동은 두 가지 관점에서 이해된다. 첫 번째 관점은 장애인이 비장애인 중심의 생활방식과 환경 속에서 보다 자유로운 삶을 누리기 위해 취하는 태도이며, 두 번째 관점은 전문가들이 최근까지 생각하지 못했던 장애인의 소득보장과 직업적 목표를 위한 노력이라는 것이다. 그러나 학자들은 자립생활이란 중증장애인의 자립생활을 이행하기 위한 과정에서 탄생한 직업재활 프로그램에서 분화한 하나의 프로그램이라고 주장하고 있다(이달엽, 정우석, 2005).

자립생활은 자유, 지역사회 거주의 권리, 자신의 생활을 결정하는 과정이다. 즉, "자신의 삶에 대한 타인의 개입 또는 보호를 최소화하고 자신의 의지로 선택하고, 결정하고 참여하는 과정"(NCIL, 2006)이다.

일본자립생활센터협의회는 "개호서비스가 필요한 중증의 장애인일지라도 스스로 인생을 선택하고 결정하며, 지역에서 사회구성원의 한 사람으로서 주체적으로 살아간다는 것"(Nakanishi, 2001)을 강조한다. 따라서 자립생활은 통합의 의미가 강조된 당사자 중심의 사회활동이다. 이는 인권을 바탕으로 한 지역사회 중심의 생활이며, 사회환경적 장애물을 스스로 해결해 나가는 과정을 의미한다.

자립생활은 지역사회 통합을 의미한다. 통합의 의미는 ① 정상화(Normalization), ② 이념적 통합(Integration), ③ 제도적 통합(Inclusion), ④ 보편적 통합(Mainstream)으로 분류된다. 정상화는 지적장애의 사회적 거주와 통합을 의미하고, 이념적 통합은 모두가 함께 어울려 살아가는 것을 지향하는 의미이며, 제도적 통합은 법이나 규칙을 통하여 합의를 이룬 준강제적 통합을 의미한다. 마지막으로 보편적 통합은 시민이 공유하고 인식하는 것으로 이념과 제도가 함께 적용된 통합을 의미한다.

2. 자립생활의 철학

자립생활의 철학은 ① 자기결정권(Self-determination), ② 소비자주의(Self help group), ③ 권익옹호(Advocacy)를 강조하게 된다.

1) 자기결정권

자기결정권은 개인의 삶의 통제(control), 선택(choice), 변화(change)에 초점을 둔 선택과 역량강화에 초점을 두고 있다.

자기결정권(Self-determination)은 장애문제를 가장 잘 표현하는 핵심어다. Wehmeyer(1999)는 자기결정권의 요인을 ① 자율성, ② 자기규제, ③ 심리적 역량강화, ④ 자기실현으로 정의하였다. 자기결정권의 행동 요소는 ① 선택, ② 의사결정, ③ 문제해결, ④ 목표 설정과 성취, ⑤ 자기관찰, ⑥ 자기평가와 자기강화, ⑦ 내적 통제 귀인, ⑧ 효율성과 기대, ⑨ 자기인식과 자기이해에 영향을 미치게 된다.

자립생활은 자기결정을 내리거나 선택하는 데 있어 심리적으로 타인에 대한 의존을 최소화하고 자신이 스스로 결정하고 통제하는 방식이다. 즉, 신체적·기능적 자립을 키우는 프로그램에 의존하는 것이 아니라 자신이 스스로 살아가는 생활방식을 선택하고, 지역사회에서 자유롭게 활동하는 자기결정과 자기관리에 바탕을 두고 있다. 이는 당사자가 자신의 장애문제를 가장 잘 이해하고 있으므로 자립된 삶을 영위하는 데 스스로의 '선택'과 '자기결정권'을 신장하고, 서비스 제공에 있어서도 장애인의 '주도적 참여'가 보장되어야 한다는 이념에 기초한다. 이것은 장애문제가 신체적 조건보다는 이러한 요소를 문제화시키는 사회적 환경에서 비롯됨을 지적한다. 자기결정권은 잠재력을 가진 인간으로 선택한 결정에 대해 책임을 지도록 '거룩한 위험'을 감수하는 것이며, 선택이 비록 실패하거나 위험을 무릅쓰는 행위라 할지라도 이는 권리의 개념으로 받아들여져야 한다.

　자립은 전통적으로는 경제적 자립을 의미하며, 일상생활(activity day living)의 자립은 신체적 활동의 자립을 표현한다. 즉, 일상생활 자립의 의미는 의료적 모델에서 보는 관점이며, 사회적 모델에서는 전통적인 자립 의미의 문제점을 날카롭게 지적하고, 신변독립이나 경제적 자립 생활 여부에 관계없이 자립을 지역사회 운동으로 성숙시켜 왔다.

　자립생활은 외적으로는 물리적·심리적 환경 개선에 초점을 둔 권익옹호에 지향점을 갖고, 지역사회의 물리적 장벽과 환경에 민감하도록 학습된다. 반면, 내적으로는 역량강화(empowerment)에 주된 초점을 둔다(DeJong, 1979a). 동료상담은 내적 역량강화이며, 자립생활 기술훈련은 생활능력의 강화다.

　중증장애인의 역량강화는 권익옹호와 동료상담이라는 길잡이의 모형을 통해 강화된다. 자립생활 기술훈련은 기존 장애인복지 서비스에 의존하기보다는 장애를 비정상적으로 보는 시민의 태도나 정치, 경제, 관습, 행정 등에 관한 환경과 장벽, 부적절한 장애인복지 서비스 개선에 목적을 두고 있다.

　Eita Yashiro 등은 자립생활을 다음의 세 가지로 정의하였다. 첫째, 장애인은 선택의 권리를 가지고 있고, 둘째, 장애인은 사회에서 자립하여 생활하는 데 필요한 각종 서비스를 제공받을 권리를 가지며, 셋째, 장애인도 비장애인과 똑같이 사회에 의해 보호받아야 하는 권리를 가지고 있다(송영욱 역, 1993). 그리고 이러한 권리에서 장애인이 "자기결정권을 가지고 지역사회에서 생활하도록 하는 것이 자립생활이며, 이를 위해서는 장애인이 변화되는 것이 아니라 사회가 장애인에게 맞도록 변화되어야 한다."고 주장한다.

　장애문제를 간결하고도 핵심적으로 표현하는 단어는 '인권' 이다. 이는 장애인의 자기결정권 확보라는 개념으로 '인권'에 자립생활의 기반을 둔다. 인권은 사회적 약자와 차별받는 소수집단에 늘 따라다니는 화두다. 인권은 포괄적이어서 그 개념의 광범위성이 문제의 초점을 분산하기도 한다. 하지만 이러한 해석의 분분함에도 인권은 장애인에 대한 문제를 핵심적으로 표현하는 개념으로 집약된다.

2) 소비자주의

소비자주의(consumerism)는 당사자주의(the adversary system)로 사용되는데, 소비자주의는 소비와 권리에 바탕을 두고, 정치적·경제적 참여와 지역사회 운동으로 승화하며, 전문가주의의 상대적 원리로 당사자주의가 사용되는 것이다. 소비자 통제는 소비자의 선택과 서비스, 예산, 정책에 대하여 선택적 개념으로 사용되고, 자조집단은 동료지원이나 반전, 소비자, 페미니즘 등 자기관리와 네트워크 관점에서 프로그램으로 활용된다.

소비자주의는 흔히 농민운동은 주체인 농민이, 흑인운동은 흑인이 결정해야 한다는 주장이다. 장애인소비자운동은 재활서비스의 제공 및 통제에 있어 중증장애인을 일방적 수혜자로 머물게 하지 않고, 서비스 계획에 대한 개입의 계기를 마련하였다. 장애인의 재활 욕구에 관해 장애인 스스로 가장 잘 판단할 수 있다는 인식의 전환은 재활서비스에 어떤 서비스들이 제공되어야 할 것인가를 결정하는 데 큰 영향을 미쳤고, 재활서비스의 질적 개선을 가져오는 구심점 역할을 하게 되었다.

당사자주의는 1980년 초 전문가들이 주도하는 국제재활협회 총회에서 장애인 당사자들이 참여 지분의 요구가 받아들여지지 않자, 새로운 국제장애인연맹(Disabled People International: DPI)을 결성하고 당사자주의를 천명한 것에서 시작했다. 장애인운동, 즉 장애인 당사자주의는 동질성과 동시에 차별성을 갖는다. 따라서 장애인 당사자주의는 인권에 뿌리를 두고, 지역사회 운동의 형태를 취하고 있다.

자립생활운동 역시 기존의 장애에 대한 의료적 모형을 비판하고 사회적 모형을 지향함으로써 운동 성향을 내포하고 있다. 인권운동은 장애문제를 신체적·의료적·정신적 능력을 강화하는 개별적 접근 형태를 거부하고, 장애인을 사회의 구성원으로 인정하고, 동등한 권리를 부여하며, 이를 위해 사회가 변화되어야 함을 지향한다(이익섭, 2003).

당사자주의는 장애문제를 사회적 억압으로 보는 동시에 공급자 중심의 복지서비스에 대해 당사자가 요구하는 소비자 중심의 변화를 지향하고 있다. 그리고 당사자주의는 인권운동이 안고 있는 몇 가지 한계를 비판하고 있다.

인권운동은 사회규범의 변화를 통해 기존의 정책을 변화시켜 정책의 효과성을 극대화시키고 보완하고자 하는 운동이다. 즉, 불평등한 기회 속에서 비장애인과 불리한 경쟁을 하는 장애인에게 동등한 기회보장의 권리를 요구하는 것이 핵심이다. 하지만 인권운동이 간과한 사실은 비장애인도 기회가 평등하지 않다는 것이며, 동등한 기회 보장이 본질적 해결이 아니기 때문에 인권운동이 공허할 수밖에 없다는 것이다. 즉, 인권운동의 한계는 최소한의 기회와 환경을 보장할 뿐, 모든 결정 과정에서의 '참여'를 보장하지 않는다는 것이다. 정책 결정은 인권문제가 아닌 정치적 역량이며, 기회의 보장이자 평등을 향한 출발선이다. 따라서 동등한 권리의 보장을 통해 얻은 기회가 보다 통합된 형태의 삶을 제시해 줄 수 있을지 몰라도, 그 이상의 가능성을 제시하지 못하는 것이다. 즉, 당사자주의에서 장애인복지는 장애인이 수혜의 대상이 아니라 주체로 인식했을 때 가능하다. 따라서 정책의 수립 과정에 장애인 당사자가 직접 참여하고, 그 결과를 평가하는 데 동참해야 한다. 일련의 정책 결정 과정에서 장애인 당사자가 배제된다면 이는 장애인을 주체적 존재로 인식하지 못하는 오류를 반복하게 된다.

자립생활 패러다임은 일본의 자립생활운동 지도자 Nakanishi에 의해 최초로 소개되었고, 이로 인해 장애인단체의 지도자들과 정책 입안자들이 이를 받아들여 보다 많은 장애인의 참여를 촉구시켜 왔다(이달엽, 1997). 자립생활 패러다임은 당사자의 확고한 신념에 의해 자기결정권, 탈시설화, 탈의료화, 소비자주의를 실천할 것을 주장해 왔다. 자립생활운동은 중증장애인이 특별히 분리된 시설에서 생활하지 않고, 지역사회 속에서 일반 시민과 함께 어울려 살아간다는 희망을 담고 있다. 이는 자립생활이 가지는 주된 철학인 소비자 주권, 자기신뢰, 정치적·경제적 권리 회복이 자립생활운동으로 승화된 것이다. 이 운동은 중증장애인 중심, 지역사회 중심, 인권 중심이라는 지향점을 담고 있으며, 지향점의 실천방법으로 권익옹호, 동료상담, 자조화, 인권, 물리적·사회적 장벽 제거를 위한 당사자주의 이론을 도입하고 있다. 최근 들어 '장애인의 정치 세력화'라는 신조어가 등장하게 되었는데, 이는 장애인이 복지서비스의 '대상'에서 '주체'로 반전된 것을 의미하며, 자기결정과 선택이 장애인 당사자에게 옮겨 옴을 의미한다. 당사자주의의 성격을 한마디로 대변하는 역설적 표현은 서구의 소비자주의에서 비롯된다. 소비자주의란 소비자의 자기선택권과 자기결정권을 의미하는데, 기존 재활서비스 패러다임은 재활이라는 틀에서 전문가 중심적이며 시혜적 모습을 담아 왔기에 이에 반하는 당사자주의는 소비자주의로 표현될 수 있다. 오늘날 국제사회가 정책 결정 과정에 당사자 참여를 인정하는 이유는 모든 욕구와 정책이 당사자로부터 나오며, 그 해결방안도 장애인 스스로 제시하고 있기 때문이다. 따라서 완전한 참여와 평등을 위해 소비자가 선택하고 결정하는 권력 구조가 되려면 정책 결정자는 반드시 장애인 당사자여야 한다는 논리로 자립생활센터 대표가 반드시 장애인 당사자여야 한다는 행동지침과 맥을 같이한다.

3) 권익옹호

권익옹호(advocacy)는 사회적 역할에서 장애인의 잠재성을 최대화할 수 있는 서비스다. 자립생활 옹호자들은 외부적으로는 지역사회 건축물과 환경을 개선하는 데 앞장서 왔으며, 이를 사회화하는 데 그들의 역량을 결집하였다. 이러한 지역사회 통합의 노력들은 예를 들어, 도로의 턱, 주차 공간, 경사로, 장애학생지원 서비스 등 현실적 필요에 의해 장애물을 제거하거나 요구가 수용되도록 인식을 변화해 나가는 활동이다. 자립생활운동을 통해 장애인의 삶이 자유롭고 주체적으로 살 수 있게 한 Edward Roberts는 "첫째도 권익옹호, 둘째도 권익옹호, 셋째도 권익옹호다."라고 권익옹호를 강조했다(Palames, 2011).

자립생활은 장애인 스스로가 자신의 신념과 권익을 위해서 이전까지 의존적 규범에서 탈피하여 주체적으로 자신의 권리와 권익을 추구하는 것이다. 장애인이 자신의 생활을 주도하고 선택권을 행사한다는 것은 이제까지의 의존적인 삶에서 탈피하여 장애인 스스로 참여 지향적인 시민이자 소비자로서의 권리와 책임을 인정하고 행사함을 의미한다. 하지만 그렇다고 해서 권익옹호가 단순히 장애인의 이해득실만을 관철시킨다는 것을 의미하지 않는다.

권익옹호의 핵심은 특히 지역사회의 변화이며, 장애인과 일반인이 함께 더불어 살기 위한 조건들이다. 이는 단순한 서비스의 확장이 아닌 장애인의 인권을 주장하며,

더불어 이 인권에 대한 지역사회 내의 합의를 만들어 지역주민을 동참시키는 것을 말한다. 이러한 활동의 궁극적 목적은 장애인의 집단적 변화를 이끌어 내는 것으로, 자립생활은 이러한 변화를 지향하는 지역사회 중심의 운동이라 할 수 있다.

장애인이 살아가면서 겪는 각종 억압과 차별, 편견과 동정, 의존적 상황, 전문가들이 개발한 부적절한 지원체계, 정치적·경제적·사회적 권리와 의무의 행사를 저해하는 물리적·환경적 장벽들과 법적·제도적 장벽들은 항상 존재해 왔다. 이에 대해 권리를 지키고 권익을 신장하기 위한 사회운동의 성격이 짙고, 지역사회 공동체, 법과 정책, 행정과 예산상의 옹호활동이 융합된 서비스 모델이 생겨난 것은 필연적일이다. 권익옹호는 자립생활의 선구자인 Edward Roberts가 자립생활의 시작이자 끝이라고 표현할 만큼 자립생활의 실천 원칙이자 지향점의 위치를 차지하고 있다.

자립생활 이념을 통한 서비스 모델들은 이런 권익옹호의 정신과 실천에서 가능했고, 그 성과는 권리의 구제, 권익옹호와 신장, 더 나은 세계를 지향하는 운동으로 나타나고 있다.

활동가들은 전통적인 재활서비스에 의해 생성된 전달체계, 수용시설 그리고 내면화된 사회적 편견들을 집중적으로 수정하고 개선하는 것을 목표로 삼았으며, 권익옹호의 결과는 정치적 참여와 입법의 수정에 목표를 두었다.

오늘날 장애인 서비스에 있어 우선순위로 '자립생활'이 부각된 것은 중증장애인의 총체적 노력의 결과다. 자립생활의 철학은 의사결정자로서 전문가의 권위를 당당히 거부하고, 장애를 단순히 의학적 소견 혹은 신체적·정신적 손상으로 보기보다는 사회적 환경과의 상호작용의 결과로 해석하였다.

지역사회 내에서의 자립생활 이념과 자립생활센터는 서비스를 이용하는 소비자를 대상으로 권익옹호 활동을 실시한다. 권익옹호에서 중요한 것은 소비자 주체(consumer control)와 자기신뢰(self-reliance)다. 자신의 삶을 스스로 관장하고 선택하는 권리를 갖게 해야 한다는 이 서비스의 기본 신조에 비춰 볼 때, 장애인 당사자가 자신의 이익을 위해 스스로 행동하며 의존 상태를 단호히 거부할 수 있도록 역량을 강화시키려는 것이다(Lachat, 1988).

Funk(1986)는 권익옹호의 일반적 의미와 철학적 가치에 대해 "개별 그리고 집단의 자기옹호 개념은 대부분의 우리 사회에서 매일매일 부딪히는 현실에 관한 것이다. 보통의 사람들은 지역사회의 정치적·사회적·경제적 활동에 참여하기 위해서 자신들의 필요를 스스로 변호하는 것은 필요 불가결한 것이라고 인식하고 있다. 자기의 존, 자신의 필요를 채우기 위한 최상의 방법에 대한 선택, 사회·정치·경제 영역에서 자신의 관점을 추구하려는 자유 등과 같은 개념은 우리 사회를 떠받치고 있는 철학적이고 정치적인 기본 교의다."라고 주장한다.

권익옹호는 장애인 당사자가 자신의 삶에 대한 선택권을 누릴 수 있도록 지원하고 자립을 위한 잠재력을 짓누르는 상황을 극복할 수 있도록 지원하는 일련의 접근방법을 포함하고 있다. 권익옹호의 지원에는 두 가지 차원의 접근방법이 있다. 먼저, 장애인 관련 정책 대안이 될 수 있는 전략을 찾아내고 부당한 장벽을 극복하기 위해 이러한 전략을 어떻게 사용하는지를 알게 하는 과정을 통해서 자립생활센터의 관련자들이 이용자의 자기옹호 능력을 고무시키는 것이다. 이에 대해 많은 자립생활센터에서 일대일로 혹은 집단의 상호작용을 이용한 집단으로 권익옹호 훈련을 실시하고 있다. 또 다른 접근방법으로는 자립생활센터의 관련자들이 장애인 소비자를 대신해서 직접적인 행동에 돌입하는 것이다. 즉, 관계당국에 전화를 하고 직접 만나거나, 문제 상황을 놓고 중재자로 나서는 것이다. 하지만 어떤 경우든지 자신들의 문제와 어려움에 스스로 대처하고 자신들의 자립을 높이는 활동을 동기화시키는 방향으로 진행된다. 또 권익옹호에서 중요한 것으로 의사소통과 문제해결 기술을 가르치고, 정책결정자들과 직면하는 효과적인 전략을 교육시키는 과정이 포함되어야 한다는 것이다.

제3장

자립생활 이론

1. 탈시설

탈시설은 보호와 의존성에서 벗어나는 것이다. 이는 장애인을 보호하고 있는 시설들의 획일적 관리와 효율적 관점에서 주장되었다. 만성화된 격리시설들의 열악한 현실은 인권에 대한 논란으로 종종 이어졌으며, 탈의료, 정상화, 가치강화, 시민권(civil rights), 소비자주의(consumerism) 등 다양한 주장으로 탈시설운동이 제기되었다. 이러한 주장들은 각기 서로 다른 사회문제에 대응하여 출발하였으나, 결과는 인간의 존엄성과 인권을 회복하기 위한 공통의 가치를 부여하고 지역사회를 통합하는 데 큰 영향을 가져왔다(김동호, 2000; 서화자, 1999; 오혜경, 1999; 이은경, 1996).

탈시설(deinstitutionalization)은 장애인에 대한 원조(help)에서 자조(self help) 활동으로의 변화를 가져왔다. 이러한 변화는 '지역사회 정신보건운동(community mental health movement)'이 대표적이라 할 수 있다. 정신장애인이 시설을 떠나 지역사회에

복귀할 수 있도록 허용하는 것은 장애인복지, 노인복지, 청소년복지, 교정복지 영역에서도 쉽게 찾아볼 수 있다.

시설보호의 고비용에 대한 주장은 지역사회 보호가 납세자의 지출을 절감시켜 줄 것이라는 논리에 탄력을 부가하였다. 중증장애인이나 정신장애인의 경우, 탈시설을 위한 건축물이나 시설의 개선, 장애인과 비장애인이 더불어 살 수 있는 시민의 태도와 인식이 성숙되어야 함에도 이러한 조건이 갖춰지지 않은 상태에서 탈시설 정책이 이루어져 장애인의 삶의 질을 오히려 떨어뜨리는 결과를 가져오게 된다.

일본의 경우, 비용절감 차원에서 탈시설 정책이 반영되었다. 문제는 이러한 주장의 대부분이 실제 사회복지 서비스 지출의 실질적인 감소를 이루지 못하고 있으며, 일반 납세자에 대해서도 설득력을 잃었다. 초기 탈시설에 대한 대중의 냉소적 반응 또한 자립생활운동을 확산시켜 나가는 데 장벽으로 작용하였다.

이성규(2000)는 "거주 시설에 들어가는 순간, 일반 사회와 격리되기 때문에 사회통합을 이룩하는 데 상반된 방향성을 갖고 있다."고 하였다. 또한 활동가들은 탈시설과 정상화 이념을 동시에 주장하면서 진정한 주류 사회로의 통합을 요구하였다(권건보, 1999). 의료 영역에서도 탈의료화는 장기 입원 환자의 수를 감소시켜 왔고, 입원 기간도 단축시키는 결과를 가져왔다. 이는 시설의 소규모화에도 기여하게 되었다(전재일, 이성희, 김효원, 2000).

김동호(2001)는 탈시설운동이 대형시설 내의 열악한 환경에서 비인간적인 처우에 수용되어 있던 발달장애인의 부모 및 보호자들에 의해 촉발된 사회운동이라고 주장한다. 이들은 중증장애인의 탈시설을 통해 지역사회 생활에서의 다양한 선택권과 자기결정권을 반영하였다. 특히 선진국에서도 중증장애인 정책은 시설 중심의 정책을 구사해 왔다는 점을 감안한다면, 자립생활은 중증장애인에 대한 문제해결이 보호에서 지역사회로 옮겨 왔음을 강조한다.

2. 탈의료

　탈의료화(demedicalization)는 의사결정권자는 전문가가 아니라 장애인 당사자임을 강조한 운동이다. 만성, 중증, 급성에 대한 요양원이나 병원의 기능이 그동안 장애인을 '병자역할(sick role)'로 길들여 왔고, 오랫동안 치료에 집중하다 보니 수술, 약물, 재활임상에 의존하게 했으며, 치료 서비스는 장애인의 핵심 서비스로 둔갑하게 되었다. 따라서 의료 서비스에 대한 맹종이 정상적인 활동을 면제받게 하고, 결국 장애인의 사회적 지위가 약화되는 결과로 나타났다.

　탈의료화는 의료모형에서 제시하고 있는 시설 중심의 치료와 보호 프로그램이 자립생활운동으로 탈바꿈하면서 제기되었다(오혜경, 1999). 의료전문가의 역할은 치료가 중심이 되며, 장애인은 환자로서 역할을 담당한다. 따라서 상대적 역할에서 전문가의 의료적인 처치와 보호로 인해 장애인은 수동적으로 되었고 보호의 틀을 깨지 못하여 왔다. 하지만 장애문제는 의료적 개입만으로 해결이 불가능했다.

　자립생활운동은 종종 병자역할로부터 벗어나기 위한 것이며, 장애에 대한 의료적 모형에서 기대되는 장애행동의 비판에서 비롯되었다. Parson(1957)이 제시한 "병자역할"에서는 상호 관련된 몇 가지 면제 사항과 의무 사항을 요구한다. "면제 사항으로 병자는 질병의 특성과 장애 정도에 따라 정상적인 사회활동과 책임으로부터 면제되고, 자신의 질병에 대한 책임에서 면제된다."고 설명하고 있다.

　한편, '손상된 역할(impaired role)'이란 시간이 지나면서 병자역할이 지속되고 회복 능력이 약화됨으로써 빠져들기 쉬운 역할이다. '손상된 역할'은 병자역할보다 더 낮은 지위를 가지게 되는데, 이러한 낮은 지위는 노인이나 아동의 역할과 동일선상에 있다. 최근까지도 장애인에게 가장 필요로 하는 것은 의료 서비스라는 생각이 지배적이다. 뿐만 아니라 의료 서비스의 제공도 몇 가지 역할 기대로 이루어져 왔다.

　첫째, 의사는 기술적으로 유능한 전문가다. 의료 서비스는 의사가 의사결정자로서의 역할을 수행하는 관리체계로 되어 왔고, 보호에 대한 책임도 의사에게 집중되어 있다.

둘째, 환자는 요구에 의해 반드시 필요한 협력을 행하여야 하는 병자역할을 하도록 기대된다.

셋째, 의료 서비스의 주된 목적은 만성적 서비스(acute or restorative care)를 제공하는 것이며, 장애인에 대한 처치도 이와 같은 맥락에서 이루어진다.

넷째, 질병은 일차적으로 수술 혹은 약물치료나 재활치료와 같은 임상 절차를 거쳐서 치유된다.

다섯째, 질병은 수련을 받은 의사에 의해서만 진단되고 치료될 수 있다. 이와 같은 의료적 모형에 따르면, 장애인은 의학적인 차원에서 치료와 재활 서비스를 제공받는 환자가 됨을 뜻한다. 전통적 재활 패러다임은 개인의 손상과 생물학적 관점에서 장애를 정의한 반면, 자립생활 패러다임은 지역사회 환경과 물리적 문제를 지적함으로써 장애인이 서비스 수혜 대상으로 있기보다는 장애인의 참여 가능성을 주장하고 학습한다.

탈의료와 탈시설은 자립생활 활동가들이 지속적으로 제기하는 문제로 부각되어 왔다. 자립생활운동에서 탈의료를 주장하는 이유는 의료적 모형에서 제시하고 있는 가설이 장애인의 욕구에 부합하지 않기 때문이다. 환자에 대한 만성적 서비스를 강조하는 의료적 모형은 급성질환의 단계를 넘어, 만성적이며 장기적으로 생활하는 사람들의 욕구에 부적합하다.

재활 서비스는 1990년대 중반까지 의료적 조치를 필요로 하는 형태로 구성되어 왔다. 하지만 후반에 장애인의 사회통합에 대한 욕구가 생겨나기 시작했다. 이로써 장애를 의료적 문제로 간주하던 입장이 생산에 대한 비판을 받게 되었고, 장애를 이해하는 데 있어 통합의 형태가 논의되었다.

자립생활을 하게 되면, 많은 장애인의 경우 임상의학의 특징인 수술이나 약물 그리고 의사의 손길이 더 이상 필요치 않게 된다. 오랫동안 장애 상태를 유지해 온 장애인은 스스로의 치료를 해낼 수 있을 만큼 자신이 지닌 특이성에 충분히 익숙해져 있기 때문에, 의료 전문가의 진단 혹은 치료적 서비스가 필요치 않게 될 경우가 많다. 만약 의료적 개입이 지속된다면 장애인은 장기간 환자로 인식되고 그렇게 일생을 보냄으로써 사회를 자연스럽게 기피하게 될 것이다. 하지만 의료적 개입방법은 장애를 줄일 수 있는 조건을 찾는 데 있으므로 의료 서비스는 초기 장애예방 측면에서 매우 효과적이다.

3. 시민운동

시민운동(citizen movement)은 「공민권법」(1964)이 가져온 소수집단의 의사결정 체계의 변화와 권리를 쟁취하는 과정에서 법으로 채택되었고, 시민의 권익이 향상되는 방향으로 전파되었다.

시민운동은 다양한 사회운동을 통해 불이익을 당하는 집단에게 '자기결정권'이 중요하다는 인식을 확산시켰다. 그리고 시민 속에 뿌리 내리고 있던 자조와 상호부조의 전통을 가미하면서 역량강화 차원에서 구체화되었다. 이 운동은 자립생활 패러다임의 등장과 맥을 같이하며 사회복지 실천에서 대상자에게 단순한 서비스 제공보다는 수혜자의 역량을 강화해야 한다는 주장이 제기되었다(이윤화, 2000). 그리고 이와 같은 노력으로 장애인에게 서비스를 제공함으로써 상황을 호전시키는 결과 중심적 체계보다는 과정, 즉 장애인의 의사가 반영된 결정 체계를 선호하게 되었다. 과정을 중시하는 발상들은 서비스 결정에 있어 개인의 능력을 향상시키는 것으로 보았다(서화자, 1999). 집단의 결정을 수동적으로 따르는 개인은 자기결정을 할 수 없으며, 이러한 상태의 개인은 역량이 약화되었다고 할 수 있다. 그러므로 개인의 역량강화는 자기결정의 실천을 통해 진정한 의미를 부여받을 수 있다.

자기결정권은 어떤 사람에게도 양도할 수 없는 권리이며, 정책 결정자는 이러한 권리를 자신이 수행하고자 하는 욕구를 지닌다. 하지만 서비스 대상자가 문제해결 과정에 참여해 스스로 선택하고 결정할 때에만 서비스의 효과적인 결과를 얻을 수 있고, 선택과 결정의 권리가 실천될 때 서비스 이용자의 사회적 책임, 감정적 적응 그리고 인격의 성숙이 가능하다(김만지, 1993).

자기선택의 기회가 부족한 장애인은 심리적 의존도가 높으므로 장애인의 심리적 자립을 위해서도 자기결정은 필수적이다(김은희, 1999). 자립생활 개념은 서비스의 선택이다. 일반 시장에서 소비자가 소비재를 직접 선택하는 것과 같이 서비스는 장애인이 직접 선택해야 한다.

국가 서비스는 이용자가 항상 감시해야 할 대상이 아닌 일종의 상품을 지속적으로 소비하는 개념으로 이해되어야 한다. 그리고 국가 서비스는 소비의 주체가 선택할 수 있는 것으로 자립생활에 있어서는 전문가와 당사자 역할이 뚜렷하게 구분되지 않는다는 점을 시사한다. 즉, 자립생활은 전문가의 평가와 그것을 제공하는 결정권자의 판정을 따르지 않는다. 즉, 서비스를 소비하는 장애인은 자신의 삶에 대한 책임이 있다.

장애인은 의사, 사회복지사, 간호사, 재활상담사 그리고 그 밖에 전문가가 제공하는 서비스를 이용할 수 있다. 하지만 이러한 전문가는 클라이언트의 자립보다는 치료에 집중한다(Mackelprang & Salsgiver, 1999). 반면에 자립생활은 장애인 스스로가 서비스의 전 과정에 참여할 수 있고, 서비스 이용이 존중되는 것은 당연한 일이다. 지적장애인이나 정신장애인과 같이 자기능력으로는 여러 가지 서비스를 적절히 이용할 수 없는 경우, 보호자나 대리인을 통해 권리를 옹호해야 하며, 지역에서 안심하고 생활할 수 있도록 지원의 필요성이 강조되고 있다(田中英樹, 2000).

4. 통 합

통합(social integration)은 장애문제가 사회적 현상이라는 점에서 논리적 타당성을 확보하고 있다. 학자들은 소수자의 사회참여를 위해 골격을 세운 '주류화'나 '통합'의 이론 역시 인간중심적 사고라는 점에서 '인권'의 확산을 지지해 왔다. 지역사회 통합(social integration) 과정에서 '통합'의 개념은 다양성을 내포한다.

첫째, 정상화(normalization)의 통합은 1960년대 후반 스칸디나비아에서 제기된 지적장애인의 서비스 이론으로 시설보호에 반대하며, 생활 리듬과 패턴이 정상정인 생활을 강조하는 개념이다.

둘째, 이념적 통합(integration)은 모든 사람이 함께 어울려 살아야 한다는 관점으로 실천적 통합은 어렵다는 것이다. 예를 들어, 한 장애인 부부가 옆집으로 이사를 온다는 것은 이념적으로는 함께 어울려 살아야 된다는 의미로 해석하지만, 왜 옆집에 장애인 가족이 이사를 와야 하는지에 대해서는 반대하는 입장과 같다.

셋째, 제도적 통합(inclusion)은 보다 구체적이고 강화된 통합을 의미한다. 보건소는 국가의 재정지원을 받아 운영하게 되는데 빈곤한 계층에 대해서 우선 의료적 수혜를 베풀고자 예산을 지원하는 것으로, 극빈자에게 의료적 수혜를 우선적으로 베풀도록 강제통합을 유도하는 것이다. 대표적인 영역은 학교나 교육기관에서 장애인을 차별하지 못하도록 국가가 준강제적 통합 정책을 유도하는 것을 의미한다.

넷째, 보편적 통합(mainstream)은 법으로 규정하여 시민 누구나 차별하지 못하도록 통제하고 강화하여 의도적인 통합을 유도하는 정책이다. 오늘날 자립생활 정책은 지역사회 주류화를 위해 노력하고 있지만 현실은 답보 상태에 있다.

정상화가 준비되지 않은 상황에서 탈시설이 이루어질 경우, 장애인에 대한 사회적 낙인은 가치 절하로 평가된다. 어떠한 인간이 사회적으로 평가 절하되는 것은 그 사회에서 일반적으로 지향하고 있는 가치와 규범에 의해 규정되며, 이러한 가치와 규범에서 벗어났을 때, 그 개인이나 집단은 가치 절하의 평가를 받게 되는 것이다. 인간에 대한 가치 절하와 같은 현상은 문화적으로 규정된 상대적 개념이다. 가치 절하된 사람들이 사회적으로 가치 있는 삶의 조건이나 사회적 역할을 획득하기 위해서는 크게 다음의 두 가지 조치가 필요하다. 첫째, 타인의 인식이라는 차원에서 장애를 갖고 있는 사람에 대한 사회적 이미지 고양이다. 둘째, 장애를 갖고 있는 사람의 능력을 증진시키는 것이다. 따라서 사회통합은 장애에 대한 이미지의 개선이 우선시된다.

5. 정치참여

정치참여(politic participation)는 소수집단에게 대표권을 부여하는 운동이다. 즉, 일정한 집단에 소외집단의 특성과 대표권을 반영하도록 정치적으로 쟁점화하는 주장이다. 이는 다음 네 가지의 이유로 당사자의 참여를 보다 용이하게 하고, 접근성을 강화하는 데 있으며, 소수자 집단의 역량강화와 관계가 깊다. 첫째, 지역사회 통합을 실천하는 운동이다. 둘째, 자립생활은 권익옹호를 실천하는 과정이며, 지역사회 환경을 변화하는 참여 운동이다. 셋째, 장애인의 욕구는 당사자가 가장 뛰어난 전문가다. 넷째, 장애인은 사회적 차별과 편견으로 인해 희생된다. 따라서 장애인의 정치참여는 자립생활운동을 통해 장애인의 삶을 보편화시키고 지역을 변화하는 데 기여하고자 한다.

제2부

자립생활 조직

제4장
자립생활센터의 역할과 기능

1. 자립생활센터의 역할

자립생활센터는 중중장애인에게 환영받고 있다. 지역의 '장애인복지관'은 인적자원이 전문가로 구성되어 있고, '자립생활센터'는 당사자를 중심으로 구성되어 장애에 대한 서비스를 제공하고 있다. 또한 자립생활센터는 선택(choice), 자기관리(personal control), 자기결정(need for self determination) 욕구를 프로그램으로 구체화한다.

자립생활센터의 역할은 중중장애에 대한 서비스 전문기관으로 다양한 자원의 확보를 통해 인권을 보호하고 지역사회에서 장애의 부정적 태도를 개선한다. 이는 교통, 건축, 주거, 편의시설 등 환경을 개선하고 대중매체를 활용하여 장애인의 이미지를 효과적으로 개선하는 데 있다.

자립생활센터는 지역사회 자원을 중심으로 이용자 서비스를 개발하고, 국가가 직접 서비스를 제공할 수 없기 때문에 민간기관이 앞장서 전문 서비스를 개발하여

① 인력, ② 예산, ③ 시설, ④ 서비스를 투입하여 자립을 촉진한다.

전통적 자립은 의료적 자립과 신변자립을 중시하는 경향이 지배적이나, 신변자립이 곤란한 중증장애인과 직업적 자립이 용이하지 않은 장애인은 자립이 곤란한 존재로 취급되어 격리 생활을 해 왔다. 하지만 자립생활은 타인이나 가족에게 의존적이었던 생활에서 벗어나 장애인을 자유롭고 독립적인 생활을 영위하게 하는 주체로 변화하도록 하였다.

자립생활센터는 ① 소비자 중심의 통제(consumer controled), ② 지역사회 중심의 설립(community based), ③ 모든 장애영역의 포괄성(cross disability), ④ 비수용 시설(non-residential), ⑤ 비영리 민간기관(non profit)의 원칙을 제시하고 있다(Nosek, 1988). 또한 자립생활센터는 당사자에 의해 설립되고, 당사자에 의해 운영되는 것을 목표로 직원 구성의 50% 이상을 중증장애인으로 채용하도록 하고 있다. 또한 대표자는 반드시 장애인이 그 역할을 수행하도록 제시하였다. 이는 전문가의 역량이 장애인보다 우월하기 때문에 시간이 흐르면 성과주의 또는 효율성에 의하여 장애인을 배제하고, 의사결정에 있어서도 전문가의 의견을 더 수용하기 때문이다.

자립생활센터는 당사자 입장에서 지역사회 활동과 서비스를 지원하는 과정으로 발전되었다. 기존 재활서비스는 중증장애인의 다양한 욕구를 채우는 데 있어 제한적이고, 권리를 보장하는 데는 무기력하여 장애인 스스로 만족할 수 없었던 것에 대한 결과다.

자립생활은 지역사회 환경에 따라 서비스 접근방식이 다양하다. 지역사회 중심 자립생활 서비스를 유지하기 위해서는 다음과 같은 자립생활센터 운영 원칙을 획일화하고 있다(Nosek, 1988).

첫째, 정책결정은 당사자가 주도한다. 장애를 가진 사람이 조직의 정책이나 운영 절차, 서비스 제공, 지역사회 활동 등을 관장하고 결정하는 데에 주도적인 역할을 하고, 의사결정에 있어서도 정책, 운영 절차, 서비스 등이 장애인의 욕구에 민감하게 반응하며 권리가 존중될 수 있도록 당사자 주도형 조직문화를 철저히 적용한다.

둘째, 서비스 목적과 방법은 당사자 주도형 서비스로 개발한다. 자립생활 서비스의 욕구를 파악하고, 자립생활의 목표를 설정하며, 서비스 참여를 결정하는 책임을 당사자가 맡는 것이다. 서비스 제공자의 역할은 서비스를 조정하고 제공하는 것이 당사자에 의해 선택된 서비스 참여라는 맥락에서 독립성과 자기충족감을 증진시켜 주는 것으로 개선되고 있다.

셋째, 서비스에 모든 장애영역을 포괄한다. 자립생활은 모든 장애인의 욕구에 대응해야 함을 강조하고 있으며, 특정 장애에 대한 서비스를 강조하는 일반 프로그램과 차별화된다.

넷째, 지역사회 요구에 대한 활동을 전개한다. 자립생활센터는 서비스 현장에 있는 장애 공동체의 욕구에 부응해야 하며, 접근할 수 있도록 설계되어 있다.

다섯째, 동료지지 모델을 강화한다. 장애를 가졌지만 자신들의 지역사회에서 생산적이고 의미 있는 삶을 성공적으로 달성한 동료 장애인들의 경험과 지원이 장애를 가진 다른 이들에게 크게 도움이 된다는 신념을 반영하는 것이다. 독립적인 생활을 얻어 내고자 노력하는 동료지지 모델은 촉매제가 된다.

여섯째, 서비스의 범위를 정형화한다. 자립생활은 개인적 독립의 성취와 관련된 지식, 기술, 선택, 지원 등 다양한 요구에 반응해야 하므로 일정한 서비스가 제공되어야 한다. 서비스에는 정보 제공 및 의뢰, 기술훈련, 권리옹호, 동료상담 등 핵심 서비스를 포함하며 활동지원, 주택, 이동, 교육, 직업, 보장구, 의사소통, 법률, 사교 및 오락 서비스 등이 포함된다.

일곱째, 권익옹호를 강조한다. 자립생활은 당사자가 독립적인 생활양식을 이루어 내기 위해서 지역사회 내의 환경적·사회적 장애물이 반드시 제거되어야 한다는 입장이다. 지역사회 권익옹호 활동은 지역사회 생활에서 평등한 접근권을 가지며, 이 사회에 의미 있는 통합을 이루어 낼 수 있도록 장애를 가진 사람의 기회를 확장해 내는 것을 말한다.

여덟째, 지속적 열린 서비스다. 자립생활은 종결 지향적 서비스가 아니라 지속적인 서비스를 의미한다. 지속적인 서비스는 당사자의 요구와 관심을 끊임없이 반영하면서, 늘 열려 있고, 이용에 제한이 없도록 한다. 때로 지속적인 서비스가 중단되는 경우 중증장애인은 생명의 위협을 초래하는 결과를 가져올 수 있다. 따라서 자립생활 서비스 모형은 당사자 주도의 중요성, 동료의 영향력을 강조하고, 기존의 재활서비스를 통해 적절한 서비스를 받지 못한 집단의 욕구를 충족시키고자 설립되었다. 이는 삶에 대한 선택과 결정을 신장시켜 주는 개별지원 서비스와 통합화를 지향한다 (Lachat, 1988).

자립생활센터의 설립 원칙은 첫째, 자립생활센터의 운영 방향과 정책 수립, 의사결정, 서비스의 실천과 운영에 있어 당사자가 센터의 통제를 주도한다. 둘째, 자조와 권익옹호를 실천한다. 셋째, 동료관계 및 동료상담 역할모델의 발전을 중요시한다. 넷째, 공공기금과 민간기금을 불문하고 사회통합을 위해 모든 서비스와 프로그램, 자원, 설비, 역량을 강조한다.

자립생활센터 서비스 원칙은 ① 장애인 주도의 역량강화, ② 모든 장애영역의 포괄성(cross-disability)과 협력, ③ 권익옹호, ④ 자조에 의한 동료 간 지원(peer support), ⑤ 지역중심의 운동으로 장애인의 주도성과 권한을 추구한다.

2. 자립생활센터의 기능

자립생활센터(Center for Independent Living: CIL)는 자기를 도우려는 사람들을 위한 지역사회 거점 기관으로 장애인이 자립생활에 다가갈 수 있도록 지원하는 조직이다. 자립생활센터는 장애인이 원하는 정책이나 서비스를 결정하는 데 참여하도록 지지하고 정책이나 제도를 개발하여 서비스로 전환하는 전문기관이다. 또한 장애인, 지역사회, 기관, 서비스가 상호 연결되어 중증장애인이 지역에서 생활하도록 지원한다.

자립생활센터는 중증장애 서비스 제공 기관이며, 교육, 권리옹호, 지역사회운동, 장애인식 개선, 정책 개발 등 다양한 목적 사업을 수행한다. 자립생활센터 조직의 구성은 운영위원회의 구성원 중 전체의 51%를 장애인으로 구성하고 직원의 선발 시 50% 이상을 장애인 직원으로 채용한다. 또한 조직의 대표는 반드시 장애인이 하도록 하며, 비영리법인으로 조직을 설립하고 모든 장애영역에 대해 서비스를 제공하도록 한다. 그리고 서비스는 권익옹호, 동료지원, 정보제공, 자립생활 기술훈련 등 자립생활 서비스를 구성하여야 한다. 자립생활센터의 서비스 원리는 ① 비차별성(non discrimination), ② 포괄성(comprehensiveness), ③ 형평성(equity), ④ 비용 효율성(efficiency), ⑤ 소비자 통제(consumer control)에 둔다.

자립생활센터 운영 기준은 다음과 같다. 첫째, 이용자 주도형 의사결정 구조를 가진다. 둘째, 자조와 권익옹호를 실천한다. 셋째, 동료 역할 모델을 발전시킨다. 넷째, 지역사회 자원을 개발한다. 다섯째, 지역사회 네트워크와 통합을 위해 노력한다. 여섯째, 지역사회 운동에 적극적으로 동참한다. 일곱째, 다양한 서비스 개발과 지속적 지원을 위해 자원을 동원한다.

자립생활센터가 예산을 지원받을 경우 평가를 수행하여야 하며, 평가 기준은 다음과 같다(Lachat, 1988). ① 철학, ② 이용집단, ③ 성과 및 영향, ④ 서비스의 성과, ⑤ 조직 관리와 운영, ⑥ 평가 수행이 그것이다.

[그림 4-1] 자립생활 서비스 구조

자립생활은 정보제공, 동료지원, 주거, 보조장비, 활동지원, 이동수단, 편의시설 설치 등에 대한 욕구가 강하며, 직업재활과는 거리가 있다. 특히 자립생활센터에서는 지역의 물리적 장벽 제거, 재정관리, 레크리에이션, 이동 서비스, 가족상담, 활동지원 프로그램이 활성화된다.

자립생활센터의 프로그램은 ① 권익옹호, ② 주거지원, ③ 동료지원 ④ 자립생활 기술훈련, ⑤ 정보제공 순으로 서비스가 강조되고 있다. 특히 「개정 재활법」(1998)에서 자립생활센터 서비스의 4대 서비스를 명시하였다. 즉, ① 권익옹호(advocacy), ② 정보제공(information and referrals), ③ 자립생활 기술훈련, ④ 동료지원을 제시하고 있다. 이 밖에도 활동지원(personal assistance system), 주거지원(housing services), 이동지원(mobility services) 등이 자립생활센터의 필수 서비스다. 뿐만 아니라 자조집단, 법 제정, 세미나, 교육, 정책개발, 일자리 창출, 공동체 연수, 연대활동, 행사, 프로젝트, 네트워크, 간행물 발간, 지역사회 교류, 보조공학 및 의사소통 기기 보급 등 다양한 프로그램이 진행된다.

3. 자립생활센터와 연대

정보화 사회에서 네트워크라는 용어가 흔히 사용되고 있다. 컴퓨터 · 통신 등의 비약적인 발전으로 시스템이 가속화되고 있으며, 모든 생활에서 활용되고 있다. 네트워크는 사전적인 의미로 '그물'이라는 뜻을 가지지만, 정보화 사회에서는 연계, 협력, 교류, 교환 등의 다양한 의미가 내포되어 있다. 네트워크가 상호 연계되지 않고 독자적으로 운영될 경우 자원의 활용도가 낮고, 중복 투자에 따른 자원 낭비 등 비효율이 존재하기 때문이다. 네트워크는 다음과 같은 다양한 개념으로 활용되고 있다 (이희수, 2001).

첫째, 통합으로서의 연계라는 의미가 있다. 네트워크는 수직적 구조와 수평적 구조가 만나 상호 활발한 교류와 보완을 통해 통합이 이루어진다.

둘째, 파트너십으로의 연계라는 의미가 있다. 최근 사회복지 분야에서는 공공과 민간의 관계에 있어 동반자로서의 파트너십을 강조하고 있다. 네트워크에 참여하고 있는 당사자 간 지배종속 관계보다는 동반자로서의 파트너십을 가질 때 협동, 조정, 협력이 원활해진다.

셋째, 네트워크 시스템으로서 각 부분들이 상호 긴밀하게 유기적으로 연계되어야 하기 때문에 각 부분들의 관계가 중요하다.

자립생활 네트워크를 구축하기 위해서는 자립생활센터와 같은 단체가 있어야 자립생활을 지지할 수 있으며, 장애인 복지서비스를 제공하는 장애인복지관, 중증장애인을 보호하는 장애인 생활시설, 이를 지원하는 보건복지부, 교육부, 노동부 등 정부 부처 그리고 이를 집행하는 광역 및 지방 자치단체, 의료기관, 병의원과 보건소 등 자립생활과 관계된 기관 및 시설이 있어야 한다. 또한 자립생활 서비스를 제공하기 위하여 자원봉사자, 활동지원인 등의 연계도 중요하다. 그리고 이러한 시설, 프로그램, 인력 등이 상호 유기적인 관계를 형성하는 것이 중요하다.

모든 네트워크에는 자립생활을 실천하고자 하는 장애인이 중심에 있어야 한다. 자립생활을 실천하고자 하는 장애인은 자립에 대한 의지가 있다고 하더라도 혼자서는 취업, 교육, 복지 서비스에 대한 모든 정보를 가지기 어렵고, 관련 서비스를 제공받을 수 있음에도 이러한 서비스에서 제외되는 경우가 종종 있다. 따라서 장애인 중심의 네트워크를 구축해야 할 필요성이 제기된다.

따라서 자립생활센터는 장애영역에 관계없이 모든 장애인이 자립적으로 살아갈 수 있고 자신의 생활에 대해 주도적일 수 있도록 서비스를 제공하는 데 있다. 이러한 자립생활센터의 기능을 강화하기 위해서는 장애인복지 전달체계와 긴밀한 연계체계를 구축해야만 한다. 장애인복지 전달체계로는 보건복지부, 광역자치단체, 지방자치단체, 사회복지전문요원, 장애인시설, 장애인복지관, 재가복지봉사센터 전달체계와 노동부 장애인고용촉진공단이 있으며, 교육부, 교육청, 특수학교 등 관련 전달체계가 있다. 이러한 각 부처별 전달체계 등 전반적인 지원시스템이 자립생활센터와 상호 연계되어 체계적으로 개발 및 활용되어야 자립생활이 활성화될 수 있으며, 장애인의 삶의 질도 향상될 수 있다.

제5장
자립생활 이용자 특성

1. 이용자 적격성

　자립생활 적격성은 특정 장애에 대하여 서비스를 제공하는 것이 아니라 모든 장애 유형에 대하여 서비스를 제공하도록 하고 있다. 장애인복지관의 경우 장애 유형 및 영역별로 복지관을 설치하여 적격 서비스를 제공하지만, 자립생활센터의 경우 모든 장애유형을 통합적으로 관리하고 서비스를 포괄적으로 제공하도록 되어 있다. 지적 장애인과 시각장애인의 서비스 성격은 매우 차별화되지만, 어떠한 장애유형의 요구 에도 자립생활센터의 인력 부족이나 전문성 결여 등의 이유로 특정한 장애유형을 서 비스 이용에서 차별하지 못하도록 하고 있다.

　자립생활 서비스는 복지관 프로그램보다는 개별적 지원 성격이 강하고, 일상적인 생활에 주된 초점이 주어져 있기 때문에 장애의 극복보다는 장애인이 살아가는 환경 을 개선하는 데 주된 초점이 맞추어져 있다.

자립생활센터는 동료상담을 통해 장애인의 역량강화를 훈련하고 있으며, 권익옹호 실천을 통하여 각종 제도 개선에 앞장서고 있다. 자립생활센터는 중증장애인을 대상으로 서비스를 지원하기 때문에 이동지원, 보장구 수리, 활동지원인 중개, 동료상담 등 중증장애인 개별지원에 방향을 맞추고 있다. 중증장애인의 신체적 지원 욕구는 유료활동지원 서비스로 해소하고, 장애인의 심리사회적 지원서비스는 동료상담을 통해 당사자의 역량강화를 지원한다. 그리고 개별 문제해결 방법으로 권익옹호를 통하여 당사자가 당면한 문제를 개선해 가고 있다. 자립생활의 강력한 역할모델인 동료상담은 선배의 실제 체험을 통해 효과적인 과정을 모델로 삼는다. 지적장애, 청각장애, 뇌병변장애 등에 대해서는 의사소통이 어렵다는 이유로 분리하여 서비스를 제공하지 않는다.

그러나 우리나라는 초기부터 지적장애인에 대하여 자립생활센터를 분리·운영하다 보니 지적장애인 자립생활은 장애인복지관의 한계를 넘어서지 못하고 있다. 자립생활은 지역사회 문화에 빠르게 적응하고, 사회 적응성을 길러 다양한 시민들과 함께 생활하는 것이 목적이기 때문에 지적장애를 분리하여 훈련하거나 서비스를 제공하지 않는다.

자립생활은 중증장애인이 살아가는 지역환경을 중요시하기 때문에 다양성에 대한 인식을 심어 주고, 학습을 통한 훈련이나 교육의 효과만을 주장하지 않는다. 중증장애인의 훈련이나 학습은 아주 늦게 발달되더라도 주변 환경에 잘 적응하는 것을 목적으로 하기 때문에 지체장애나 지적장애가 함께 서비스를 받는 것에 대하여 거부감은 없다. 시각장애에 대하여는 디지털 장비와 특별한 기술 보급을 위해 자립생활을 지원하고 있지만 다수의 센터는 통합 프로그램을 적극 지지하고 있다. 자립생활센터는 서비스 구매자의 필요에 따라 서비스를 제공하고, 각종 교육이나 체험을 통해 당사자 역량강화를 개발하며, 권익옹호 프로그램은 문제해결 방법으로 활용된다.

자립생활 이용자들은 지역사회 물리적 환경 개선에 매우 민감하다. 따라서 이용자들에게 시설에서의 경험을 탈피하여 지역사회에서 살아가는 생활중심 서비스가 제공되기 때문에 이용자들은 독립적인 것, 관계 형성을 중요시하며, 자립생활센터는 지역사회 시설이나 접근성 개선을 위해 노력을 기울인다.

자립생활 훈련은 당사자 스스로 정보와 자원을 발굴하고 활용 가능성을 키워 주는 역할로, 지역사회에서 독립적으로 살아가려면 약간의 생명에 대한 위협(risk)이 수반되더라도 그 위험을 극복하는 즐거움을 체험하게 한다. 또한 자립생활은 일상생활에 대한 체험을 강조하기에 중증장애인의 성공모형을 서비스로 옮겨 동료상담을 통해 의식화하고, 자립생활 체험훈련을 통해 그 기술을 전수한다. 이런 훈련은 종종 자조조직, 문화체험, 체험학습 등으로 집단 프로그램화되기도 한다. 자립생활은 신체적 불편을 해소하기 위해 활동지원 서비스를 우선시하지만 정작 필요한 것은 당사자의 내면적 변화와 자기관리다. 이에 자립생활은 사회적 차별에 도전하고 자기를 변화시키는 권익옹호 실천에 있어 더욱 높은 가치로 평가된다.

2. 장애범주

1) 장애유형의 분류

　우리나라에의 법적 장애 유형 및 등급은 「장애인복지법」 시행령[1]에서 세부적으로 규정하고 있다. 장애범주는 모두 15가지로 정하고 있는데(〈표 5-1〉 참조), 1999년까지는 지체장애, 시각장애, 청각장애, 언어장애, 정신지체 다섯 종류가 전부였다. 그러나 2000년 장애범주가 새롭게 분화[2]되면서 지체장애에서 뇌병변장애가 분리되었고, 정신지체에서 발달장애가 분리되었다.

　그리고 2003년에는 장애범주가 대폭 늘어나게 되는데, 주로 내부기관 장애가 늘었다. 호흡기, 간, 장루, 요루, 간질장애가 추가되었고, 외부장애로 안면변형장애가 추가되었다(정무성, 양희택, 노승현, 2008: 23).

---

1) 「장애인복지법」 시행규칙〈별표 1〉 장애인의 장애등급표(제2조 관련), 「장애인복지법」 제2조, 보건복지부령 제424호(2007. 12. 28.).
2) 장애범주 확대는 신체장애 중심의 장애인복지 서비스에서 내부기관 장애를 포함하는 장애인 범주를 확대하여 의료비가 많이 들어가는 내부기관 장애인에게도 복지서비스를 제공하고자 함.

2007년 「장애인복지법」이 일부 개정되면서 '정신지체'를 '지적장애'로, '발달장애'를 '자폐성장애'로 용어를 새롭게 정의하였다. 법적 장애범주의 확대는 국가 서비스 수급의 확대를 의미하므로 인구의 규모나 서비스, 복지재정 등과 직접적인 관련이 있기 때문에 장애인에 대한 복지 수혜가 많고 적음을 떠나 시대의 변화를 반영한다. 일련의 용어 정의는 장애범주의 모호성을 바로잡는 데 큰 역할을 하였다. 그동안 지적장애의 경우 지적능력 저하에 장애를 가지고 있는 것으로 잘못 인식되어 온 것이 사실이다.

〈표 5-1〉 장애유형의 분류

대분류	중분류	소분류	세분류
신체적 장애	외부 신체 기능 장애	지체장애	절단장애, 관절장애, 지체기능장애, 변형 등의 장애
		뇌병변장애	중추신경의 손상으로 인한 복합적인 장애
		시각장애	시력장애, 시야결손장애
		청각장애	청력장애, 평형기능장애
		언어장애	언어장애, 음성장애
		안면변형 장애	안면부의 변형으로 인한 장애가 지속되며, 이로 인하여 사회생활 활동이 현저하게 제한
	내부 기관 장애	신장장애	투석치료 중이거나 신장을 이식받은 경우
		심장장애	일상생활이 현저히 제한되는 심장기능 이상
		호흡기장애	폐나 기관지 등 호흡기관의 기능 장애로 일상생활 및 사회생활 활동이 제한
		간장애	간의 기능에 장애가 지속되며, 이로 인하여 기본적인 일상생활 및 사회생활 활동이 제한
		장루·요루 장애	장루 기능에 장애가 지속되며, 이로 인하여 기본적인 일상생활 및 사회생활 활동이 제한
		간질장애	간질로 인한 기능 및 능력 장애가 지속되며, 이로 인하여 일상생활 및 사회생활 활동이 제한
정신적 장애	지적장애		지능지수가 70 이하인 경우
	정신장애		정신분열, 분열형정동장애, 양극성정동장애, 반복성우울장애
	자폐성장애		소아자폐 등 자폐성장애

출처: 보건복지부(2007).

최근 법률 개정에 의하여 지적장애의 개념은 보다 명확해졌다. 장애등록 범주의 가장 두드러진 특징은 장애인 중 약 89%가 산업화에 따른 질병, 사고 등에 의한 후천적 장애로 인해 발생되고, 인구 노령화에 따른 만성질환으로 인한 뇌병변장애가 지속적으로 증가하고 있다는 것이다(정무성 외, 2008: 22).

한국보건사회연구원과 대한의학회에서 '장애인 판정체계 및 인프라 개편'과 관련된 연구를 통하여 의학적 판정도구 및 근로능력·복지욕구 판정도구 초안을 수립하였다. 2008년에는 한국장애인개발원과 국민연금관리공단, 밀알종합복지관에서 중증장애인을 대상으로 장애판정 시범사업을 추진하였다.[3] 기존의 장애인 등록·판정체계는 의학적 판정에 의해서만 등록이 이루어져 왔고, 경제적 기준에 의해서만 서비스 대상자가 결정되어 장애인의 욕구에 기반을 둔 서비스 제공이 미흡하였다. 장애등급이 소득활동 상실 또는 근로능력 손실 정도를 입증하는 객관적인 기준으로 활용되지 못하는 한계로 인하여 정부는 장애인복지 인프라 구축을 위한 새로운 장애판정 시스템을 지속적으로 연구하고 있다(변용찬 외, 2008: 18).

2) 장애유형별 특성

15개 장애유형별 특성과 등급 분류체계는 「장애인복지법」 시행규칙에 상세히 기술되어 있으므로 여기서는 「장애인복지법」 시행령을 기준으로 각 장애유형과 장애등급 세부 기준을 살펴본다.

지체장애는 사람의 신체 중 골, 근육 신경 중 일부나 전체에 질병이나 외상 등으로 그 기능에 장애가 있을 때 대체로 운동장애와 감각장애 상태로 그 증상이 나타나게 되는데, 이를 지체장애라고 한다.

지체장애에는 모두 여섯 가지 세부 장애유형이 있다. ① 소아마비,[4] ② 척수손

---

3) 보건복지부에서는 새로운 장애판정 시스템 구축을 위해 2007년부터 연구사업은 물론 장애판정을 위한 시범사업을 추진함.

4) 소아마비는 바이러스균이 말초신경 척수전각세포를 파괴하는 질환으로 상지 또는 하지를 마비시키는 질환이나 감각에는 이상이 없다(정무성 외, 2008: 26).

상,[5] ③ 사지절단,[6] ④ 신경근골격계 손상,[7] ⑤ 근이영양증,[8] ⑥ 관절염[9]이 그에 해당된다.

뇌병변장애는 ① 뇌성마비, ② 외상성 뇌손상(Traumatic Brain Injury: TBI), ③ 뇌졸중이 해당되며, 우리 몸의 중추신경의 손상으로 인한 복합적인 장애로 뇌의 기질적 병변으로 인해 보행이 불가능하거나 일상생활 동작을 거의 할 수 없어 타인의 도움과 보호가 필요한 사람을 의미한다.

시각장애(〈표 5-2〉 참조)는 만국식 시력표에 의하여 측정한 시력을 기준으로 규정하며, 굴절 이상이 있는 사람에 대하여는 교정시력을 기준으로 판단한다. 시각장애는 시력뿐만 아니라 눈의 중심시력, 시야, 색, 지각 또는 안구 기능에 영향을 주는 시감각이나 해부학적 기능에 이상이 있는 사람 등을 의미한다. 일반적 개념으로 교정시력이 0.05 이하인 사람을 전맹이라 하고, 약시의 경우 시력이 저하되어 기본적인 일상생활은 불편한 대로 영위할 수 있으나 책에 실려 있는 보통 크기의 글자를 읽을 수 없는 상태를 의미하며, 두 눈의 교정시력이 0.04 이상 0.3 미만의 경우를 의미한다.

청각장애는 귀에서부터 뇌에 이르기까지 청각 전달기관 중 어느 부분에 이상이 생

〈표 5-2〉 시각장애의 등급 기준

유형	장애등급 구분
시각장애	• 1급: 0.02 이하인 사람 • 2급: 0.04 이하인 사람

출처: 정무성 외(2008: 38).

---

5) 척수는 경추, 흉추, 요추, 천추로 되어 있으며, 질병이나 외부의 손상으로 운동마비 또는 감각마비를 초래해 배뇨, 배변, 경련, 근육 강직 현상을 나타낸다(정무성 외, 2008: 26).

6) 교통사고, 산재장애, 외상, 폭발 등 사고나 질환으로 사지를 잃는 장애로 심리적 갈등과 혈액순환장애 등 합병증을 동반한다(정무성 외, 2008: 27).

7) 신경근골격계는 직업병이나 반복적으로 특정한 신체 부위를 너무 많이 사용해 근육, 신경계에 이상을 일으켜 장애를 유발하는 질환이다(정무성 외, 2008: 26).

8) 원인을 알 수 없는 만성질환으로 근육의 진행성 위축으로 인해 병에 대한 저항력이 떨어지고 내부기관까지 기능이 저하되어 사망하는데, 모성 유전으로 알려져 있다(정무성 외, 2008: 27).

9) 관절염은 골격계 질환이며, 동통과 운동장애를 동반하는 면역성 질환으로 몸 전체의 관절이 아픈 중세를 말한다(정무성 외, 2008: 27).

겨 소리를 듣지 못하거나 들은 소리의 뜻을 정확하게 이해하지 못하는 경우를 총칭한다. 의학적으로는 청력을 잃은 사람과 평형기능에 장애가 있는 사람으로 구분한다(정무성 외, 2008: 39). 청각장애는 흔히 난청(hard of hearing)과 농(deaf)으로 구분하기도 하는데, 농은 70dB 이상인 자, 난청은 35~69dB 이하인 자로 분류한다(정무성 외, 2008: 39).

안면장애(〈표 5-3〉 참조)는 선천성 기형, 질환 및 사고 등으로 인한 안면 부위의 각종 변형, 화상, 색, 모양, 혹, 점, 기형 등으로 장애가 있어 사회활동에 현저한 제한을 받는 상태다.

〈표 5-3〉 안면장애의 등급 기준

유형	장애등급 구분
안면장애	• 제2급: 노출된 안면부의 90% 이상이 변형된 사람 • 제3급: 노출된 안면부의 75% 이상이 변형된 사람 • 제5급: 노출된 안면부의 60% 이상이 변형된 사람

출처: 정무성 외(2008: 44).

언어장애(〈표 5-4〉 참조)란 선천적 혹은 후천적 원인으로 인해 음성기능 또는 언어기능에 현저한 장애가 있는 사람으로 소리를 전혀 낼 수 없거나, 소리를 낼 수는 있더라도 말이 없는 것, 음성이나 언어에 의해서 의사전달이 곤란한 상태를 말한다(정무성 외, 2008: 42). 의사전달이 잘 이루어지려면 다른 사람의 말소리를 들을 수 있는 청각 기관과 그 뜻을 이해하고 내 뜻을 세울 수 있는 지능, 그리고 내 뜻을 표현할 수 있는 음성 및 조음 기관에 이상이 없어야 하는데, 자신의 뜻을 표현할 수 있는 음성 및 조음기관에 이상이 있는 사람을 언어장애인이라 하며, 장애등급은 3~4급이 있다.

〈표 5-4〉 언어장애의 등급 기준

유형	장애등급 구분
언어장애	• 제3급: 음성기능이나 언어기능을 잃은 사람 • 제4급: 음성·언어 기능만으로는 의사소통을 하기 곤란한 사람

출저: 정무성 외(2008: 44).

신장장애(〈표 5-5〉 참조)는 만성신부전 등 신장기능이 고도의 장애를 일으켜 신체의 항상성을 유지하고 체액의 성분과 양을 조절하며 독성물질을 해독하는 등 우리 몸의 불필요한 물질들을 소변 형성 과정을 통해 배출시키는 기능을 원활히 수행하지 못함으로써 1개월 이상 혈액투석 또는 복막투석을 받고 있는 사람과 신장을 이식받은 사람으로 정의된다.

〈표 5-5〉 신장장애의 등급 기준

유형	장애등급 구분
신장장애	• 제2급: 만성신부전증으로 인하여 1개월 이상 혈액투석이나 복막투석을 받고 있는 사람 • 제3급: 신장을 이식받은 사람

출처: 정무성 외(2008: 47).

심장장애(〈표 5-6〉 참조)는 심부전증 또는 협심증 증상 등 심장기능의 이상으로 일상생활에 현저한 장애가 있는 사람을 의미한다. 심부전증이란 심장의 펌프 기능이 장애를 일으켜 정맥압이 상승하고, 충분한 양의 산소를 말초조직에 공급할 수 없는 상태를 말하며, 심기능부전증이라고도 한다. 가장 흔한 것은 심근경색, 심근변성, 심장판막증, 고혈압증, 심막염 등에 의한 것이다.

〈표 5-6〉 심장장애의 등급 기준

유형	장애등급 구분
심장장애	• 제1급: 1년 전 심장장애 진단을 받고 운동능력을 완전 상실한 사람 • 제2급: 심장의 장애로 정상적인 생활이 불가능한 사람 • 제3급: 심장기능의 이상으로 가벼운 활동이 가능한 사람 • 제5급: 심장을 이식받은 사람

출처: 정무성 외(2008: 48).

호흡기장애(〈표 5-7〉 참조)는 폐나 기관지 등 호흡기관의 기능에 장애가 있어 일상생활이나 사회활동을 함에 있어 현저하게 제한을 받는 사람으로, 폐나 기관지의 기능으로 인해 일상생활이나 사회생활이 제한될 때 장애로 본다.

〈표 5-7〉 호흡기장애의 등급 기준

유형	장애등급 구분
호흡기장애	• 제1급: 폐 환기 기능이 정상치의 25% 이하이거나 또는 동맥혈 산소 분압이 55mg 이하인 사람 • 제2급: 폐 환기 기능이 정상치의 30% 이하이거나 또는 동맥혈 산소 분압이 60mg 이하인 사람 • 제3급: 폐 환기 기능이 정상치의 40% 이하이거나 또는 동맥혈 산소 분압이 65mg 이하인 사람

출저: 정무성 외(2008: 52).

간장애(〈표 5-8〉 참조)는 간 기능의 이상으로 분비, 배출, 생합성 기능, 해독, 조혈 및 혈액 응고 기능에 장애가 있어 일상생활이나 사회생활 활동에 현저한 제한을 받는 상태다.

〈표 5-8〉 간장애의 등급 기준

유형	장애등급 구분
간장애	• 제1급: 만성간질환으로 간성뇌증 또는 난치성 복수 등의 합병증이 있는 사람 • 제2급: 만성간질환으로 간성뇌증 병력이나 자발성 세균성 복막염이 있는 사람 • 제3급: 만성간질환으로 잔여 간기능이 C등급인 사람 • 제5급: 만성간질환으로 간 이식을 시술받은 사람

출저: 정무성 외(2008: 142).

장루·요루장애(〈표 5-9〉 참조)에서의 장루는 직장, 대장, 소장 등의 질병으로 인하여 배설에 어려움이 있을 때 복벽을 통하여 몸 밖으로 대변을 배설시키기 위하여 만든 구멍을 의미한다. 장루는 복부의 우하복부에 위치하는 회장루와 상복부 중앙에 위치하는 결장루, 좌하복부에 위치하는 요루로 구분한다. 이 세 가지 기능에 장애가 있어 일상생활이나 사회생활에 현저한 제한을 받는 상태를 장루·요루장애라고 한다. 장애등급 구분은 2~5급으로 구분한다.

〈표 5-9〉 장루 · 요루장애 등급 기준

유형	장애등급		장애정도
장루 요루 장애	2급	1호	요루와 함께 회장루, 상행 또는 횡행결장루를 가지고 있고, 그중 하나 이상의 장루(요루를 포함한다. 이하 같다.)가 현저한 빈형이 있거나 장루 주변의 피부가 현저히 헌 사람
		2호	고동의 배뇨장애와 함께 회장루, 상행 또는 횡행결장루를 가지고 있고, 그중 하나 이상의 장루가 현저한 변형이 있거나 장루 주변의 피부가 현저히 헌 사람
		3호	장루 또는 요루를 가지고 있고, 공장 · 회장 · 상행 또는 횡행결장이 방사선 등에 의한 손상으로 장루 이외의 구멍으로부터 장 내용물이 지속적으로 흘러나와 수술 등에 의해서도 치유될 가능성이 없으며, 구멍 주변의 피부가 현저히 헌 사람
	3급	1호	요루와 함께 회장루, 상행 또는 횡행결장루를 같이 가지고 있는 사람
		2호	요루와 함께 하행 또는 에스결장루를 가지고 있고, 그중 하나 이상의 장루에 현저한 변형이 있거나 장루 주변의 피부가 현저히 헌 사람
		3호	회장루, 상행 또는 횡행결장루를 가지고 있고, 고도의 배뇨기능 장애가 있는 사람
		4호	장루 또는 요루를 가지고 있고 공장 · 회장 · 상행 또는 횡행결장이 방사선 등에 의한 손상으로 장루 이외의 구멍으로부터 장 내용물이 지속적으로 흘러나오며, 수술 등에 의해서도 치유될 가능성이 없는 사람
	4급	1호	요루를 가진 사람
		2호	회장루, 상행 또는 횡행결장루를 가진 사람
		3호	하행 또는 에스결장루를 가지고 있고, 배뇨기능장애가 있는 경우 또는 그중 하나 이상의 장루가 변형되었거나 장루 주변의 피부가 헐었기 때문에 장루 보조용품을 1일 1회 이상 교체하거나 장 세척을 필요로 하는 사람
		4호	장루 또는 요루를 가지고 있고, 하행 또는 에스결장이 방사선 등에 의한 손상으로 장루 이외의 구멍으로부터 내용물이 지속적으로 흘러나오며, 수술 등에 의해서도 치유될 가능성이 없는 사람
	5급		하행 또는 에스결장루를 가진 사람

출처: 정무성 외(2008: 58).

간질장애(epilepsy)(〈표 5-10〉 참조)는 인간의 뇌를 구성하고 있는 신경세포 중 일부가 다양한 원인에 의하여 이상기능을 일으킴으로써 이따금씩 짧은 시간 동안 정상적으로 발생하는 전류보다 훨씬 과도한 전류를 발생시켜 발작을 일으키는 신경계의 만성질환으로 누구에게나 일어날 수 있는 질환이다.

〈표 5-10〉 간질장애의 등급 기준

유형	장애등급 구분
간질장애	• 제2급: 월 8회 이상의 중증발작과 6개월 이상의 중증발작이 지속되는 경우 • 제3급: 월 5회 이상의 중증발작과 10회 이상의 경증발작이 6개월 이상 지속되는 경우 • 제4급: 월 1회 이상의 중증발작과 월 2회 이상의 경증발작이 6개월 이상 지속되는 경우

출처: 정무성 외(2008: 61).

지적장애(〈표 5-11〉 참조)란 지능발달의 장애로 인하여 학습이 불가능하거나, 제한을 받는 상태이거나, 적응행동장애를 보이는 상태로 청년기 전에 발생된 지적발달 또는 지체상태를 의미한다(정무성 외, 2008: 62). 지적장애의 원인은 매우 복잡하고 사람마다 다르므로 무엇이 원인이라고 한마디로 규명하기는 쉽지 않다. 그러나 원인을 크게 나누면 유전적인 요소와 출생 후의 환경적인 요소로 나눌 수 있으며, 경우에 따라서는 이 두 가지가 복합적으로 작용하기도 한다.

〈표 5-11〉 지적장애의 등급 기준

유형	장애등급 구분
지적장애인	• 제1급: 지능지수가 34 이하인 사람 • 제2급: 지능지수가 35 이상 49 이하인 사람 • 제3급: 지능지수가 50 이상 70 이하인 사람

출처: 정무성 외(2008: 64).

정신장애란 정신병, 인격장애, 비정신병적 정신장애를 보이는 상태로, 정신장애인 의학적 진단분류에 따라 정신과 전문의에 의해 진단을 받게 된다. 지속적인 정신분열병, 양극성정동장애(조울병), 반복성우울장애, 분열형정동장애에 의한 기능 및 능력 장애로 인하여 일상생활 혹은 사회생활의 기능수행에 제한을 받는 상태로 정의할 수 있다.

자폐성장애[10]는 22세 이전에 출현하는 정신적 · 신체적으로 만성적인 장애(severe and chronic disability)로 어떤 특정 장애범주만을 국한하는 것이 아니라 질병을 제외한 인간의 성장 발달과정에서 나타나는 장애를 자폐성장애(발달장애)로 보고 있다.

자폐성장애 영역은 학습장애(LD), 주의력결핍 및 과잉행동장애(ADHD), 아스퍼거증후군, 고기능 자폐장애가 있다. 자폐성장애는 일반적인 생활영역, 즉 신변처리, 언어, 학습, 이동성, 자기관리, 자립생활, 경제적 자급 등에 있어 세 가지 이상의 장애를 동반하면 실질적인 자폐성장애로 진단한다.

---

10) 자폐성장애에 관한 진단은 국제질병분류표 ICD-10(International Classification of Diseases, 10th Version)의 진단지침에 따르며, ICD-10의 진단명이 F84 전반성 발달장애(자폐증)인 경우에 발달장애 등급 판정을 한다.

제6장
자립생활 정책

1. 자립생활의 발전배경

우리나라의 자립생활센터 연합(KIL) 조직은 현재 두 개의 조직으로 활동하고 있다. '한국장애인자립생활센터총연합회(약칭 한자연)' '한국장애인자립생활센터협의회(약칭 한자협)' 가 그것이다. 2015년 12월 말 전국에 약 180개 센터가 가입하여 활동하고 있으며, '한자협' 은 60여개의 센터들이 권익운동을 펼치고 있다. '한국장애인자립생활센터협의회' 는 회원의 권익운동은 물론 전국적인 네트워크를 통해 사회서비스를 추진하고 있다. 특히 정부를 상대로 활동지원 서비스 강화와 예산을 확대하는데 크게 기여해 오고 있다. 뿐만 아니라 대중 버스 타기 운동과 지하철 불편을 해소하기 위해 다양한 활동을 펼쳐 큰 운동 성과를 보이고 있다.

한국장애인자립생활센터총연합회는 사단법인으로 정부의 민원창구 역할을 수행하고 있으며, 회원단체의 권익을 위해 각종 세미나를 개최하여 이슈를 통해 정책을 개선하는 데 앞장서고 있다.

이들 연합조직은 활동지원제도의 도입과 저상 버스, 지하철 엘리베이터 설치, 장애인 콜택시, 전동휠체어 의료보험 수급권 확보, 예산 확보, 「장애인복지법」 개정 등 굵직한 정책들을 연대하여 처리해 왔다.

우리나라의 자립생활운동은 한국소아마비협회(정립회관)가 일본의 자립생활 프로그램을 장애인 지도자들에게 소개하면서 확산되었다. 자립생활운동은 1997년 국제장애인학술대회에서 일본 자립생활 지도자 Nakanishi에 의해 소개되었으며, 아시아 지역에 자립생활 이념을 보급하고자 노력하던 Nakanishi는 정립회관을 통해 자립생활을 보급하였다. 1998년 5월 25일부터 3일 동안 자립생활 세미나를 개최하였는데, 자립생활 이념에 대하여 처음 접한 국내 참가자 대부분은 그 의미를 충분히 인식하지 못하였고, 다만 중증장애인에 대한 새로운 지원 모델로 인식하였다.

Nakanishi는 1999년 한국의 장애인 지도자 4명을 일본에 초청하여 자립생활 연수를 실시하였으며, 자립생활에 대한 이해와 프로그램 보급을 직접 시도하였다. 이 사업의 연장으로 2000년에는 '한 · 일 장애인자립생활 세미나'가 서울, 광주, 대구, 제주도에서 개최되었고, 자립생활 이념을 교육하였다. 일본자립생활센터협의회(JIL)의 후원으로 한국소아마비협회에 자립생활 기금이 조성되었고, 이 기금을 통하여 우리나라 최초로 1997년 '피노키오자립생활센터'와 '광주우리이웃자립생활센터'가 설립되었다.

서울에 설치된 피노키오자립생활센터는 장애인종합복지관 내에 센터를 설치 · 운영하였으며, 광주우리이웃자립생활센터는 영구임대아파트를 기반으로 설치되었다. 피노키오자립생활센터는 복지관 내에 센터가 설치됨으로써 자립생활 이념 중 당사자 주체 운영 원칙의 난관에 봉착하였다. 센터의 운영위원이 50% 이상 장애인이어야 하는데 복지관은 그렇지 못하였다. 또한 독자적인 운영권이 없어 프로그램의 자율적 운영에도 문제가 있었고, 정부의 보조금을 받고 있는 복지관 내에 있으므로 그 기능은 자연적으로 취약해져 갔다. 자립생활센터가 자조단체이고 프로그램을 직접 지원하는 사업단체라고 가정한다면 복지관 내에서의 기능은 협소해질 수밖에 없다.

반면, 광주우리이웃자립생활센터는 충분한 조건을 갖추지는 못하였지만, 자립생활 지원을 위한 '체험 홈'으로 사무소를 설치 · 운영하였다. 자립생활 체험 홈 형식을 갖추고 있으므로 장애인은 적어도 1년 이내에 일반 주택에 들어가야 하고, 자원봉사자 또는 활동지원인의 지속적인 지원이 필요하였다.

초창기 두 센터의 공통 요소는 모두 자립생활에 필요한 제도적 지원 기반이 매우 열악하다는 것이었다. 시설에서 나온 장애인은 국민기초생활보호 수급자로 선정되면 최저생계는 가능하겠지만 활동영역에 있어 매우 제한된 상태로, 이들의 의식주만이 해결되었다고 해서 자립생활로 인정할 수는 없었다.

정립회관은 2001년 동료상담학교를 4회에 걸쳐 실시하였으며, 이 프로그램을 수강한 장애인들은 자립생활의 이념 보급과 실천을 위하여 전국에서 활동가로 노력하고 있다. 특히 자조조직을 결성하여 정기적으로 연구 모임을 개최하여 왔고, 이 연구 조직으로서 '한국자립생활연구회'와 '한국자립생활네트워크'가 운영되어 왔다. 또한 이 조직들은 순수한 자립생활연구 모임으로 정기적인 모임을 개최하였다.

공공기관에서는 국립재활원이 2001년 4월 '중증장애인자립생활 현황 및 향후 방향'이란 주제로 세미나를 개최하였다. 이 세미나는 공공기관이 자립생활에 관심을 표명하였다는 데 큰 의의가 있다. 세미나를 통하여서는 기존 재활모형, 즉 의료적 모형의 한계점을 지적하고, 중증장애인의 자립생활 지원에 어떠한 방법들이 선행되어야 하는지 그 방안을 제기했다. 그리고 이는 재활전문가 입장에서 자립생활을 조명해 보는 계기가 되었다.

2003년도에는 민간재단인 '사회복지공동모금회'가 기획사업으로 3년간 전동휠체어 무료보급 사업을 전개하면서 자립생활운동은 급물살을 타게 되었다. '중증장애인자립생활연대'가 전동휠체어 의료보험 수급 확보를 위한 세미나를 개최하고, 캠페인을 시작하면서 자립생활 활동가들의 노력은 마침내 의료보험 수급으로 전동휠체어를 구입할 수 있는 성과를 가져왔다. 지역사회 이용기관인 자립생활센터 예산지원은 2003년 서울시가 최초로 '중증장애인자립생활연대' 등 5개의 자립생활센터에 지방예산을 지원하였다.

정부는 2003년부터 2007년까지 '제2차 장애인복지발전 5개년 계획'을 수립하면서, 기본 방향을 '장애인이 독립된 주체로 지역사회에서 독립적인 삶을 영위하는 것을 목표'로 삼았다(국무조정실, 2003).

2004년 삼육대학교는 강원복지재단과 우정사업부의 지원으로 '삼육장애인자립생활지도자대학'(학장 정종화)을 1년 과정으로 운영하였다. 모두 21명의 장애인이 매주 전국에서 자립생활에 대한 체계적인 학습을 받기 위해 모여들었다. 이들은 자립생활센터를 운영하고 있는 활동가이거나 장애인단체 지도자들로, 현재 이들은 전국에서 자립생활운동을 주도하고 있거나 또는 정치 일선에서 활동을 펼치고 있다.

2004년도에는 민간재단인 사회복지공동모금회가 총 8개 자립생활센터를 선정하여 3년 동안 사업비와 운영비를 지원함으로써 우리나라에도 중증장애인을 위한 지역사회 이용기관인 '자립생활센터'가 뿌리내릴 수 있는 기반을 마련하는 데 크게 기여하였다.

정부도 2005년 최초로 보건복지부가 지방자치단체와 매칭 펀드로 총 10개소의 자립생활센터에 시범사업으로 공적 예산을 투입하였다. 그리고 보건복지부가 10개소의 민간 자립생활센터를 지원하면서 지침으로 자립생활센터 직원 채용 시 반드시 사회복지사를 채용하도록 권장하였다.

2006년 우리나라 초창기 자립생활센터는 〈표 6-1〉과 같이 전국에 47개소가 운영되었으며, 중앙정부의 지원을 받는 센터는 20개소이고, 지방자치단체의 지원을 받는 센터는 42개소였다. 2005년도에 처음 시범사업을 실시하였으며, 2007년도에는 20개소에 6억 원, 2008년도에는 20개소에 9억 원, 2009년도에는 20개소에 12억 원을 지원하였다. 2007년에는 국가가 활동지원인 서비스(Personal Assistance Service)제도를 공식 도입하였다. 따라서 2008년 기준 중증장애인(1급 장애인만 해당) 1만 5,000명이 활동지원 서비스를 지원받고, 지역사회 활동에 참여해 왔다.

정부의 활동지원인 서비스 채택으로 2007년에 47개소에 불과하던 자립생활센터들(〈표 6-1〉 참조)이 짧은 기간에도 불구하고, 2015년 12월 말 전국에 약 180여 개의 자립생활센터가 현재 운영되고 있다.

자립생활센터 중 중증장애인의 직업재활 서비스를 프로그램으로 채택한 센터는 소수이긴 하지만, '굿잡자립생활센터'는 중증장애인의 직업재활과 고용지원 프로그램을 채택하고 있다. 중증장애인 직업재활 서비스 기관이 직업평가센터를 부설로 갖

〈표 6-1〉 2007년 전국자립생활센터 현황

순번	단체명
서울 (17개소)	굿잡장애인자립생활센터/강동장애인자립생활센터/장애여성자립생활센터/관악장애인자립생활센터/광진장애인자립생활센터/노원중증장애인자립생활센터/피노키오장애인자립생활센터/동작장애인자립생활센터/서초장애인자립생활센터/성동장애인자립생활센터/성북장애인자립생활센터/서울장애인자립생활센터/양천장애인자립생활센터/자립생활센터프랜드케어/중증장애인자립생활연대/노들장애인자립생활센터/중랑장애인자립생활센터
경기도 (7개소)	부천장애인자립생활센터/시흥장애인자립생활센터/안산장애인자립생활센터/계양장애인자립생활센터/인천장애인자립생활센터/해피해피장애인자립생활센터/미래를여는장애인자립생활센터
충청도 (4개소)	한밭장애인자립생활센터/다함장애인자립생활센터/충북장애인자립생활센터/충북장애인자립생활센터
강원도 (1개소)	강릉장애인자립생활센터
경상도 (8개소)	경남장애인자립생활센터/진주장애인자립생활센터/경주천마장애인자립생활센터/대구자립생활센터/대구사람장애인자립생활센터/부산장애인자립생활센터/울산지장협중증장애인자립생활센터/울산장애인자립생활센터
전라도 (9개소)	한마음장애인자립생활센터/열린문장애인자립생활센터/우리이웃장애인자립생활센터/광주서구장애인자립생활센터/빛고을장애인자립생활센터/더불어함께장애인자립생활센터/전주작은자의자립생활센터/전북손수레장애인자립생활협회/덕진장애인자립생활센터
제주도 (1개소)	제주장애인자립생활센터

출처: 조영길(2007).

추고 있는 것과 대조적으로, 뇌성마비 회원을 중심으로 지원하는 자립생활센터들이 고용 및 직업재활에 열의를 보여 왔다.

　자립생활은 초기에 장애영역 구분 없이 통합지원을 원칙으로 설립되고 있는 데 비해, 지적장애나 자폐성장애는 전달체계를 별도로 하고 있다. 이는 우리나라에서 가장 먼저 정부예산이 지원되었고, 전달체계도 구분하여 별도의 센터를 설치·운영하고 있다. 자립생활은 지역사회에서 중증장애인이 장애영역 구분 없이 훈련하고 참여하도록 권장하는 데 비해, 지적장애인은 자립생활센터에서조차 보호의 개념에서 자

립생활을 시도하였다. 자립생활은 경험과 자기결정을 중요시하여 지적장애가 있어
도 자기결정권과 선택권은 반드시 지켜지도록 실천해 나가야 된다.

2. 각국의 자립생활 정책

1) 미 국

미국의 자립생활 정책은 「재활법(Rehabilitation Act)」에 근거한다. 연방정부는 「재
활법」에 의해 자립생활 지원 프로그램을 수행하고 있다. 미국의 자립생활센터는 약
650여 개에 이른다. 이 센터에 지원되는 예산은 2001년 기준 연간 1억 2천만 달러로
17만 4천 명이 이 서비스를 받는다. 장애유형은 전통적으로 지체장애로 구성되었으
나, 최근 지적 장애인이 늘어나는 추세다.

자립생활센터는 연방정부, 지방정부, 재단, 기업의 후원을 받는다. 일부 센터는 소
비자, 기관, 연금회사, 메디케이드나 메디케어 등으로부터 비용을 지원받기도 한다.
활동지원 서비스(PAS)를 제공하는 경우 메디케이드 비용의 일부가 운영비로 충당되
기도 한다.

미국에서 직업재활을 담당하는 기관의 수는 5,400여 개가 되고, 장애인지원 서비
스 기관은 1만 개 이상이 있어, 650여 개 정도에 그치는 자립생활센터의 숫자에 비하
면 엄청난 차이가 있다. 그러나 철학과 이념, 정책결정 능력에서는 자립생활센터가
오히려 직업재활 영역을 이끌어 가고 있다. 탈시설의 영향으로 1981년의 메디케이드
웨이버(Medicaid Waiver) 프로그램이 다수의 장애인으로 하여금 시설에서 생활하지
않고 지역사회에서 생활하는 것을 가능하게 만들었다.

재가서비스 기관을 통해 제공되는 활동지원 서비스는 기관 주도형, 즉 전문가 주
도형 서비스로서 사례관리자가 장애인을 위해 수급 자격이 되는 서비스 유형과 양을
결정한 후 서비스를 제공받게 하는 형태다. 이는 중중장애인의 개별 욕구나 취향에
반응하기 힘든 부분이 있었고, 또한 선택권을 제한하였다. 이런 차원에서 자립생활

운동가들은 기관 주도형 활동지원 서비스 모형에서 장애인 당사자가 주도하는, 즉 소비자 주도형 활동지원 서비스 모형으로 전환해야 한다는 목소리를 높이기 시작하였다. 장애인 스스로 자신이 원하는 활동지원인을 구하고 필요한 서비스의 시간이나 형태를 결정하게 하여 선택권을 갖게 하는 것이다.

자립생활운동은 자기결정권과 선택권에 부합한다는 취지로 1995년에 미국전국노인회(National Council on Aging)와 자립생활연구단체(World Institute on Disability: WID)에서 '소비자주도형 장기서비스 도입을 위한 전국단체(National Institute for Consumer Directed Long Term Services)' 조직을 결성하여 활동하였다.

정책 결정자들도 비용 절감효과 때문에 이러한 소비자 주도형 활동지원 서비스 모형에 관심을 보이고 있다. 기관 주도형 활동지원 서비스의 경우에는 지역사회 중증장애인의 욕구를 파악해야 하고, 장기적인 서비스를 제공해야 하며, 사례관리자를 고용해야 하므로 인건비가 많이 드는 문제가 있다. 특히 재가서비스 기관의 운영을 위한 정규직 활동지원인의 고용·훈련·관리와 같은 행정 경비가 전체 예산의 30~40%을 차지하였다. 하지만 장애인이 스스로 활동지원인을 고용하고 서비스를 관리해 간다면 이러한 인건비와 행정비용이 감소할 것이라는 관점에서 정책 결정자들은 소비자 주도형 활동지원 서비스 모형에 관심을 갖지 않을 수 없게 되었다. 소비자 주도형 활동지원 서비스에 관심을 갖는 또다른 이유는 기관 주도형 활동지원 서비스를 제공하는 재가복지서비스 기관의 경우 정규직 가정봉사원을 고용한 후 이들을 지역사회 내의 장애인 가정에 파견하는데, 점점 노동력 확충이 어려워지고 있기 때문이다.

노동집약적 업무인데다 승진이나 발전적 기회가 적고 임금수준이 낮기 때문에 주로 흑인이나 멕시코인 등 남아메리카 국가에서 이민을 온 저소득층 여성들이 이 업무를 전담하고 있다. 하지만 이들도 기회가 되면 다른 직장으로 옮기려고 하는 경우가 많고, 출산율 저하와 인구고령화 추세에 따라 이 분야의 노동력 부족 문제가 심각해질 것이라는 우려가 제기되었다. 이러한 측면에서 자립생활운동가들은 소비자 주도형 활동지원 서비스 모형의 우월성을 주장하였는데, 재가서비스 기관에 전일제로 고용된 활동지원인보다는 주변의 이웃을 활동지원인으로 고용하는 것이 일반적 모습이기 때문이다. 이 방식에서는 1명의 전담 활동지원인보다는 보통 3~4명의 활동지원인을 고용하는 것이 보통이다. 현재 워싱턴 주를 비롯하여 소수의 소비자 주도형 활동지원 서비스에서는 배우자와 부모만 제외하고는 형제, 친척, 친구까지 활동지원 서비스로 일할 수 있는 자격이 되며, 대개 이웃이나 지역사회 내의 교회들, 지역사회 내의 대학생들이 활동지원인으로 일하고 있다.

　활동지원 서비스를 실시함에 있어 자립생활센터의 역할은 활동지원 서비스에 관한 정보를 제공하거나 활동지원인을 필요로 하는 장애인과 활동지원인으로 일하고 싶어 하는 사람을 연결시켜 주는 알선 업무, 고용된 활동지원인의 개인적 사정으로 갑자기 활동지원 서비스가 불가능할 경우를 대비한 응급상황 대비 서비스(emergency back up service)가 있다.

　미국에서 장애인의 이동권 확보를 위해 투쟁해 온 장애인단체인 'ADAPT(American Disabled for Attendant Programs Today)'는 48개의 지역 조직을 두고 있는 전국 규모 조직이다. 이들은 탈시설운동이 이동권 문제가 해결되지 않고서는 성공할 수 없다는 생각에 대중교통권을 확보하기 위한 수단으로 브로드웨이에서 버스 타기 시위를 펼침으로써 장애인 이동권 운동에 불을 붙였다. ADAPT가 가장 심혈을 기울이고 있는 부분은 MiCASSA(Medicaid Community based Attendant Services and Supports Act)의 국회 통과다. 국회의원들의 공동발의로 제안된 법안인 MiCASSA는 메디케이드의 시설 중심적인 편견 때문에 장기 의료서비스를 선택할 권리를 박탈당한다는 관점에서 출발하였다. 메디케이드 비용은 보호소와 같은 수용시설에 지급되는 것이 아니라 개인에게 지급되는데, 이렇게 되면 각 개인은 자신의 가정에서 장기 의료서비스를 받을 수 있게 되어 시설로 들어가지 않아도 된다. MiCASSA는 시설 기반 서비스만이 아니라 지역사회 기반 서비스도 선택할 수 있도록 주정부에서 경제적 인센티브를 제공하고 있다. 이러한 목표를 위해 지난 2003년 5월 어머니의 날(Mother's Day)에 30개 주에서 ADAPT 회원 500여 명이 백악관 앞에 모여 시위를 하였다. 이들은 메디케이드의 편견 때문에 '빼앗긴 삶(stolen lives)'을 살고 있는 장애인에게 부시 대통령의 사과를 요구하였고, 이 시위과정에서 ADAPT 회원 100명이 워싱턴 경찰에 체포되기도 했다. 이들은 대부분의 주에서 메디케이드 재정이 위기를 겪고 있는 현실에서 MiCASSA가 그 어려움을 해소해 줄 것이고, 주정부와 노인, 장애인 모두를 위한 안전망이 되어 줄 것이라고 주장하였다. ADAPT 회원들은 컨스티튜션 가와 395번 고속도로 진입로를 포함한 주위 다른 도로들을 7시간 동안 점거하고, 미법무부 관리들의 면담을 요구했다. 당시 자리를 비우고 있던 John Ashcroft 법무장관 대신에 Ralph Boyd 법무장관이 각 주에서 모인 500명의 ADAPT 활동가들을 만나 현안을 논의하였다. Ashcroft 법무장관과 법무부에 대한 ADAPT의 요구에는 각 주정부들이 「미국장애인법(ADA)」을 준수하지 않고 있다는 지적도 포함되어 있었다. ADA에 따르면, 주정부와 그 외 지방정부는 장기 의료서비스를 포함한 서비스와 프로그램들을 '가장 통합된 환경에서(in the most integrated setting)' 제공해야 한다. 또한 각 주정부들은 2002년까지 ADA의 기준 미달 여부를 자체 심사해야 하고, 그에 대한 개선책을 마련하기로 규정되어 있다. 이때 ADA의 준수, 특히 장기의료 서비스를 위한 각 주정부의 개선책을 심사하는 것을 법무부가 동의할 것인가에 대한 질문에 Ralph Boyd 법무장관은 "그렇다."고 대답했다. 그는 ADAPT의 시위를 '민주주의의 실천'이라고 부르면서 지역사회로부터 구체적인 문제 제기가 있을 경우 자신을 포함한 법무부 임원들은 해당 시설을 직접 조사할 의향이 있다고 답했다. 이처럼 최근 ADAPT의 활동목표는 MiCASSA의 법제화에 집중되어 탈시설화 이후에도 시설보호 중심으로 편중되어 있는 메디케이드를 완전한 지역사회 서비스로 바꾸기 위한 노력을 가속화하고 있다.

1979년 연방정부로부터 재정지원을 받기 시작한 10곳의 자립생활센터 중 하나인 척수장애인자립생활센터(PARAQUAD Center for Independent Living)는 Max Starkloff가 버클리자립생활센터의 영향을 받아 설립하였다. 초기에는 미국의 중요한 자립생활센터로서 자리매김하여 성장해 왔지만, 창립자의 건강 악화 등의 이유로 초기의 자립생활운동의 이념이 퇴색되었음을 자각하고, 최근 영입한 새로운 대표 Robert Funk와 함께 자립생활 이념과 운동성에 보다 충실하고자 노력하고 있다. 이처럼 초창기에는 자립생활의 이념에 충실하고 운동성이 강조되었으나, 점차 정부 지원을 바탕으로 한 서비스가 중심이 되면서 퇴색된 초기의 이념과 운동성을 강조하는 방향으로 선회하고 있다.

1990년 ADA가 시행되고 있지만 일선 현장에서는 이 법이 제대로 지켜지지 않는 부분들이 있기 때문에, 이 법의 실행을 감시하고 시정하도록 하는 활동들이 자립생활센터에서 이루어지고 있다. 이러한 활동에 대해서 Chicago Access Living 자립생활센터 대표인 Marca Bristo는 다음과 같이 설명하고 있다. "미국에서는 이제 'ADA 이후 시대(The post ADA period)'가 시작되었다. ADA 제정 이후에 사업체나 버스회사 등이 이에 관심을 갖기 시작했고, 이와 관련된 서비스를 제공하는 회사가 생겨났다. 또 자립생활에 대한 기술지원을 하는 직업도 생겨났다. 그러한 서비스를 제공받을 권리는 원래부터 있었지만, ADA가 제정됨으로써 법에 의해 공적으로 보장받게 되었다."

2) 일 본

일본의 자립생활운동은 1981년 '세계장애인의 해'에 Edward Roberts가 일본을 방문함으로써 시작되었다. 이후 Judy Heumann을 비롯한 자립생활운동가들이 일본을 방문하여 순회교육을 실시하였으며, 자립생활 이념에 대한 토론이 전개되었으나, 자립생활 서비스에 대하여는 잘 이해되지 못하였다. 하지만 2009년 일본의 자립생활센터는 약 400개소에 이르고 있으며, 그 중 도쿄에 30%가 존재하고, 매년 10개소 이상의 자립생활센터가 증가되고 있다. 각 센터의 예산은 충분하지 않지만 도쿄의 경우, 개호 서비스와 '지역복지진흥재단'을 통하여 연간 1,500만 엔(약 1억 5천만 원)의 보조금이 지원된다.

일본은 1960년대부터 뇌성마비 장애인을 중심으로 장애운동이 활발하게 전개되어 왔다. 뇌성마비장애인단체인 '푸른 잔디회'는 '장애는 개성'이라는 표어를 사용하며 장애운동을 활발히 펼쳐 왔다.

1986년 6월 도쿄의 하치오지 시(八王子市)에 휴먼케어협회가 최초로 설립되었다. 지금까지 장애운동은 행정부의 장애인복지 시책에 의해 좌지우지되어 왔고 권익옹호 운동이 중심이었으나 장애인에게 서비스를 제공하는 시스템은 생소하였다. 휴먼케어협회는 발족과 동시에 장애인이 복지서비스의 수급자인 동시에 제공자라는 시각을 명확히 하고 서비스 주체로서의 역할을 자각하고 자립생활센터의 조직화에 총력을 기울였다. 서비스 대상은 노인을 포함한 모든 장애인으로 자립생활운동의 차원을 넘어 사회개혁 단체가 될 것을 선언하였다. 지금까지 장애인 운동은 장애영역을 중심으로 전개되어 왔다. 예를 들면, 뇌성마비나 시각장애 등으로 구분되어 왔다. 또한 지역별 운동으로 전개되어 왔으나 휴먼케어협회는 지역 구분을 넘어 인재를 모집하고 조직화하였다. 휴먼케어협회에서는 창립부터 자립생활 프로그램과 개호인 파견서비스를 연관시켜 유지해 오고 있다. 휴먼케어협회는 1970년 당시 전국에 두 곳밖에 없었던 장애인 독립 조직인 '와카고마노 이에(젊은 말들의 집)'을 모체로 출발했다. 주요 구성원은 시설이나 가정에서 어릴 때부터 폐쇄적 생활을 해 온 사회 경험이 없는 장애인들로, 그들과의 교류를 통해 자립생활 상황을 잘 파악할 수 있었다.

만약 개호서비스만 제공할 경우 이용자가 의존적일 가능성이 있고, 자기결정 및 자기선택의 중요성을 인식치 못한 채 독신생활을 할 위험성이 있다. 또한 자립생활 프로그램이 선행될 경우 독립을 위한 학습에 도움은 되나 지역사회에 개호서비스 없이는 아무것도 할 수 없다고 판단하고 두 서비스를 동시에 실시하게 되었다.

'휴먼케어협회'가 설립된 초기에는 장애인은 환자로 취급되었고, 누군가로부터 도움을 받아야 하는 존재로 생각되었다. 그리고 그러한 인식 속에서 부모에게 장애인 자녀를 독립시키도록 설득하는 것은 매우 어려웠다.

1995년 후쿠시마 현에서 처음으로 자립생활센터의 정비가 이루어졌으며, 보조금은 전체 운영자금의 50%에 불과하여 운영에 어려움을 겪었다.

일본의 자립생활센터는 22년 동안 큰 성장을 이루었으며, 지역 중심의 장애인복지 서비스도 큰 역할을 감당해 왔다. 그 결과 자립생활센터에 대한 인식이 새로워졌으며, 정부와 지방행정기관에서도 주목하기에 이르렀다. 자립생활 이념은 지역 중심의 서비스 정비에 공헌을 해 왔으며, 장애인복지의 근본적인 문제를 개선해 오고 있다. 또한 오늘날 복지서비스를 이용자 중심의 사회서비스로 확대하는 계기가 되었다. 사회서비스는 65세 이상의 노인이나 장애등급에 따라 부여하는 종래의 서비스 범위를 넘어서 보편적 서비스로 확대·개편하는 것이다. 그리고 이러한 질적 향상을 위하여 '전국자립생활센터협의회(JIL)' '동경자립생활센터협의회(TIL)'의 역할이 중요해졌으며, 자립생활센터가 실시하고 있는 서비스의 향상을 위해서 질적 개선이 요구되었다.

자립생활 활동가들은 동료상담을 자립생활 전파의 주요 수단으로 사용했고, 그와 함께 자립생활의 개념과 기술을 전파해 나갔다. 그리고 이러한 노력들이 장애인의 역량을 강화시키는 데 큰 역할을 하였다. 자립생활센터는 장애인 당사자들이 직접 운영하였으나 대부분의 장애인은 운동의 경험은 있어도 사업의 경험이 없었다. 따라서 매뉴얼을 개발하고 교육하는 등의 지속적인 훈련이 필요하였다.

일본은 우리나라뿐 아니라 태국의 자립생활도 지원해 왔다. 2001년 1월에는 일본국제협력기관(Japan International Cooperation Agency: JICA)의 지원으로 태국 내 3개의 장애인단체에서 각각 10명씩, 30명의 장애인 지도자를 대상으로 일주일 동안 자립생활 교육이 진행되었다. 방콕에는 아태장애개발센터(Asian and Pacific Development Center on Disability)가 일본국제협력기관의 지원으로 건설되었다. 아시아 · 태평양 지역에는 전 세계 장애인의 60%가 살고 있으며, 이 지역에는 개발도상국도 많이 포함되어 있다. 따라서 아시아 · 태평양 지역의 장애인 지도자 양성은 매우 중요하고 일본은 이들 지역의 국가들을 지원하고 있다.

일본의 시 · 정 · 촌 장애인생활지원 사업에 의해 실시되는 홈헬퍼 사업은 사회복지 기관에 위탁하여 실시된다. 홈헬퍼 사업에는 재활시설, 생활시설, 장애인복지센터, 주간보호센터, 기능훈련센터, 장애상담, 원조활동을 실시하는 사회복지협의회 등이 있다.

일본의 활동지원 서비스의 기원이라 할 수 있는 홈헬퍼 서비스는 1973년 후추요이쿠센터(府中療育)의 입소자였던 닛타가 '장애인이 시설에서 사는 것이 싫다면서 지역에서 살 수 있도록 지원을 해 달라'고 도쿄 도와 협상을 통해 생겨난 정책이다.

홈헬퍼는 1974년에 월 4회 총 7,040엔이 지급되었으며, 1999년에는 월 31회 총 349,680엔으로 확대되었고, 1998년에는 이것이 국가 사업으로 편입되었다(요코하마 테루히사, 2000: 15-23). 이러한 홈헬퍼 서비스의 초기에는 가사지원이 핵심이었지만, 법 개정 이후 간호가 추가되었다(정일교, 2001: 10). 그러나 현실적으로 남성 간호인의 부족 등으로 잘 이루어지지 못하였다. 시에는 홈헬퍼 제도가 있어 주당 18시간의 헬퍼를 장애인에게 파견하였다. 홈헬퍼 제도는 오전 9시부터 오후 5시까지의 근무시간 이외에도 운영하도록 되어 있지만, 실제로는 사람을 구하기가 힘든 경우가 많았다.

이에 정부에게 '우리가 직접 헬퍼를 데려오겠다' 는 장애인들의 요구가 받아들여져서 생긴 제도가 자천등록(自薦登錄) 홈헬퍼다. 홈헬퍼 제도의 문제점은 사업체가 장애인에게 활동지원인을 파견함으로써 장애인 당사자가 직접 활동지원인을 고용할 수 없다는 것이었다. 또한 홈헬퍼 서비스에서는 교육, 통근, 통학 등에 헬퍼를 사용할 수 없기 때문에 장애인 당사자들은 장애인이 직접 고용하는 형태의 자천등록 홈헬퍼 제도를 요구하게 되었다. 게다가 홈헬퍼는 고령의 여성이어서 장애 남성을 케어하기가 힘들었다. 따라서 남성장애인에게는 남성 헬퍼를 파견해 줄 것을 요구했으나 현실적으로 불가능하다는 입장을 보였다. 이런 이유로 시와의 협상과정에서 대안으로 남성자원봉사자를 헬퍼로 등록해서 파견하는 방법을 제안하였다. 그리고 그 요구를 들어줄 때까지 운동을 벌였고, 그 결과 주 8시간 자천등록 홈헬퍼[1]가 파견되었다.

　자천등록 홈헬퍼는 시·정·촌 장애인생활지원사업 전국연락협의회의 조사에 따르면 2000년도 생활지원사업 실시 단체는 160개소로, 행정기관 10개소, 사회복지협의회 32개소, 비정부기관(NPO) 31개소, 신체장애인 요양시설 45개소, 사업단이나 공사 17개소, 정신지체인 관련 시설 2개소, 기타 법인 22개소, 의료시설 1개소다.

　생활지원 사업이 실시된 이래 1996년부터 2000년까지 실시 단체의 종류를 보면, 신체장애인 요육시설, 사회복지협의회, 비정부기관 등이 주체가 되어 왔다. 2002년 109개의 시·정·촌에서 이 자천등록 홈헬퍼 제도를 시행하였으며, 다음 해에는 8시간 추가 등을 통해서 주 47시간까지 파견받을 수 있게 되었다. 뇌성마비 장애인에게 주 5회(2,000엔) 파견하는 시기였지만, 이 역시 계속적인 협상을 통해 5회에서 6회로 늘리고, 뇌성마비뿐만 아니라 척수, 근육병 등을 가진 사람들도 서비스를 받을 수 있게 되었다.

　'전신성장애인개호인파견사업(全身性障害者介護人事業)'은 18세 이상의 1급 장애인을 대상으로 하는 개호인 파견 사업이다. 이는 전신성 장애인의 지역사회에서의 생활을 지원하기 위하여 만들어졌다. 서비스는 목욕, 대소변, 식사, 옷 입고 벗기, 외

---

1) 남성장애인이 남성활동지원인을 자신이 모집하여 시에 홈헬퍼로 등록하고 서비스를 받게 되었다.

출, 기타 및 가사로 규정하고 있으며, 지방자치단체에 따라서 월 이용 시간이 다르다 (정일교, 2001: 10).

자립생활 장애인 중에는 생활보호제도를 이용해서 사는 장애인이 많다. 2003년도 에는 장애인이 활동지원인에게 사례를 할 수 있는 예산이 추가로 지급되었는데, 생 활보호수당 외에 중증장애인 가산으로 타인 개호비라는 명목으로 18만 엔이 지원되 었다. 이렇게 타치카와 시, 도쿄 도, 후생성의 생활보호의 개호가산 등을 합쳐서 활 동지원비가 조성되었다. 타치카와 시와 도쿄 도에서는 장애인에게 주는 것이 아니라 헬퍼에게 주는 것이고, 후생성에서 주는 것은 장애인에게 직접 지급하는 것이다. 또 각각의 시급(800~1,900엔)도 달랐다. 그래서 이와 같은 문제를 해결하기 위해 장애인 부담금과 헬퍼의 이름을 빌린 통장을 이용하여 급여를 제공하게 되었다. 사례별로 24시간 시급을 준 장애인도 있었지만, 밤 시간에는 아르바이트 대학생에게 낮은 시 급을 주어 활동지원을 부탁하고, 안정적으로 업무를 수행해야 하는 낮에는 급여를 월급으로 주고 활동지원을 이용하는 경우도 있었다. 또한 토요일과 일요일에는 자원 봉사를 이용해서 또는 무급으로 활동지원을 부탁하는 등 정해진 비용을 효율적으로 활용하였다.

1990년대가 되면서 시·도 및 정부의 재정이 안정적으로 지원되었지만 활동지원 인을 모집하는 것이 어려워졌으며, 활동지원인을 이용하는 장애인들 간에 활동지원 인을 교류하자는 제안도 나왔다. 5년 전에 설립한 하치오지(八王子)의 자립생활센터 는 자립생활을 배워서 1991년에 타치카와 시에 타치카와자립생활센터를 설립하여 활동지원인을 모집하고 연결하는 일을 하기로 결정했다.

일본의 활동지원 서비스는 이용자와 개호인도 회원이 될 수 있다. 개호인은 자신 이 할 수 있는 개호 내용과 시간을 등록하고, 이용자는 필요한 서비스를 사무소에 의 뢰하며, 코디네이터가 이를 알선한다. 이용자가 지불하는 액수는 평일 9시부터 5시 까지 1,000엔(약 만 원 정도), 그 외의 공휴일은 1,200엔, 국경일은 1,400엔이다. 개호 인에게는 시급에서 100엔을 사무 비용으로 제하고 지불한다.

「생활보호법」에 따라 제공되는 생활부조에는 장애인에 대한 여러 가지 가산(加算) 제도가 있다. 이 중 중증장애인 가족 개호료, 중증장애인 타인 개호료 등이 추가로 장애인에게 현금으로 지원된다. 이와 같이 활동지원은 홈헬퍼, 생활보호의 타인 개호수당, 뇌성마비장애 개호 파견사업 등으로 구성이 되어 일일 24시간 활동지원 서비스를 확보하는 것이다.

자립생활 프로그램은 1986년 6월 제1기 총 12회 강좌로 실시하게 되었는데, 이것이 장애인 당사자가 지도자가 되어 실시하게 된 첫 프로그램이다. 자립생활 프로그램 매뉴얼은 6회에 걸쳐 실시한 프로그램 내용을 정리한 것으로, 교재는 총 10장에 걸쳐 있으며, ① 목표설정, ② 자기인지, ③ 건강관리와 긴급사태, ④ 개호에 대하여, ⑤ 가족관계, ⑥ 금전관리, ⑦ 거주, ⑧ 식단 짜기와 쇼핑, ⑨ 성, ⑩ 사교와 정보가 그것이다.

동료상담은 심리적 측면에서의 자기확신과 장애에 대한 수용이다. 자신의 장애에 대하여 눈을 떴을 때 '장애인이기 때문에' '결혼은 할 수 없다' '외출하면 사람들에게 피해를 준다' 등의 자신감을 잃게 하는 여러 요인이 복합적으로 관계하여 생활 전반에 상처로 남게 된다. 인간은 환경에 따라 심리적으로 동요하며, 심리적 동요는 폐쇄적 인간으로 변모시킨다. 이러한 과정에서 장애를 가진 당사자는 '나는 아무것도 할 수 없어.' '나는 아무 가치도 없는 존재야.' 등으로 자신을 과소평가하게 되고, 결국 인간으로서의 가치마저도 부정하게 되며, 나아가 자기신뢰를 영원히 회복할 수 없게 된다. 이러한 과정을 방지하기 위해 동료상담이 필요하였다.

'전국자립생활센터협의회'는 1989년 '휴먼케어협회'를 모형으로 연수 등을 행해왔으며, 일본 전국에 보급되었다. 구체적으로는 마치다 휴먼네트워크, 한즈세다가야, 타치카와자립생활센터 등을 중심으로 자립생활센터가 전국적으로 조직되었으며, 일본 북해도의 삿포로 시(이치고노카이) 등이 조직을 정비하여 'AJU 독립의 집' '시즈오까 장애인자립생활센터' 등이 조직되었다. 이후 자립생활 프로그램과 개호서비스, 동료상담 등이 점차 정비되기 시작하여, 1990년 전국자립생활센터협의회(JIL)의 결성 준비위원회가 도쿄의 신주쿠에서 개회되었다. 그리고 다음 해인 1991년 11월 22일에는 '전국자립생활문제 연구회'가 결성되었다.

전국자립생활센터협의회(JIL)의 규칙은 다음과 같다. ① 센터의 중요한 사항의 결정에 있어 결의위원의 과반수를 장애인으로 한다. ② 결정기관의 책임자 또는 담당자는 장애인이어야 한다. ③ 장애의 종류에 관계없이 서비스를 제공하여야 한다. ④ 정보제공과 권익옹호 활동을 기본 사업으로 하며, 자립생활 프로그램, 동료상담, 개호서비스, 주택수리 서비스 등을 실시한다. 이러한 서비스 중에서 2개 이상의 서비스를 제공받고 있는 센터를 정회원, 1개 이상의 서비스를 실시하고 있는 센터를 준회원, 서비스 실시를 위하여 준비하고 있는 센터를 미래회원이라 한다.

일본의 전국자립생활센터협의회(JIL)는 자립생활프로그램위원회, 동료상담위원회, 자립생활센터 운영과 그 외 서비스 위원회, 개호서비스위원회 그리고 권익옹호위원회의 5개 위원회가 있다. 각 위원회는 2개월에 1회 정도 전국위원회를 개최하고 각 위원회별 신입회원 단체를 위하여 안내서를 제작하여 배포한다.

일본의 자립생활운동가들은 지원비 제도[2]를 만들었다. 개호보험에서 말하는 자립이란 일상생활(ADL)의 자립이다. 즉, '활동지원을 사용하지 않는 것'을 의미하는 자립이다. 한편, 지원비 제도에서의 자립은 자기결정, 활동지원을 이용하면서의 자립이다. 이처럼 자립의 이념이 개호보험과 지원비 제도에서 기본적으로 다르게 해석되었다 (〈표 6-2〉 참조).

〈표 6-2〉 지원비 제도의 이념

	개호보험	지원비 제도
자립의 이념	• 일상생활 자립 • 활동지원을 사용하지 않는 자립 (스스로 모든 것을 하는 것을 의미) • 재활, 개호 예방	• 자기결정 자립 • 활동지원을 이용하면서의 자립

개호보험에서는 가장 심한 개호상태를 5등급으로 정하고 있는데, 이에 해당하는 금액은 1개월에 약 35만 엔이 상한선이다. 한편, 지원비 제도는 앞서가는 지방자치단

---

2) 지원비 제도는 2003년 4월부터 일본 전국적으로 통일되어 시행되고, 예산은 국비와 시비로 나누어서 부담된다. 물론 일본은 지방자치제도가 잘 되어 있기 때문에 예산이 없는 지방자치단체는 국비를 중심으로 서비스를 진행하기도 하였다.

체(우리나라의 시·군·구)에서는 상한선이 없다. 중증 신체장애인의 경우에 1일 24시간 활동지원 서비스는 물론 정신지체장애인도 1일 14시간의 홈헬퍼 서비스를 이용할 수 있는 지역이 있다(〈표 6-3〉 참조).

〈표 6-3〉 지원비 제도의 지급량

	개호보험	지원비 제도
지급량의 상한	• 활동지원 필요를 5등급으로 구분 (要介護度5-월 상한 약 35만 엔) • 1일 약 1만 엔	• 상한 없음(욕구에 의해 지급, 선진 자치단체에서는 24시간/일 지원함) • 1일 약 3만 5천 엔

개호보험은 본인부담이 10%다. 그래서 원칙적으로 모든 이용 금액의 10%를 자기부담으로 한다. 지원비 제도는 본인부담금이 있지만, 소득의 차이로 구분한다. 예를 들면, 소득이 없는 장애인은 본인부담이 없다. 또한 소득이 있으며, 많은 시간 활동지원 서비스를 이용하는 중증장애인은 본인부담의 한도액이 활동지원 서비스 사용 시간만큼 계산에 포함되어 늘어난다. 지금까지는 본인부담의 한도액이 없었기 때문에 장시간 활동지원이 필요한 중증장애인이 취업 후 소득을 얻으면 본인부담이 너무 많아지기 때문에 취업하지 않는 문제도 있었다.

일을 해서 자기 소득을 가지고 있는 노인과 비교해 볼 때, 장애인은 연금, 수당 이외의 수입이 없는 사람이 다수다. 그래서 본인부담금 10%는 굉장히 크다고 볼 수 있다. 특히 활동지원 서비스의 이용 시간이 많은 중증장애인은 필연적으로 자기부담 금액이 증가하여 개호보험을 사용할 수 없는 상황이 된다. 그러나 현재의 지원비 제도에서는 본인부담의 한도액이 있기 때문에 중증장애인도 취업 후 본인부담금을 줄일 수 있게 되었다.

〈표 6-4〉 지원비 제도의 부담금

	개호보험	지원비 제도
부담금	• 의무, 일괄적 본인 부담 (원칙적으로 10%, 앞으로 높아질 가능성 20~30%)	• 자신의 소득에 근거한 본인부담 (이용자 부담의 한도액 있음) • 소득이 없으면 0

개호보험의 사회참여는 여가활동 등의 자유로운 외출을 인정하지 않는다. 개호보험에서는 주간보호나 주간보호 서비스를 다니는 것은 사회참여로 인정하면서도, 노인이 이웃의 친구 집으로 놀러 가는 것은 사회참여로 인정하지 않고 있다. 한편, 지원비 제도에서는 여가활동 등의 자유로운 외출을 사회참여로 인정하고 있다. 장애인의 사회참여란 인생의 과정에서 활동지원 서비스를 이용하면서도 실패를 반복하면서 여러 가지 경험을 쌓으며 성장해 가는 것이다. 지원비 제도는 음악회, 데이트, 공부, 외출도 가능하다.

〈표 6-5〉 지원비 제도의 사회참여

	개호보험	지원비 제도
사회참여	여가활동 등 자유로운 외출 없음 (주간보호 서비스 등)	여가활동 등 자유로운 외출 가능

개호보험은 활동지원 서비스 제공 기준을 정하는 평가방법이 다르다. 주로 일상생활(ADL)을 기본으로 하는 1차 판정(79항목)을 기본으로 개호인정심의회(위원의 약 72%가 의사, 간호사 등의 의료직)에 의한 2차 판정을 통해 결정된다. 이러한 판정은 장애인의 의료적 장애 상태만으로 판단하고 있으며, 그 개인이 어떤 환경에 처해 있는지나 개인이 어떤 생활을 하고 있는지 등은 고려하고 있지 않다. 사회참여의 관점도 전혀 없다. 또한 컴퓨터의 소프트웨어를 사용한 획일적인 1차 판정은 독거장애인이나 치매의 고령자의 판정 등에서 매우 단순하기 때문에 많은 문제로 지적되어 왔다.

한편, 지원비 제도에서는 평가를 컴퓨터의 소프트웨어를 통해서 할 수 있는 것이 아니라 보고, 8개의 항목에 따라 지급 결정을 한다. 활동지원 서비스는 화장실, 목욕

〈표 6-6〉 지원비 제도의 평가 요소

	개호보험	지원비 제도
평가방법	일상생활(ADL)을 기본으로 하는 79항목에 의해 1차 판정, 개호인정심의회에 의한 2차 판정을 걸쳐서 결정	8개 항목의 제안 사항을 기본으로 시·정·촌이 결정[일상생활(ADL)뿐만 아니라 본인의 의향, 활동지원인의 상황, 주택환경, 생활환경 등을 고려]

등의 항목을 정하지 않고 '1일에 몇 시간 필요한가?' 라는 장애인 당사자의 욕구를 기본으로 지급 결정된다. 개호보험과 다른 일상생활(ADL)이나 장애등급에 의한 결정이 아니다.

　개호보험의 관리제도는 보호계획서를 작성하고 자기관리도 할 수 있지만, 대부분은 케어매니저가 작성하고 있다. 반면, 지원비 제도에서는 관리가 제도화되어 있지 않다. 이용자가 스스로 보호계획서를 작성하거나, 장애인 지원단체, 소규모 작업소 등에서 작성하거나, 시청 장애인복지과의 사회복지사가 장애인의 이야기를 듣고 작성한다.

〈표 6-7〉 지원비 제도의 관리

	개호보험	지원비 제도
관리	• 관리와 보호계획서의 의무화 • 한도액 내에서 급부관리	• 자기 스스로 관리, 역량강화

　활동지원인의 자격제도에 있어 개호보험은 홈헬퍼 3급 이상의 자격을 필요로 하지만, 2급 자격을 기본(3급 홈헬퍼의 개호보수는 2급의 90%를 지원, 장기적으로는 3급은 폐지해야 한다는 의견도 있음)으로 한다. 지원비 제도는 구분에 따라서 ① 3급 헬퍼 이상(감액 없음), ② 가이드헬퍼(시각장애인, 뇌성마비장애인, 정신지체장애인), ③ 일상생활지원 등 세 가지가 있다. 가이드헬퍼와 일상생활지원은 장애인의 독자적인 헬퍼 자격이며, 연수 시간은 16~20시간 정도로 짧다. 아르바이트 등의 새로운 활동지원인을 양성하기 쉬운 장점도 있다.

　또한 지원비 제도를 발족할 때 활동지원의 경험이 있는 사람은 2~3급 헬퍼 자격과 동등하게 취급받으며, 공식 헬퍼로서 인정받을 수 있다.

〈표 6-8〉 지원비 제도의 제공자 자격

	개호보험	지원비 제도
자격 제도	홈헬퍼 자격 3급 이상(2급이 기본)	홈헬퍼 자격 1~3급을 포함, 이외 장애인 독자적인 자격으로 '일상생활지원' '가이드헬퍼(시각장애인, 뇌성마비장애인, 정신지체장애인)' 자격을 활용함

(2) 국민기초생활보장

일본은 가족책임주의가 생활보호제도에 있다. 그래서 우리나라와 같이 부모 · 형제 등의 재산을 조사 · 검토하여 생활보호를 하였다. 그러나 핵가족화가 되고 사회가 개인주의적인 방향으로 변하면서 가족이 있어도 장애인의 삶에 도움이 되지 못하다는 것이 사회문제로 대두되어 이러한 조치는 장애인이 세대를 독립하기만 한다면 간단하게 생활보호를 받을 수 있게 되는 것으로 변화되었다. 그리고 이런 생활보호는 장애인이 자립을 하는 데 큰 힘이 되었다. 특히 중증장애인에게 개호수당(활동지원 서비스 이용 수당)과 특별장애인수당(지자체에서 지원하기도 함) 등이 포함되어 자립생활에 많은 힘이 되었다. 또한 생활보호제도에서는 월세도 지원된다. 따라서 자립생활을 위해 생활보조 신청을 하면 많은 문제가 해결된다.

(3) 기초국민연금

연금제도가 일반화된 것은 최근 10여 년 전의 일이다. 그전까지 직장인들이 1960~1970년대에 연금을 가입하고, 그들이 65세가 된 1990년대에 많은 사람이 노후연금으로 생활하였다. 그런데 직장생활의 경험이 없는 장애인은 이러한 국민연금을 받을 수 있는 기회가 없다는 것이 사회문제로 대두되었다. 장애인은 원천적으로 교육, 이동 등의 불평등 속에서 직장에서 일할 수 있는 기회를 가져 보지 못한 채 연금을 납부할 수 없었고, 따라서 연금을 못 받는다는 점은 새로운 불평등으로 제기되었다.

일본 정부는 기초장애연금을 만들어서 이 문제를 해결하고자 했다. 기초장애연금은 선천성 장애인은 보험에 가입하기 전인 19세 이전에 장애를 입은 사람이 기본적으로 수급권자가 되고, 20세 이후에 장애를 입었다면 국민연금에 가입되어 있어야 기초장애연금을 받을 수 있도록 하였다. 즉, 20세 이상의 사람은 국민연금에 가입이 되어 있지 않는다면 혜택을 받을 수 없다. 그러나 이 제도가 시행되는 시점의 무자격자는 모두 기초장애연금의 혜택을 받을 수 있도록 구제책을 제시했다.

(4) 국민연금의 장애연금

20세 이상의 국민이 연금에 가입이 되어 있을 때 장애를 입게 되면 국민연금의 장애연금을 받게 된다.

(5) 장애수당

국민기초생활보호와 상관없이 지자체에서 장애인에게 지급하는 장애수당이 있다. 시 · 정 · 촌 등의 지방자치단체에서 지역주민인 장애인에게 복지 차원에서 조례로 지급하는 것으로 평균적으로 2~3만 엔 정도가 지급되고 있다.

(6) 의료비

장애인수첩을 가지고 있으면 의료비 전액을 국가에서 지원해 준다. 일본에서 일반인은 보통 30%의 의료비를 자기부담으로 하는데, 65세 이상의 노인은 1%, 장애인은 본인부담이 없다. 이 때문에 일본의 장애인은 기본적인 조사에서 의료 부분에 대한 욕구에 대해 특별히 조사되고 있지 않다. 국가가 이미 장애인의 의료비를 지원하고 있기 때문이다.

(7) 기타 장애인 보장구, 일상생활 용구의 교부

산소호흡기, 언어장애인이 의사소통을 할 수 있는 음성변환기, 전동휠체어 및 일반휠체어, 전동침대, 집에 설치할 수 있는 리프트 등을 국가 및 지방자치단체가 무상으로 지원한다. 이런 고가 의료장비 지원은 장애인이 편리하게 자립생활을 하는 데 많은 도움이 된다.

3) 독 일

독일 마인츠 시의 '마인츠자립생활센터'는 1993년에 설립되었다. 주된 활동으로는 동료상담과 장애인에 대한 원조, 당사자운동 등을 전개하고 있으며 직업훈련도 실시하고 있다. 일반 노동시장에서 장애인은 취업기회를 제한받기 때문에 장애인의 취업 확대를 위해서도 노력하고 있다.

독일의 「차별금지법」은 2002년 초 의회를 통과하여 각 지방자치단체에서 조례를 추진하였다. 장애인자립생활운동가들은 「차별금지법」의 통과를 반가워했지만, 일부 불만을 가진 부분도 있다. 그것은 시행규칙에 있어서 법을 위반했을 때, 미국처럼 범칙금이 있는 것이 아니란 점이다. 그렇기 때문에 장애인단체에서는 운동을 지속해야 한다고 생각하고 있다.

　법에 따른 제재 조항이 경미하여 문제를 안고 있지만, 확실하게 규정된 부분들도 많이 있다. 특히 장벽 없는 편의시설에 대해서는 계단이 아닌 경사로로 설치해야 할 것 등을 확실히 명기하고 있다. 일상생활에 있어서도 모든 곳에서 장애인이 접근할 수 있도록 법률에 명시하고 있다. 또한 장애차별에 관하여 기업과 장애인단체가 교섭을 할 수 있는 권리가 있다. 예를 들어, 독일 철도는 장애인의 접근권 문제를 해결하기 위하여 장애인단체가 철도와 교섭하는 권리에 대한 조항이 법률로 정해져 있으며, 교섭이 무산되었을 때는 법적으로 강제 개입이 가능하도록 되어 있다. 이 법은 마인츠 시가 연방정부의 「차별금지법」 제정 이후에 도입했다. 주에서는 공공건물, 교육, 대중교통 등에 대해서 장벽 없는 편의시설을 추진해야 한다는 조항이 있었으나, 재정적 지원이 뒷받침되지 않아 유명무실해졌다.

4) 영 국

　영국의 자립생활 이념은 미국의 정책과 뚜렷한 차이는 없다. 영국은 Oliver(1996)가 분석한 것과 같이 장애인의 기본적인 시민권을 보장하는 데에는 부정적인 법률체계를 이루고 있다. Oliver는 장애인에 대한 지원이 누군가에 의해 조정되고 있다고 주장하며, 개인적인 인간관계의 권리, 직업을 찾는 일, 휴가나 정치적인 일들과 관련한 일들까지도 조종받고 있다고 했다.

　영국에서는 통합생활(Integrated Living)이 주류를 이루었다. 사실상 자립생활운동의 기초가 된 4개 센터의 통합생활을 소개하면 다음과 같다.

　더비통합생활센터(Derbyshire Center for Intergrated Living: DCIL)는 인간의 권리와 시민권 증진 개발을 위한 목적으로 1980년 설치되었다. 더비통합생활센터는 장애인의 일곱 가지 욕구인 정보, 상담, 주택, 개별적인 원조, 교통, 접근성 등을 제안하였는데, 이는 공공서비스 제공을 위한 정책 개발과 서비스의 틀을 만드는 일에 중대하게 작용하고 있다. 이러한 욕구는 능력 있는 장애인이 사회참여를 하도록 지원하는 데 목적이 있다. 이는 장애인 조직과 장애인자립생활의 전체 범주와 관련되어 있다.

영국장애인단체연합회(British Council of Organization of Disabled People: BCODP)는 1981년 '세계장애인의 해'에 장애인단체연합회가 결성되어 장애인의 자립생활을 성취하기 위해 마련한 방안의 하나로서, 자립생활에 대한 개념 정의를 중심으로 세미나를 개최하였다. 이후 유럽자립생활지원을 위한 연계망(European Network on Integrated Living)의 구성과 국제장애인협회(Disabled People's International)의 설립 등이 추진되었다. 그리고 이와 같은 조직들을 통해 장애인의 자립생활을 위한 각종 지원사업과 프로그램이 제공되어 왔다.

맨체스터연맹은 1981년부터 장애청소년의 자기권익 훈련을 위한 프로젝트 개발을 시행하였다. 젊은 장애인들 가운데 자신감을 고취시키기 위한일(예: 비장애아동과 장애아동 간 교육의 분리를 통해 생겨난 낮아진 자긍심을 상담을 통해 되찾을 수 있도록 하는 일), 주택정보 제공, 개인의 지원과 원조에 대한 개인의 선택, 그밖에 운전교습을 받을 수 있는 기회와 각종 프로젝트에 관여하는 일 등을 실시하고 있다.

1985년 설립된 척수장애인협회(Spinal Injuries Association: SIA)는 개인 원조계획(personal associations scheme)을 실시하여 중증장애인자립생활 프로그램을 실시했다. 척수장애인협회 회원들을 개인원조에 있어 응급원조뿐만 아니라 잠재적인 욕구에 대한 반응에 관한 내용 모두를 다루고 있다. 예를 들면, 여행이나 업무 등으로 여행하는 일까지를 포함한다. 이는 회원들에게 무료로 제공되기도 하고, 사용자는 그들이 지불할 수 있는 금액만 지불하도록 되어 있기도 하다.

1980년대 후반에 들어 본격적으로 자립생활 활동이 다음과 같이 다양한 종류로 활발하게 진행되었다.

첫째, 장애인들에 의해 조직된 자립생활 활동을 시작하였다.

둘째, 햄프셔 지방에서는 개인지원 소비자를 위한 신문 발간 활동을 중심으로 햄프셔 지방자립생활센터가 운영되었다. 그리고 개인에게 일정 금액 기금을 지급하기도 하였다.

5) 캐나다

캐나다의 국토 크기는 세계 2위이지만 인구는 3천만 명으로 우리나라보다 인구가 적다. 캐나다의 인구 분포를 보면 80% 이상이 대도시에 밀집하여 살고 있으며, 토론토 시는 440만 명, 몬트리올 시 340만 명, 밴쿠버 시 200만 명, 오타와 시 100만 명 정도다. 10개 주와 3개의 광역시로 나뉘어 있으며, 공용어는 영어와 불어다. 인구의 28%는 타민족 출신이며, 인종, 성별, 종교 등 다양한 문화적 배경을 소유하고 있다.

1999년 연방보건성의 발표통계에 따르면, 캐나다 전 인구의 16%가 장애인으로 보고되었다. 그리고 그중 390만 명 정도가 지역사회에서, 30만 명 정도는 시설에 입소하여 살고 있다. 장애인 대상자의 50%는 65세 이상의 노인으로 집계되고 있으며, 장애인을 장애종별로 보면 32%가 지적장애인, 25%가 청각장애인, 9%가 시각장애인, 8%가 언어장애인으로 분류되고 있다. 장애인 취업률을 보면 경중 장애인의 71%가 취업하고 있는 반면에, 중증으로 분류된 장애인의 취업률은 26%에 불과하다. 또한 장애인의 노동 수입을 비장애인과 비교해 보았을 때 60%에도 못 미치고 있다.

캐나다의 특징 중 하나는 연방정부가 사회복지 분야에서 권한을 가지고 국세를 각 주정부에 배분하고, 헌법에서 정한 최저생활의 보장, 연금, 의료보험, 장애인교육 등을 부담하고 있으며, 구체적 장애지원 프로그램은 주정부가 예산을 세워 시행하고 있다. 따라서 주정부 정책에 따라 큰 차이를 보이며, 연방정부의 정책으로 사회부조가 이루어지고 이 서비스는 생활보호대상자에게 최저생계를 보장하는 정책이다.

이 밖에 국민연금제도가 있으며, 장애연금, 노동재해보험과 공공보험제도가 있다. 기본적으로 장애인자립생활과 관련해서는 연방정부의 사회부조와 국민연금제도, 공공보험제도 등이 있으며, 그 외의 지역자립생활 지원정책에 대하여는 주정부에 따라 차이가 있다. 자립생활 현황에 대하여는 온타리오 주를 예로 기술한다.

1982년에 개정된 캐나다 헌법 제15조 제1장에는 "모든 사람은 법 앞에 평등하며 인종, 국적, 민족, 피부색, 종교, 성별, 연령 또는 정신적·신체적 장애에 의한 차별 없이 법에 의한 보호와 이익을 평등하게 보장받을 권리를 가진다."라고 명시되어 있다. 또한 제15조 제2장에는 "정부는 이들을 위하여 법률의 제정과 프로그램의 개발 등을 실시하여야 한다."고 명시되어 있다.

온타리오 주 장애지원 정책(Ontario Disability Support Program: ODSP)은 1998년부터 시행되고 있으며 장애인의 소득보장과 고용지원을 목적으로 하고 있다. 소득보장을 받을 자격은 독신의 경우 5,000달러(캐나다 달러) 미만의 재산 소유자이고 결혼한 경우는 7,500달러 이내의 재산을 가진 자가 대상이 되며, 자가용, 주택 등의 재산을 포함하여 대상자 사정을 하게 된다. 그리고 취업계획을 위한 준비, 훈련과 직업지도, 작업을 수행하기 위한 보조기구의 설치와 제작, 수화통역, 컴퓨터 필기 등을 이 프로그램을 통해 지원한다. 이 외에도 지역생활지원 프로그램, 특별 지역생활지원 서비스 등이 있다.

지역생활지원(Community Living Support)에는 개인생활의 지원과 '그룹 홈'을 통한 지원이 있고, 자립생활을 하고 있는 개인을 대상으로 지원이 이루어지고 있다.

온타리오 주는 1998년 'Making Work for People' 계획을 발표했다. 이 계획의 목적은 개인을 주체로 하는 프로그램의 설계, 개인의 역량강화 프로그램을 통한 개인의 사회참여 촉진 등이며, 이 목적을 수행하려는 프로그램에 대하여는 특별한 예산을 투입하여 지속하고 있다. 특히 자립생활과 관련된 장애인 지원예산이 이 프로그램에 의해 재정적인 지원을 받고 있으며, 대상은 중증장애인이다.

정신적인 결함을 가진 정신장애인과 지적장애를 대상으로 지원하는 프로그램이 있다. 이 프로그램의 주요 지원 내용은 지역생활지원 서비스로서 개인생활 지원과 집단지원, 동료상담이 포함되어 있고, 주택개조도 여기에 포함된다. 이러한 지원정책은 재정적인 지원을 의미하며, 프로그램은 자립생활센터가 프로그램 위탁 형태로 장애인을 지원하여 실시하여 왔다. 캐나다 전국에는 23개의 자립생활센터가 있으며, 온타리오자립생활센터협의회(OLILC)와 캐나다 전 지역의 자립생활센터가 가맹하고 있는 캐나다자립생활센터협의회(CAILC)가 조직되어 있다. 온타리오 주정부로부터 중증장애인의 자립생활지원 프로그램을 위탁받은 사업 중의 하나는 장애인자립생활지원 케어서비스인 현금지급 방식(Direct Funding)이다. 즉, 장애인에게 종래의 현물 서비스 시스템을 현금지급형으로 바꾸어 개인계약형 자립생활관리 프로그램을 도입하므로 자기결정권과 서비스의 선택권을 보장하는 것을 목적으로 하였다.

온타리오 주는 기존 서비스로서 홈헬퍼 파견과 민간사업자 계약형 서비스가 있고, 그룹 홈 형태의 SSLU(Support Service Living Units)라 불리는 자립생활 아파트도 있다.

1996년 DF 모델 사업이 실시되었고, 1997년에는 모델 사업의 평가와 분석이 이루어져 기존의 SSLU나 입소시설보다도 비용이 50% 정도 절감되고, 낭사자의 참여도가 급격히 증가했으며, 많은 부분에 있어서 장애인 스스로 역량강화가 되었다는 결론이 나왔다. DF 프로그램은 이러한 과정을 통하여 토론토자립생활센터(CILT) 사무국이 재원을 집행하고 토론토 정부가 충당하는 것으로 시작되었다. DF 프로그램의 주요 내용은 다음과 같다.

첫째, 온타리오 주 정부는 DF 프로그램의 재정을 부담하고, 월 180시간의 범위 내에서 24시간 의료 케어가 필요한 중증장애인의 경우 지원 대상으로는 하되 180시간 외의 추가 비용에 대하여는 의료보험에서 충당하도록 하였다.

둘째, 활동지원 관리에 있어 자기관리를 기본원칙으로 한다. 기존의 집단보호는 전문가 집단(의료종사자)이 주도권을 행사했고 장애인 문제를 의료적 모형에서 처리했으나, DF 모형에서는 당사자가 자신의 활동지원 욕구를 신청하고 관리할 수 있도록 자율권을 부여했다.

셋째, 개인 계약형 활동지원 서비스 시스템이다. 기존의 홈헬퍼 파견이나 민간사업자 활동지원 서비스 파견에 있어 본인의 의사와는 상관없이 당사자의 면접이 무시되어 선택권이 부여되지 않았지만, DF 프로그램에서는 장애인 개인이 유료 도우미와 직접 계약하고 임금을 지급하므로 자립생활을 주체적으로 할 수 있다.

넷째, 동료평가 방식에 의한 활동지원 서비스 욕구의 사정이다. 월 180시간의 범위 내 DF 프로그램 대상자로서 장애인은 자신의 활동지원 욕구를 스스로 파악하고 있어야 하며 욕구의 최종적 판단은 동료심의위원회에서 면접을 통해 최종 결정된다. 즉, 자립생활을 위하여 자신의 활동지원 욕구를 스스로가 파악하고 관리할 수 있어야 하는 것이 DF 프로그램의 조건이다.

다섯째, 소비자 관리 이념에 입각한 프로그램 운영으로 유료 도우미를 찾는 일부터 계약과정 활동지원 서비스 보고서, 세금신고서 작성 등을 당사자 본인이 시행하고 있다.

현금지원 프로그램을 처음으로 제시한 곳은 토론토 자립생활센터이며, 이 프로그램은 다음과 같은 몇 가지의 문제점에 봉착하게 되었다.

　첫째, 서비스 구입에 사용하도록 현금을 직접 장애인 당사자에게 주는 것은 전례가 없었고, 만일 그 돈이 활동지원 서비스 구입에 사용되지 않고 다른 목적(여행이나 오락)에 사용될 때 문제를 어떻게 해결할 것인가 하는 것이었다. 그러나 이 문제에 대한 설득은 그렇게 어렵지 않았다. 왜냐하면 중증장애인에게 있어 활동지원 서비스는 생명선과도 같은 것이며, 만일 서비스 구입 목적 외의 사용은 자살 행위와도 같은 것이므로 그런 무모한 행위는 없을 것이기 때문이다.

　둘째, 일반 시민의 이해 부족이다. 프로그램을 실시하기 위해서는 공적 자금이 투입되므로 시민의 이해를 위해서는 투명성이 보장되어야 한다. 하지만 많은 시민은 아직까지도 중증장애인은 시설 보호가 필수적이며 지역 보호 실시는 시기상조라고 일괄된 견해를 가지고 있다. 당사자 집단은 이 문제에 대하여 다음과 같은 반론을 제기한다. 즉, 중증장애인의 자립생활 이념을 일반 시민에게 납득시키기 위해서라도 실제로 지역에서 중증장애인이 살고 있는 모습을 시민에게 보이는 것이 문제해결의 지름길이라는 것이다.

　셋째, 사회복지시설협회와 전문가 집단의 반대다. 장애인은 아직도 보호받을 대상이고, 주체적인 삶을 영위하기엔 시기상조이며, 중증장애인이 충분한 지역 기반의 정비 없이 시설에서 지역으로 이동하는 것은 위험부담이 크다는 반대의 입장을 고수했다.

6) 스웨덴

　스웨덴은 북유럽에 위치한 국가로 수도는 스톡홀름이며, 전체 인구는 현재 905만 명으로 스톡홀름에만 178만 명이 살고 있다. 국왕을 원수로 하고 있는 의회민주주의 국가이며, 24개 지구의 행정구역으로 나뉘어 있고, 이 행정구역은 우리나라의 도 또는 광역시에 해당한다. 이 행정구역 밑에는 282개의 소지역 행정단위가 있다. 우리나라의 도에 해당하는 행정구역을 랑스팅(Lansting)이라고 하며, 시에 해당하는 행정구역을 코뮌(Kommun)이라고 한다.

사회복지 서비스를 실제적으로 실시하는 기관은 코뮌이며, 전국에 등록되어 있는 장애인 단체는 1,200개 정도로 40만 명의 회원이 가입되어 있다. 또한 각 랑스팅과 코뮌에는 장애인협의회가 설치되어 있으며, 이 협의회는 주요 정책을 논의·평가하고 장애인 당사자가 위원으로 참여하여 장애인단체의 이익을 대변하는 역할을 수행하고 있다.

스웨덴에서 장애인의 범위와 대상은 매우 광범위하여 사회적 불이익을 가지는 모든 장애인이 대상이 되며, WHO의 국제장애인분류(ICIDH-2) 기준에 합치될 만한 수준이다. 1999년 15세부터 75세까지의 국민 중에서 약 80만 명이 정책 대상인 것으로 추정하고 있다. 그중 중증장애인으로 분류된 유료 도우미가 필요한 장애인은 29만 명으로 추정되며, 휠체어 사용 장애인은 3만 명, 중증 시각장애인은 20만 명으로 추정되고 있다. 사회보험청은 이 중 전맹이 1만 명, 농아인이 1만 명이라 발표하였다.

스웨덴의 정책이 다른 국가와 다른 것 중 하나는 통합 장애인정책을 실시하고 있다는 점이다. 각 실정 법률이 존재하는 우리나라와는 대조적이다. 예를 들면, 우리나라의 경우 장애인의 노동정책은 「장애인고용촉진 및 직업재활법」에서 구체적인 시책을 규정하고 있고, 장애인의 교육은 「특수교육진흥법」에서 정책에 대한 시책을 지정하고 있으나, 스웨덴은 「교육법」에서 통합교육을 추진하고 있고, 「노동환경법」에서 장애인의 고용촉진과 직업 환경의 정책을 통합적으로 추진하고 있다. 예를 들면, 스웨덴의 「지적장애인에 대한 특별법」의 경우 지적장애인만을 대상으로 하지 않고 고령으로 인해 인지능력이 떨어지는 노인이나 치매노인도 이 법률의 지원 대상이 되는 것이다. 이처럼 통합적 운영이 기본이 되고 있다는 점에서 스웨덴 사회복지 정책의 특수성을 엿볼 수 있다. 또 다른 특징은 법률의 운용과 정책 집행에 있어 지방자치단체(랑스팅)에 시행권한이 위임되어 있어 그 지방의 특성에 맞는 정책을 효율적으로 집행할 수 있다는 것이다.

장애인에게 지급되는 보장구 수리도 개인의 소득에 관계없이 무료로 시행되고 있으며, 수화통역 서비스나 시각장애인을 위한 가이드 헬퍼 등도 무상으로 제공되고 있다. 전동휠체어의 경우 고가임에도 불구하고 필요성이 인정되면 중증장애인에게 무상으로 지급되고, 비용부담은 중앙정부와 지방정부(랑스팅) 그리고 코뮌이 분담하여 지급하고 있으며, 의료비용도 국민건강보험에서 그 비용을 지출하고 있다.

스웨덴은 장애인 당사자 집단으로 구성된 '스톡홀름자립생활협동조합(Stockholm Cooperative for Independent Living: STIL)'이 있다. 이 조합은 「기능장애를 가진 사람들을 위한 원조 및 서비스에 관한 법」의 제정에 관여했던 조직이며, 「중증 기능장애인 생활보조원 파견법」 제정에도 직접적으로 관여하였다.

스웨덴에는 장애인의 지역 자립생활 지원과 관련한 법률로 앞서 언급한 「기능장애를 가진 사람들을 위한 원조 및 서비스에 관한 법」(이하 LSS법)과 「중증 기능장애인 생활보조원 파견법」(이하 LASS법)이 있는데, 이 두 법률은 장애인의 지역생활을 지원하는 데 근거를 두고 있다.

우선, LSS법은 신체장애인에게 필요한 홈헬퍼를 파견하고 장애인 이동을 위한 차량, 이동 목욕 서비스 등이 제공된다. LSS법이 현물지급 위주의 서비스라면 LASS법은 현금지급 활동지원 서비스에 대하여 지정해 놓은 규정이라고 할 수 있다. 스톡홀름자립생활협동조합은 LASS법에서 정하는 활동지원인 서비스를 장애인과 연결해 주는 중계 역할을 하고 있다. 특히 재원을 사회보험에서 충당하는 방식은 미국이나 일본처럼 지방세에서 부담하는 방식과 차이가 있다. 또한 활동지원 비용에 세금이나 자립생활 보조인의 인건비 및 사회보험비가 함께 지급되는 방식이 특이하다.

스톡홀름자립생활협동조합은 1987년 22명의 중증장애인을 대상으로 현금지급 서비스 시범사업을 실시하였다. 이 사업은 22명에게 자립생활에 필요한 도우미서비스의 활동지원 서비스의 평가를 실시하고, 그 평가 정도에 따라 개인에게 현금을 지급하게 하였으며, 장애인은 지급된 현금을 통하여 서비스를 직접 구매하게 되었다. 즉, 개인계약 관계가 성립된 것이다. 또한 이 사업이 정치적인 관심을 갖게 되면서, 사업의 평가 결과가 비용 면에 있어서 시설이나 그룹 홈보다도 효율적이라 평가되었다.

이 시범사업 이후 중증장애인에 대한 자립생활 지원방법으로 현금지급 서비스가 자주 거론되고, 1994년부터 법이 실시되고 나서 이 법의 적용을 받는 대상은 일주일에 20시간 이상 신체적 보호가 필요한 중증장애인이다. 재원은 정부의 사회보험기금에서 충당된다. 사회보험기금은 노령연금, 건강보험금, 근로여성 보장에 관한 정책집행, 입원비 지출 등의 공적 서비스 비용으로 부담되고 있다. 또한 LASS법이 실시된 이후 많은 중증장애인이 그룹 홈에서 개인 아파트를 임대하여 생활할 수 있게 되었다.

활동지원 서비스에 필요한 요금은 1시간당 150크로네 정도(약 17,000원)이며 이 비용에는 사회보험비와 세금 등이 포함되어 있다. 서비스 대상자였던 장애인을 사회복지 서비스의 소비자로 보는 관점은 진보적이라 할 수 있다. 물론 지급된 활동지원 서비스 요금에 대하여는 사회보험기금에 신고할 의무를 가지며, 지출 영수증과 통장의 복사 증거물이 제출된다.

스톡홀름자립생활협동조합은 LSS법에서 제공하는 서비스를 충분히 수행하기 위하여 다음과 같은 역할을 수행하고 있다.

첫째, 이용자를 발굴한다. 일주일에 20시간 이상 활동지원 서비스가 필요한 중증장애인을 찾아서 LASS법이 정한 서비스 대상자를 등록시키는 업무를 담당한다.

둘째, 자립생활센터에서 실시하고 있는 것처럼 동료상담이나 케어서비스에 관련된 각종 상담을 실시한다. 즉, 사례관리나 상담기법에 관한 연구, 동료상담, 역할연극, 자립생활 프로그램 등을 종합적으로 실시한다. 특히 지적장애인을 위한 권리옹호 사업은 중증 지적장애인도 유능한 도우미로 육성한다면 자립생활이 가능하다는 것을 보여 주었다.

셋째, 직접현금지급 방식을 원활히 수행하기 위한 지원센터의 역할을 한다. 각종 서류 작성과 보고서 작성, 신청서 작성, 유료 도우미의 발굴 등 사무적인 일과 지도자 육성 프로그램의 실시 및 교육을 담당하고 있다. 특히 사무적인 활동지원 서비스 요금에 대한 세금 원천징수와 연말 활동지원 서비스 비용의 정산 등 사무적인 일들을 처리한다.

제3부

자립생활 서비스

제7장
동료상담

1. 동료상담의 정의

동료상담(peer counseling)은 장애와 관련된 경험과 지식, 대처기술 등을 공유한 '동료' 혹은 '장애를 가진 경험자'에 의해 이루어지는 상담을 의미한다. 동료상담의 기능은 '경험의 결과를 공유'하는 것이다. 자신과 동일시될 수 있는 상황에 처해 있는 장애인에게 장애를 먼저 경험한 동료장애인의 경험은 강력한 조정 능력을 갖게 되며, 동료의 상담을 통하여 자립생활에 필요한 실천적 기량을 얻게 된다(국립재활원, 2003).

동료상담은 자립생활 역할모델을 통해 법률 문제, 재정관리, 지역사회자원 활용, 문제의 대처방법 등 자립생활에 대한 다양한 정보를 제공하고, 정신적·심리적 지원을 통해 장애인 당사자가 문제를 스스로 해결해 나가며 삶을 이끌어 갈 수 있도록 지원한다(May & Rademacher, 1980).

인간은 주위의 환경이나 상황에 따라 심리적으로 동요하게 되며, 이러한 심리적 동요는 인간을 폐쇄적으로 변모시키게 되는데, 이러한 과정에서 장애를 가진 당사자는 '나는 아무것도 할 수 없어.' '나는 아무 가치도 없는 존재야.'라고 자신을 과소평가하게 되고, 결국 인간으로서의 가치마저 부정하게 되어 자기신뢰를 회복할 수 없게 된다. 이러한 과정을 방지하기 위해 동료상담이 필요하며, 동료상담은 장애인이 마음을 열고 마음의 상처로부터 해방되어 자립생활의 첫발을 내딛을 수 있는 힘을 얻게 하는 효과가 있다(Nogami Haruko & Asaka Yuho, 2001). 장애인이 품고 있는 문제의 절실함과 괴로움을 가장 잘 이해할 수 있는 사람은 그 누구도 아닌 바로 '장애인'이기 때문에, 장애로 인한 문제를 공유하고 같은 처지에 있는 장애인으로부터 적절한 조언과 정보를 얻는 것은 자신의 장애를 극복하는 출발선이 된다(Lachat, 1988).

1) 동료상담의 유래

미국에서 1970년대 초 일어났던 자립생활운동과 동료상담은 일본을 거쳐 1998년 우리나라에 처음 소개되었다. 일본 휴먼케어협회의 Nakanishi가 자립생활 세미나에 참가하여 동료상담 강좌를 진행하였고, 이후 정립회관이 동료상담학교를 통해 2001년에 새롭게 소개되었다.

동료상담의 초기 보급은 동료상담 그 자체의 유용성보다는 자립생활운동이라는 새로운 패러다임을 알리고 고취시키는 데 더 큰 비중을 두었다. 장애인 자립생활이 무엇이며 장애인의 삶에 어떤 영향을 끼치는지를 알리는 데 동료상담만큼 유용한 것은 없었기 때문이다. 동료상담은 협동상담(co-counselor)에서 유래된 것으로, 'co'는 '서로' 혹은 '협조하는 것'이라는 의미를 가지고 있다. 즉, 동료상담은 상담가와 내담자가 시간을 대등하게 나누어 상호 상담가가 되거나 내담자가 되어 역할을 교환하며 상담하는 재평가 기법이다. 또한 동료상담의 명칭은 AA(Alcoholic Anonymous), 즉 알코올 의존성 문제를 가진 환자들이 '서로 자신의 고민을 이야기하여 조언하고 서포터 규범을 만드는 것'에서 유래한 것인데, 자립생활운동에서는 이를 '장애인 당사자가 서로 서포터하는 데서 원조의 효과가 크다.'라는 인식으로 발전하게 되었다.

2) 동료상담의 목적

동료상담의 목적은 동료 지지를 통해 자기신뢰를 찾는 것이다. 인간은 누구나 지성과 창조력이 넘치고 사랑하고 사랑받기를 원하는 존재로, 동료상담을 통해 서로 돕고 좀 더 멋진 인생을 개척할 수 있는 존재라는 것을 알 수 있도록 기회를 제공하는 것이다. 장애로 인해 심리적으로 갇혀 있었던 '감정의 해방'을 통해 자기가 본래 가지고 있었던 근원적 힘을 되찾게 되고, '다른 장애인들과 서로 도울 수 있다'는 것을 실제로 체험할 수 있다.

동료상담의 목표는 ① 자기신뢰의 회복, ② 인간관계의 재구축, ③ 사회의 변화다. 이는 장애를 가진 당사자가 여러 환경에서 받아들이는 스트레스와 억압에 대한 상처를 치료하고 자기신뢰의 회복, 사람들과의 관계 회복에 둔 것이다. 동료상담은 자신을 스스로 신뢰하고 힘 있는 존재임을 인식하게 하여 자신감 속에서 새롭게 인간관계를 재구축하는 과정이다. 뿐만 아니라 동료상담을 통한 역할모델을 통해 억압에서 벗어나 개인과 사회를 변화시켜 가는 과정을 의미한다. 이는 장애를 수용하는 것일 뿐 아니라 시민으로서의 권리를 찾는 것, 소비자로서 지역사회에서 생활하는 것, 자립생활 전반에 관한 정보를 교환하고 원조하는 활동을 포함한다. 동료상담의 목표를 자세히 살펴보면 다음과 같다.

첫째, 장애인이 처해 있는 여러 상황을 감안하면 장애인이 자기 자신을 신뢰하기란 쉽지 않다. 사회적으로는 물론 주위 사람들 혹은 가족들로부터 끊임없이 장애나 장애인에 대한 부정적 이야기를 들으며 지낼 수밖에 없는 상황에서 자신에 대한 신뢰가 생길 수 없는 것이 현실이다. 동료상담을 통해 마음 놓고 억압된 감정을 표출하며 동료의 지지와 응원을 통해 자신에 대한 신뢰를 회복하고 스스로 힘을 가진 존재임을 재인식할 수 있다.

둘째, 인간관계의 재구축이란 일반적으로 의존적 인간관계를 중심으로 이루어진 주변의 인간관계를 새롭게 인식시키는 과정이다. 동료상담은 동료상담가와의 관계를 통해 변화된 자신에 대한 신뢰를 바탕으로 주변 사람들과 새롭게 관계를 만들어 갈 수 있다.

셋째, 장애인의 일상적 삶에서 사회적 요인은 매우 중요하다. 장애가 사회친화적으로 변화되지 않는다면 장애인이 자기신뢰 회복이나 인간관계 재구축을 하려 해도 이는 일시적일 뿐 지속하기 어렵다. 그러므로 장애인이 지역사회에서 생활해 가는 과정에서 주위의 의식과 사회를 변화시켜 나가야 하며, 이는 동료상담의 역할모델을 통해 억압적이었던 사회환경을 변화시켜 나갈 수 있게 된다.

2. 동료상담의 원칙

1) 동료상담가와 내담자의 태도

동료상담에서 동료상담가와 내담자가 각기 취해야 할 자세는 다음과 같다.

(1) 동료상담가가 취해야 할 자세
① 내담자가 안심할 수 있는 장소에서 상담을 진행해야 한다.
② 자신의 표정과 행동 등을 체크하여, 내담자가 안심할 수 있는 태도로 임한다.
③ 스스로의 문제에 맞설 수 있는 힘이 내담자 내부에도 있다는 신뢰를 갖고 임한다.
④ 내담자와 나누었던 이야기들은 비밀로 한다.
⑤ 동료상담가 역할을 하는 시간에 상담가가 먼저 이전 세션의 내용을 말하지 않는다.
⑥ 동료상담가는 세션 중에 자신의 의견이나 기분을 이야기하지 않는다.

(2) 내담자가 취해야 할 자세
① 자신이 직접 문제를 해결하려고 노력한다.
② 내담자가 몰랐던 자신의 패턴을 스스로 찾아내려고 노력한다.
③ 편안함을 위한 자리 이동이나 환경 등에 대해 상담가에게 요구할 수 있다.
④ 적극적이고 능동적으로 '감정의 해방'을 진행한다.

2) 동료상담의 약속

동료상담에서는 다음과 같은 약속이 지켜져야 한다.

(1) 동료상담의 시간을 대등하게 사용

동료상담은 시간을 '똑같게' 가 아니라 '대등하게' 사용한다. 이는 시간을 물리적으로 똑같이 나누는 것을 의미하는 게 아니다. 언어장애가 있는 장애인의 경우 대부분 마음 놓고 자신의 이야기를 끝까지 마친 경험이 거의 없는데, 이런 경우 '대등하게' 는 물리적 시간을 의미하는 것이 아니다. 사람과 사람과의 관계에서 말과 시간은 곧 '권력' 을 의미하기도 한다. 그래서 대등한 관계를 지향하는 동료상담에서는 시간에 대하여 상당히 엄격하게 지키려 노력한다. 동료상담에서는 서로 상담가와 내담자의 역할을 번갈아 맡게 되는데, 누가 먼저 이야기를 할 것인가를 결정하고 시간을 대등하게 하여 서로의 이야기를 들어줄 수 있는 자세를 취하는 것은 자신의 감정 또한 마음 놓고 표현할 수 있는 힘을 기르는 것이다(Carkhuff, 1973).

(2) 동료상담의 내용은 비밀

비밀이 지켜지지 않는다면 어떤 사람도 자유롭게 자신의 이야기를 털어놓을 수 없다. 따라서 비밀 엄수는 기본이다. 동료상담을 하면 참가자는 자신의 마음속에 담아 둔 이야기나 사생활에 관계된 이야기를 하는 기회가 많이 생긴다. 예를 들어, 장애인이라서 슬펐거나 기뻤던 일에 관하여, 이성에게 소극적으로 대하게 되는 자신에 관하여, 성관계에 대한 고민에 관하여, 자신의 재정 상태에 관하여 이야기를 하게 된다. 하지만 용기를 내어 이야기한 것을 자신도 모르는 사람까지 어느새 알고 있다면 결코 기분이 좋을 수 없을 것이고, 경우에 따라서 마음을 닫아 버리는 일도 있게 된다. 동료상담 참가자들이 정말로 안심하고 이야기를 할 수 있는 자리로 만들기 위해서 책임동료상담가는 참가자의 사생활이 지켜질 수 있도록 주의해야 한다.

(3) 동료상담에서 부정적인 비판은 금지

장애를 지닌 동료로서 서로를 인정하는 것은 각자 처한 입장을 인정하는 것이며, 서로의 환경적 요인이나 신체적 특징이 다르다는 것에 대해서도 인정하는 것이다. 자신이 장애가 심하거나 아니면 자신의 입장이 다소 낫다고 하여, 또한 교육을 많이 받거나 경험이 많다고 하여 상대방의 결정이나 행동을 비판한다면 결코 동료관계가 형성될 수 없다. 동료상담에서는 서로의 차이를 있는 그대로 인정하는 것이 중요하다. 장애인은 어렸을 때부터 "보기 흉하다." "그것도 못하는 주제에"와 같은 부정적인 말을 듣거나, 부정적인 대우를 받았던 경험을 가지고 있다. 그러므로 동료상담에서 책임동료상담가는 부정적인 말을 쓰지 말아야 한다. 오히려 "할 수 있다." "괜찮아요."와 같은 적극적인 격려의 말을 사용해야 한다.

(4) 동료상담에서 조언이나 충고는 금지

상호 동등한 조건이라는 것은 자격에 있어서도 마찬가지다. 동등한 입장이기 때문에 서로의 문제를 털어놓을 수 있는 것이며, 서로의 위치를 인정하는 것이다. 상대에 대한 조언은 서로의 교감을 저해할 수 있으며, 장애로 인한 감정의 억압을 결코 해방시켜 주지 못하기 때문에 하지 말아야 한다. 메뉴를 제시하듯 다양한 정보를 제공하거나 서로의 경험을 공유함으로써 선택하고 결정할 수 있는 기회를 제공하는 것만으로도 상담 효과는 충분하다.

(5) 동료상담에서 인위적으로 감정을 조절하는 약물 금지

동료상담에서는 감정에 솔직해야 한다. 자신이 갖고 있던 감정을 털어놓으면서 자신에 대한 새로운 시각을 가져야 하는데, 술이나 담배 등 인위적으로 감정을 조절하는 것을 사용하게 되면 자신의 감정에 대해 솔직해질 수 없다. 또한 자신이 자기 삶의 주인임을 잊어서도 안 된다. 이런 인위적으로 감정을 조절하는 것들에 대한 일상적인 의존성에서 벗어나는 힘을 기르는 것도 주체적 삶의 힘을 기르는 하나의 연습일 수도 있다.

3. 동료상담가의 역할과 기능

1) 동료상담가의 역할

동료상담에서 상담가는 다음과 같은 역할을 수행해야 한다.

(1) 신뢰와 믿음 쌓기

'상담에 대한 전문적 지식이 부족할 뿐만 아니라 자신이 가진 경험을 공유할 뿐 조언이나 충고도 하지 않는 것이 과연 상담인가?' 혹은 '과연 그 효과성을 담보할 수 있는 것인가?'라는 의문이 생길 수 있다. 특히 자립생활을 꿈꾸는 장애인에게 동료상담보다 훌륭한 상담은 없다. 어설프게 보이는 동료상담이 그런 역할을 할 수 있는 것은 바로 '믿음'이 있기 때문이다. 이 믿음은 그 어떤 강력한 신도 아닌, 바로 사람에 대한 믿음인 것이다. 인간은 누구나 문제를 갖고 있으며, 그 문제 속에서 살아간다. 이렇듯 문제투성이에 나약하기 짝이 없어 보이는 인간이지만 자신이 가지고 있는 문제에 대한 해결방법은 자신이 가장 잘 알고 있으며, 그것을 해결할 수 있는 사람도 자신이라는 것을 믿도록 해야 한다. 이러한 신뢰에 대한 전제조건이 없다면 동료상담은 무의미하며, 불가능한 것이 된다. 즉, 동료상담은 자신에 대한 믿음으로 훌륭한 상담이 된다.

(2) 대등한 관계 형성

동료상담가는 전문가가 아니다. 동료상담가가 지향하는 것은 바로 내담자와의 대등한 관계이지 전문가를 지향하지도, 지향해서도 안 된다. 기존의 상담이 특성상 상담이라는 이름을 붙이고 대등한 관계를 지향하는 것은 참으로 어려운 일일 수 있지만, 전문성을 갖춘 상담이 이미 존재함에도 동료상담이 장애인에게 있어 유효성을 가지는 가장 큰 이유는 바로 이 '대등한 관계'라는 특성 때문이다. 이러한 점을 인식한다면 동료상담에 있어 '대등한 관계'란 중요한 가치다.

억압과 소외를 받는 사회적 환경 속에서 그 누구에게도 말할 수 없었던 장애로 인한 아픈 경험들을 마음 놓고 이야기할 수 있음을 물론이고, 나의 인생을 살아가는 데 있어 순간순간에 꼭 필요한 것들을 깨달을 수 있게 하는 것이 바로 동료상담이다. 여기에는 사랑이라는 이름으로 억압하고, 다르다는 이유로 소외시키는 사람들 대신에 나와 같은 처지와 입장에 있는 동료가 있기 때문에 이 모든 것이 가능하다. 또한 시혜와 동정으로 나를 대하는 대신 나와 같은 눈높이에서 나의 이야기에 진심으로 공감해 주고, 그와 같은 이야기를 나에게 들려주며, 대등한 관계 속에서 끝없는 지지와 격려를 해 주는 동료상담가가 있기 때문에 가능하다. 그러므로 동료상담가가 상담가라는 이름을 빌미로 내담자보다 조금이라도 우월한 지위에 서는 순간 동료상담은 더 이상 동료상담으로서의 기능을 상실하게 되고 존재 가치도 의심받게 된다.

(3) 문제해결의 주체

상담에서는 수많은 사례와 무수히 많은 내담자의 문제들을 접하게 된다. 동료상담이 일반상담과 다른 것은 그 많은 문제를 동료상담가가 직접 해결하려 하지 않는다는 점이다. 일반상담은 상담가가 주체가 되어 내담자의 문제를 해결하려고 시도하지만, 동료상담에서는 문제해결의 주체가 바로 내담자, 즉 장애인 당사자다. 동료상담가는 당사자가 자신의 문제를 올바로 인식하고 방법을 찾을 수 있도록 정보와 경험을 제공할 뿐, 문제에 대한 선택과 결정은 오로지 당사자가 하는 것이다. 설령 동료상담가가 자신의 경험으로 얻은 어떤 문제의 좋은 해결방법이 있다 하더라도 오직 그 경험을 공유할 뿐 강요하지 않아야 한다. 잘못된 선택과 결정 또한 당사자에게는 소중한 경험이 되며, 자신의 삶에 좋은 밑거름이 될 수 있기 때문이다. 대부분의 사람이 자신이 희망하는 삶을 영위하듯이, 장애인도 자신의 삶의 주인이 되어 살아가는, 바로 인간다운 삶이 필요하다. 자립생활을 꿈꾸는 장애인에겐 충고나 조언에 의한 성공보다는 '실패할 수 있는 자유'가 더욱 소중하다.

(4) 장애의 경험 공유

동료상담을 통해 일어나는 일들의 원천은 상담기술이나 이론이 아닌 바로 장애인으로서 겪은 경험이다. 일반적으로 장애로 인한 경험은 고통과 슬픔, 아픈 기억으로만 남지만, 동료상담에서는 이런 경험들이 가장 훌륭한 자산이 된다. 비장애인은 상상도 할 수 없는 장애로 인한 경험들은 '공감' 이라는 이유로 동료상담에서 가장 강력한 지원체계가 된다. 그러므로 장애로 인한 다양한 삶의 경험이 많을수록 훌륭한 동료상담가의 요건을 갖춘 것이라 할 수 있다. 장애로 인한 경험들은 공유의 방법으로 자립생활에 대한 힘의 원천이 된다(Redford & Whitaker, 1999).

(5) 동료지원

동료지원은 동료상담에 대부분을 차지한다고 해도 과언이 아니다. 장애인의 주체적인 삶, 즉 자기 선택 및 결정을 기본으로 하는 자립생활은 장애인이 바라고 실현해야 할 가치 있는 삶이지만, 장애인을 억압하는 이 사회 속에서 장애인으로 살아가야 한다는 것은 그리 녹록지 않다. 보호받는 안전한 삶이 아닌 책임과 의무가 따르는 삶이기 때문에 때론 힘들고 지쳐서 포기하고 싶어질 수 있다. 그럴 때 바로 동료상담이 필요하다. 동료상담은 지치면 쉴 수 있는 곳, 힘들면 울 수 있는 곳 그러나 그 나약함이 결코 문제가 될 수 없는 것임을 알려 주고 포기하지 않도록 한다.

2) 동료상담가의 기능

동료상담가는 다음과 같은 기능을 담당한다.

(1) 역할모델

장애인이면 누구나 동료상담가가 될 수 있다. 특히 장애인으로서 장애 때문에 일상적이고 특별한 경험을 한 사람이라면 더욱 좋은 동료상담가가 될 수 있다. 그러나 먼저 갖추어야 할 자질은 역할모델로서의 기능을 수행할 수 있는 사람이어야 한다는 것이다. 내담자는 동료상담가를 보며 장애인으로서의 삶에 있어 선배이자 모범으로 생각하며 자신의 미래를 투영하게 된다. 그런데 그 삶의 모습이 별로 행복해 보이지 않거나 좋아 보이지 않는다면 장애인으로서 자신이 살아갈 미래에 대한 열망이 그만

큼 떨어지게 될 수도 있다. 이와 정반대의 경우라면 별 볼 일 없다고 생각했던 자신의
삶도 어쩌면 '의미 있는 삶이 될 수도 있겠다' 는 희망을 가질 수 있다.

동료상담가의 처지나 여건, 장애의 정도가 자신과 별반 다를 것이 없다고 느끼거
나 오히려 내가 낫다고 느낀다면 더욱 그 내담자는 '저 사람도 하는데 나도 할 수 있
어.' 라는 마음으로 희망과 자신감을 가질 것이다. 이렇듯 동료상담가는 상담기술이
아닌 자신의 삶을 통해 다른 장애인들에게 꿈꿀 수 있는 미래를 보여 줄 수 있어야 한
다. 그러므로 동료상담가는 장애인이면 누구나 될 수 있지만 아무나 해서는 안 된다.

(2) 동료지원

동료상담가는 내담자에게 그 무엇도 아닌 '동료' 가 되어야 한다. 동료상담은 대등
한 관계를 전제로 한다. 동일한 장애를 가졌을지라도 내담자는 동료상담가가 자신보
다 나은 입장이나 처지라고 생각되면 마음의 문을 닫게 되고, 오히려 자신보다 못하
다는 생각이 들어야 자신의 이야기를 할 수 있게 된다. 이는 평소에 주위로부터 무시
와 소외를 당하며 자신은 열등하고 무능하다고 느끼다가, 다른 이가 나보다 낫다고
느껴지면 바로 억압된 마음이 표출되기 때문이다. 그러므로 동료상담가는 겸손한 마
음을 절대 잊어버려서는 안 되며, 내담자가 동료라는 인식을 자연스럽게 가질 수 있
도록 노력하여야 한다. 그 노력 중 하나로 상담가가 먼저 내담자에게 장애로 인한 자
신의 상처를 드러내는 것이 좋은 방법이다. 상담가가 먼저 믿음을 보임으로써 신뢰
관계를 구축하는 것이다. 동료를 믿고 나의 치부까지도 완전히 드러낼 각오가 되지
않으면 내담자에게 동료로 다가가기 어렵기 때문에 낮은 자세로 내담자에게 먼저 다
가가야 한다.

(3) 동료상담가의 요건

첫째, 장애인이어야 한다. 동료상담을 정식으로 말하면 '장애동료상담' 이다. 아무
리 뛰어난 감수성과 역량을 갖고 있는 비장애인이라 하더라도 장애인이 아닌 사람이
동료상담에 참가한다는 것은 그 자체로도 비장애인 사회에서 억압받아 온 장애인에
게 억압이 될 수도 있다(Shreve, 1991).

둘째, 자립생활을 경험하고 있어야 한다. 동료상담가는 내담자에게 역할모델로서의 기능을 수행하여야 한다. 동료상담의 궁극적인 목적은 장애인의 자립생활이라는 것을 보면 이 조건 또한 당연한 것이라 하겠다.

셋째, 일정 수준 이상의 동료상담에 대한 교육을 이수하여야 한다. 동료상담에 있어서 자립생활 이념에 대한 개념은 반드시 필요하다. 또한 일정 수준 이상의 통일성을 위해서도 교육은 반드시 필요하다.

넷째, 자신을 상담해 줄 또 다른 역할모델의 동료상담가가 필요하다. 동료상담은 장애인에게 힘을 주지만 이를 반복적으로 해야 하는 동료상담가는 이것이 스트레스가 될 수 있고, 자신이 잘하고 있는지에 대한 의구심도 생기게 된다. 다른 이의 이야기를 끊임없이 들어준다는 것은 결코 쉬운 일이 아니다. 때문에 지속적인 동료상담을 위해 자신만을 위한 동료상담이 필요하고 멘토가 필요하다.

3) 동료상담의 차별성

동료상담은 일반상담과는 다음과 같은 차별성을 지닌다.

(1) 동료상담가의 차별성

동료상담과 일반상담의 차이는 '상담가의 자격'이다. 일반상담이 상담의 교육 이수 유무로 그 자격을 판가름한다면, 동료상담가의 첫 번째 자격조건은 바로 장애다. 신체적·지적·정신적 장애를 가지고 있어야만 동료상담가가 될 수 있다. 이는 동료상담이 이론이나 관념보다는 경험을 중요시하고 이를 기반으로 한다는 것을 보여 준다. 그리고 상담가와 내담자는 각각의 삶을 통해 얻게 된 경험을 상호 공유함으로써 서로의 삶을 발전시켜 나아갈 수 있다.

(2) 상담가와 내담자의 역할

일반상담에서는 상담가와 내담자가 명확히 구분된다. 하지만 동료상담은 이런 역할을 명확히 구분하기보다는 서로 나누어 수행한다. 물론 경험이 많고 지속적으로 동료상담을 하고 있는 사람이 상담의 진행을 원활히 유도해야 하겠지만, 동료상담은 이를 번갈아가며 시행한다. 상담가와 내담자로서 한쪽은 도움을 주고 한쪽은 도움을 받는 수직관계가 아닌 동료로서 서로의 경험을 통해 도움을 주고받는 수평관계를 지향하는 것이 동료상담의 특성이다.

(3) 경험적 지지상담

일반상담에서는 문제를 해결하고자 하는 것이 핵심이다. 반면에, 동료상담은 생활, 즉 삶이 중심인 상담이라 할 수 있다. 내담자가 어떤 문제가 있어 그것을 가지고 동료상담가를 찾아올 경우, 일반상담은 그 문제를 해결하고자 여러 가지 방법을 사용한다. 하지만 동료상담은 함께 아파하고 위로해 주며 격려와 지지를 보내 주고, 같은 경험을 했을 경우 자신의 경험을 이야기해 주는 것일 뿐, 문제를 근본적으로 해결하려 하지 않는다. 동료상담에서는 문제를 해결하는 것이 아니라 스스로가 겪어 내는 것이라 생각하는데, 이는 그 문제들이 바로 내담자를 성장하게 하는 경험이 된다고 보기 때문이다. 자신의 문제를 가장 잘 알고 가장 잘 해결할 수 있는 사람은 바로 자신이며, 동료는 다만 포기하지 않고 문제해결을 계속 시도할 수 있게 도와주는 조력자일 뿐이다.

(4) 자립생활 실천 상담

동료상담의 기본은 일상적인 개별상담과 집중강좌, 장기강좌 등 동료 간 상담을 원활히 이끌어 내기 위해 제시되는 것이다. 인간은 소중한 존재라는 본질을 중요시하며, 장애로 인해 발생하는 사회적 억압에 적절히 대응할 수 있는 힘을 기르고, 감정의 해방을 통해 상처를 치유함과 더불어 자신이 다른 사람과 다르다는 인식이 변화될 수 있도록 지지한다. 또한 주체적 선택과 자기결정권을 확보하고 이를 바탕으로 자기 삶의 주인이 될 수 있도록 지지와 지원을 요구한다. 이처럼 동료상담의 궁극적 목적은 자립생활이다.

자기신뢰를 회복하고 인간관계를 재구축하며 사회를 변화시키기 위해 대등한 입장에서 무슨 이야기든 마음 놓고 나눌 수 있게 비밀을 엄수하며 부정이나 비판은 물론 조언이나 충고조차 하지 않는 이유는 자립생활을 위한 필수 요건이기 때문이다. '감정의 해방'이나 장애에 대한 인식의 변화 등 내담자는 동료상담을 통해 긍정적인 효과와 결과를 경험할 수 있다. 그러나 이런 것들은 과정일 뿐 이 과정들을 통해 얻고자 하는 최종 목적은 자립생활이다.

4. 동료상담의 실제

1) 용어의 개념

동료상담을 하는 데 중요한 용어들은 다음과 같다.

(1) 관계 만들기

관계 만들기(relation)는 처음 만난 사람과 스킨십을 통해 가까워지고, 어색한 감정을 어느 정도 해소하는 것이다. 참가자들은 참가자 간에 친해지는 시간으로 자기를 소개한다. 그리고 참가자 한 명, 한 명과 악수하거나 포옹하며 인사를 교환한다. 일대일 짝을 지어서 세션 형식으로 서로를 소개하거나, 장애유형에 따라 관계 만들기의 형식을 변경할 수 있다.

(2) '새로운 것'과 '좋았던 것'

'새로운 것(new)'과 '좋았던 것(good)'을 하는 이유는 자신에게 일어났던 좋은 일들을 상기시켜 일상의 소중함과 즐거움을 일깨워 줌으로써 즐거운 마음으로 일정에 참여하기 위함이다. 또한 항상 변화가 없는 것 같은 자신의 삶에서 작은 변화를 찾고, 장애에 대한 편견으로 인한 부정적 생각을 긍정적으로 갖기 위한 시간이다. 방법은 일정 기간 자기에게 일어났던 일이나 사건들 중에 '좋았던 것' 혹은 '새로운 것'들을 1~2분 동안 참가자들이 말하는 것이다. 보통 하루나 이틀 정도 현재까지 일어났던 일들을 말하게 한다.

(3) 세션

세션(session)은 둘씩 짝을 지어(홀수일 경우 한 그룹은 세 명이 할 수 있음) 동료상담가와 내담자 역할을 교대하는 것이다. 동료상담가는 내담자의 이야기에 귀를 기울이며, 내담자에게 더 애착을 갖고 지지한다는 것을 표현한다. 내담자는 안심하고 자신의 상처에 맞서서 감정을 해소한다. 여기에서 동료상담가의 역할은 말하는 이가 감정을 해소할 수 있도록 그의 말을 주의 깊게 경청하고, 내담자에게 '나는 당신을 믿고 있어요.'라는 느낌을 주도록 노력해야 한다. 시간은 보통 10~15분간 진행되며, 상황에 맞게 조정할 수 있다.

(4) 텐션 백

텐션 백(tension-back)은 세션 중간에 역할이 바뀌는 단계에서 동료상담가가 내담자에게 세션 시 문제에 빠져 있을 때, 그 문제의 생각에서 빠져나와 상대방의 이야기에 주목해서 잘 경청하게 하기 위해서 주제와 상관없는 엉뚱한 질문을 하는 것을 말한다. 이때 세션 주제와 상관이 없는 질문을 함으로써 내담자의 감정을 환기시키고 동료상담가의 역할을 수행할 수 있는 상태로 되돌릴 수 있다.

(5) 역할극

역할극(role play)은 장애로 인한 문제 해결방법을 찾기 위해 어떤 상황에 직면할 때를 대비하기 위한 연극이다. 우선 동료를 상대로 자신의 의지를 전달한다. 그리고 역할극을 본 뒤 연기자와 관람자 모두 각각의 기분을 표현하게 한다. 마지막으로 '발견하게 된 것' '좋았던 것' 등을 상호 교환한다.

(6) 시현

시현(demonstration)은 책임상담가와 참가자 1인이 중앙에서 일대일 세션을 하는 것으로, 참가자를 선택하여 '감정의 해방'을 갖게 하는 방법이다. 이때 다른 참가자가 같이 동요되어 자신도 '감정의 해방'을 할 수 있는 시간으로 연결한다.

(7) 패턴

패턴(pattern)은 사람들이 성장하면서 굳어지게 되는 성격의 전형적인 부분으로, 이 부분은 쉽게 바뀌지 않는다. 특히 장애인은 성장하면서 부모나 주변의 사람들에게 억압을 받으면서 자라게 되므로 일반적으로 부정적인 패턴을 가지기 쉽다. 따라서 억압에 직면했을 때 지금까지 반응한 것 중에서 제일 쉬운 형태 혹은 자신이 반응했을 때 가장 만족스러웠던 상태로 그 억압에 반응한다. 그런 반응이 자기에게도 용납이 된다면 비슷한 억압을 받았을 때 똑같은 반응을 보인다. 그리고 그것이 동일하게 지속되면 패턴으로 굳어진다.

(8) 생각하기와 듣기

'생각하기와 듣기(think & listen)'는 어떤 주제에 대해서 일정한 시간을 정해 놓고 각 참여자가 자신의 생각들을 짧게 말하는 과정에서 다른 사람의 이야기를 듣고 생각하며 장애로 인한 여러 가지 경험에 대하여 공감하고 이해하는 것이다. 자신의 이야기를 끝내면 다음 사람을 지목할 수 있고, 오른쪽이나 왼쪽으로 돌면서 이야기를 나눌 수 있다. 세션을 마치고 자신의 기분이나 느낌을 이야기한다.

(9) '좋았던 것'과 '배웠던 것'

'좋았던 것'과 '배웠던 것'에서는 상담 일정 중에서 동료상담 중에 좋았던 것과 배웠던 것을 이야기하면서 하루를 마무리를 하고 다음 날을 준비한다.

(10) 칭찬하기

장애인은 누군가에게 칭찬을 받는 것이 매우 어렵다. 모든 사람은 장점과 단점을 가지고 있지만, 사람들은 장점보다 단점을 더 잘 본다. 특히 장애에 대한 부정적인 인식으로 인해 장애인 당사자도 자신의 장점을 잘 알지 못하고 자신에게는 장점이 없다고 생각하는 경우가 많다. 따라서 칭찬하기를 통해 자신의 장점을 찾고 타인의 장점도 찾아보는 시간을 갖는다. 칭찬하기는 자기가 누군가를 선택하여 자기가 그 사람을 바라보았을 때 '좋았던 느낌', 잘한 것들을 말해 주는 것이다. 한 사람이 중앙으로 가서 각 참가자 앞으로 가서 칭찬받거나 제자리에서 모든 참가자에게 받는 방법과 자신의 양옆의 참가자만 칭찬을 주고받는 방법 등이 있다. 상황에 따라 형식을 달리한다.

2) 동료상담 과정

개별동료상담, 집단동료상담, 일일 집단동료상담 및 양성강좌는 각기 다음과 같은 과정으로 이루어진다(Nogami & Asaka, 2001).

(1) 개별동료상담

개별동료상담이 충실히 이루어져야 기타 동료상담 과정이 이루어질 수 있으며, 여타 동료상담의 성과를 가시화할 수 있기 때문에 개별동료상담은 기본이라 할 수 있다. 순서는 ① 초기면접, ② 개별동료상담, ③ 자립생활계획(ILP)의 순으로 진행한다.

(2) 집단동료상담

집단동료상담은 2박 3일이나 3박 4일 동안 일정한 형식으로 진행되며, 정해진 주제로 '세션'과 '생각하기와 듣기', 강의 등을 통해 감정의 해방을 함으로써 내면의 상처를 치유하여 자신감을 회복하고 역량을 강화시키는 과정이다. 거주시설의 장애인, 재가장애인을 대상으로 하며 자립생활과 동료 간 지원을 강화한다.

① 기초과정

동료상담의 목적, 역할과 규칙 등을 알며, 그동안 살면서 자신의 문제로만 알고 살았던 것들이 자신의 문제만이 아니라 장애를 느끼게 하는 사회(편견이나 오해, 주변 환경의 불편함)의 문제임을 더 인식하게 하고, 같은 장애를 가진 모든 장애인의 문제였음을 알게 한다. 또한 자신이 그동안 장애인이라서 무능력한 것이 아니라 단지 경험할 수 있는 기회가 없었기 때문에 자신의 능력을 발휘하지 못했다는 것을 인식시킴으로써 자신이 가지고 있는 자신만의 능력을 찾게 하여 자신감을 회복하게 하고 자립생활로 유도한다.

② 심화과정

장애를 가지고 살아오며 사회에서 받았던 여러 억압과 차별 속에서 발생한 내면의 상처로 인해 만들어진 패턴을 찾아 치유한다. 그 과정에서 자기 자신을 신뢰하고 타인에게 신뢰받고 신뢰하는 것과 자기주장을 통한 리더십을 발휘하여 동료지원이 가능하게 한다.

(3) 일일 집단동료상담
① 일일 세미나

하루에 한두 가지 주제로 진행되며 총 한 주 또는 한 달 과정으로 진행되는 집단동료상담이다. 대부분 숙박이 어렵거나 시간상의 문제로 집중강좌에 참여하기 어려운 참가자를 대상으로 실시한다. 참가자들의 욕구에 따라 정기적으로 실시한다.

② 주제별 집단동료상담

특별한 주제를 가지고 진행되는 집단동료상담으로 일일 세미나 형식으로 진행하거나 집중강좌 형식으로 진행된다. 장애유형별 동료상담이나 남녀 성별 동료상담, 기혼자 동료상담, 미혼자 동료상담 등 사람의 신분과 자격을 주제로 하거나 사랑, 취업, 육아, 취미 등 관심사를 주제로 상담을 나눌 수 있다.

(4) 양성 강좌

동료상담가의 양성과정이다. 우선 집중강좌(기초, 심화)를 이수하고 기존 동료상담가의 추천을 받은 자가 대상이 된다. 이론교육, 소양교육, 실기교육 등을 실시하며, 기간은 숙식을 하는 일주일 과정 또는 출석 수업으로 진행되는 5~10주 과정 등으로 진행된다.

3) 동료상담 기법

(1) 감정의 해방
① 인간의 본질

- 인간은 사랑하고 사랑받고 싶어 하는 존재다.
- 인간은 지성이 충만한 존재다.
- 인간은 창조성이 넘치는 존재다.
- 인간은 기쁨이 넘치는 존재다.
- 인간은 강한 힘을 갖고 있는 존재다.

동료상담에서는 앞의 다섯 가지를 인간의 본질이라고 본다. 사회에서는 여러 가지 요인에 방해를 받아 이러한 본질이 미처 발현되기도 전에 자신의 내면에 묻혀 버려 자신이 이런 본질을 가지고나 있는 것인지 의심하게 된다. 자신의 본질을 찾아가는 가장 효과적인 방법은 자신을 지지해 주는 동료상담가와 함께 세션을 반복함으로써 일정한 범위의 대화를 나누는 것이다. 억압이나 과거의 상처에서 자유로워지기 위해 상호대화로 서로의 이야기를 들어주고 감정 표현을 지지해 주어 신뢰관계를 형성한다.

② 감정의 해방

슬픔, 괴로움, 안타까움 등 가슴속에서 일어나는 감정이 복받쳐 눈물을 흘리고, 기쁘거나 즐거워 싱글벙글하고, 쑥스러움에 웃음이 나오는 등 우리의 몸을 통해서 감정이 표출되는 것을 '감정의 해방'이라 한다. 나는 어떠한 위치에 존재하고 있는가, 어떠한 억압을 받았을 때 가장 가슴이 아팠는가를 잘 생각해 보자. 우리에게 슬픔을 주는 근원인 상처는 주로 주위의 사랑하는 사람들에 의해서 일어난다.

만약 장애를 갖고 있는 사람은 가치가 없다는 억압이 외부로부터 일어난다면, 그 부당함과 거짓됨을 정확히 분석하고 도전함으로써 문제를 해결할 수도 있다. 그렇지만 주변의 사랑하는 사람, 즉 가족, 친구, 동료에게 동일한 억압을 받는 경우, 억압의 강약과는 관계없이 항의할 방법을 상실하게 되고 그것은 상처가 되어 가슴속에 오랜 기간 남게 된다. 어린아이 때의 마음과 감정표현이라고도 할 수 있는 '감정의 해방' 은 자연스럽게 이루어지는 것이다. 그렇지만 현실적으로 장애로 인한 억압에 의해 쌓인 상처는 인간의 본질을 덮어 버림으로써 그 본질을 발현하지 못하게 하고 행복 한 삶을 살지 못하게 한다. 동료상담은 억압되었던 감정을 해방하는 통로를 제공해 줌으로써 원래 자신이 가지고 있던 인간의 본질을 되찾게 하며, 감정의 해방은 상처 나 슬픔, 괴로움으로부터 홀로서기를 위한 자연치유의 힘을 되찾게 한다.

(2) 장애에 대한 생각

① 열등감 극복

장애에 대해서는 부정적으로 생각하는 사람이 대부분이다. 왜냐하면 장애 때문에 슬픔과 아픔을 경험하며 살기 때문이다. 장애인은 시설이나 병원에서는 보호라는 명 분 아래 관리당하고, 밖에서는 무시하는 시선을 받으며, 무엇도 할 수 없는 존재, 가 치가 없는 존재로 취급받으며 살아간다. 이로 인해 장애인은 비장애인에 비해 강한 열등감과 불신에 빠져 살아갔으며, 인간이기에 앞서 하등한 장애인으로 낙인찍혀 왔 다. 그래서 장애인은 비장애인을 따라잡으려고 노력하고, 질타와 격려 속에 비장애 인과 비슷해지기 위한 극복이라는 노력을 하며, 이러한 노력으로 오히려 이차적 장 애가 발생하기도 하는데 그 과정을 멈출 수가 없다. 장애로 인해 자신을 부정하고, 상처받은 자신을 마음 깊숙이 숨겨 두면서 악순환을 거듭하는 것이다.

② 장애와 친구하기

사회가 만든 장애에 대한 사고와 가치관을 바꾸지 않는 한 장애인의 삶은 바뀌지 않는다. 자신의 장애에 대해 인식하고 장애를 부정적으로 받아들이지 않고 행동할 수 있는 의식이 필요하다. 장애를 부정하지 않고 있는 그대로의 장애, 그 자체를 직시 하는 것부터 시작한다. 지금까지 살아온 경험으로 장애인으로 산다는 것은 그리 달 가운 것은 아니지만, 앞으로 살아야 할 자신의 선택에 따라서 그렇게 불행하지 않을 수도 있다는 것을 전제로 한다. 장애인으로 행복하게 살 수 있으려면 사회의 변화는 필수이며, 장애인의 자립생활은 사회를 변화시켜 왔다. 장애인의 행동 하나가 사회를 바꾼다는 것은 정말 위대하고 고귀한 일인 것이다. 장애를 가진 나의 삶을 의미 있게 만드는 것은 자신의 선택과 결정에 달려 있다.

(3) 자립생활계획 실천

자립생활계획은 동료상담가의 지지와 안내를 기본으로 자립생활에 필요한 실질적이고 전략적인 계획을 수립하는 것이다. 장애에 대한 실질적인 이해와 경험에서 얻어지는 내용을 바탕으로 정보 제공이 이루어지고 자립생활을 달성할 수 있는 전략이 제공되는데, 그 구체적 내용은 자기결정에 의해 이루어진다. 우선 그동안 경험해 보지 못한 일상생활을 프로그램을 통해 경험해 본다. 자립생활계획에는 활동지원 서비스의 관리, 신변처리 및 일상생활, 재정관리 등의 내용이 포함되며 목표에 따라 장기계획 또는 단기계획으로 구분한다.

(4) 지지집단

동료 간 지지모임을 의미하는 것으로 공동의 주제나 관심거리를 가지고 서로의 경험과 의견을 공유함으로써 친목과 성장을 도모한다. 동료상담 중 집단동료상담의 성과를 지속시키기 위해 마지막 일정에 조직되며 자조모임의 초기 형태다.

4) 동료상담 교육과정

(1) 집단동료상담
① 집단동료상담 기초과정

기초과정으로 누구나 알기 쉽고 즐거운 분위기에서 각자 마음의 문을 열고 '감정의 해방'을 통해 장애로 인한 상처를 치유하며 동료상담의 의미를 알 수 있게 한다. ① 대상은 동료상담에 관심이 있는 장애인으로 하고, ② 기간은 2박 3일을 기본으로 한다. CIL이나 주최 측의 역량에 따라서는 3박 4일도 가능하나 최소 2박 3일의 일정으로 진행해야 한다. ③ 내용은 첫째 날은 관계 만들기(참가자 간 자기소개), 동료상담의 이해(동료상담의 이론과 강의)로 진행하고, 둘째 날은 인간의 본질, 감정해방, 장애 전환하기, 지지집단 만들기, 교류회로 진행하며, 셋째 날은 자립생활 프로그램, 칭찬하기로 마무리한다.

② 집단동료상담 심화과정

집단동료상담은 각 주제의 강의, 세션, 시범(demonstration)을 중심으로 모든 참가자가 듣고 말하는 것, 즉 동료상담가의 체험과 내담자의 체험을 반복하는데, 자기 자신의 패턴이나 억압으로부터의 해방을 목적으로 진행한다. 이 과정은 신뢰 형성, 리더십 발휘, 지지와 지원 주고받기, 자기주장 훈련 등을 통해서 동료상담가로서의 역량을 북돋는다. ① 대상은 집단동료상담 집중강좌 기초과정을 이수한 장애인, ② 기간은 2박 3일을 기본으로 한다. 각 자립생활센터나 주최 측의 역량에 따라 3박 4일도 가능하나 최소한 2박 3일은 진행해야 한다. ③ 내용은 첫째 날은 동료상담에 관하여(동료상담의 이론과 의미 복습) 학습하고, 억압에 대하여 시범·시연한다. 둘째 날은 패턴에 대하여(어린 시절을 생각하거나 자신의 지난 모습을 회상하며 세션과 시연 형식) 상담하고, 역할극을 통하여 자기주장을 훈련한다. 그리고 신뢰에 대하여(세션과 시연) 지지와 지원의 주고받기를 진행한다. 셋째 날은 리더십에 대한 일정으로 마무리한다.

③ 장기강좌

① 대상은 집중강좌 기초과정과 심화과정을 이수한 자로 동료상담가가 되려는 사람이다. ② 기간은 전 40시간, 최소한 36시간이 필요하다. ③ 장기강좌로 실시하는 방법은 숙박이 없는 경우(1회 3~4시간씩 10~12회) 시리즈로 진행하고, 숙박을 하는 경우(2박 3일씩 2~3번에 나눠서)로 나누어서 실시한다. 숙박을 하는 경우(4박 5일)에는 합숙 형태로 1회에 완성한다. 개최 지역이나 책임동료상담가에 따라서 구성방법이 다양하다. 단, 어떠한 방법을 취하더라도 책임동료상담가는 항상 둘 이상이어야 한다. 집중강좌(기초 심화)를 리드하기 위한 학습과정으로 시나리오 작성 및 각 테마별 원고쓰기를 통해 동료상담의 핵심이 될 수 있는 인재를 양성한다.

④ 양성강좌

양성강좌는 장기강좌 핵심 책임동료상담가나 지원동료상담가가 되기 위한 과정이다. ① 대상은 장기강좌 핵심 책임동료상담가나 지원동료상담가가 되고자 하는 장애인(단 3인 이상의 관계자로부터 추천받은 자), ② 기간은 선 40시간, 최소한 36시간이 필요하다. ③ 양성강좌의 실시방법은 숙박이 없는 경우 시리즈(1회 3~4시간씩, 10~12회)로 진행한다. 숙박을 하는 경우에는 2박 3일씩 2~3회에 나눠서 실시하거나 4박 5일 1회에 완성한다. 또한 동료상담위원회에서 개최하는 것을 기본으로 한다.

(2) 개별동료상담
① 방법

자립생활센터에 내담자가 도움을 청하는 경우나 자립생활 중에 필요한 도움을 받으러 오는 경우 등 내담자의 욕구는 다양하다. 그러나 대체로 동료상담의 역할은 크게 '정신적·심리적 지원'과 '권익옹호와 정보제공'의 두 가지 형태로 나뉜다. 두 가지 모두 필요한 경우도 있는데, 이럴 경우 역할을 나누어 한 사람의 내담자를 몇 명의 동료상담가가 상대한다.

② 자격

집단동료상담 장기강좌를 수료하고 인정을 받은 자립생활센터의 장애인 동료상담가로 한다.

③ 대상

다양한 유형의 장애인으로 권익옹호, 정보제공, 자립생활 프로그램, 심리적 지원이 필요한 장애인 누구나 가능하다.

④ 내용

정신적 지원을 담당하는 동료상담은 내담자가 어려운 문제가 존재한다 해도 다시 일어설 수 있는 힘을 갖고 있다는 것을 신뢰하고 상대하는 것이 중요하다. 책임동료상담가로서 자격이 있는 동료상담가는 굳게 닫힌 내담자의 마음의 문을 열어서 '감정의 해방'을 지원해야 한다. 권익옹호나 정보제공을 담당한 동료상담가는 지역사회 분위기를 인지하고 있으면서, 동료들 사이에 네트워크가 구축되어 있어야 된다. 연금, 수당, 생활보호 등 장애인의 복지제도에 대해서 잘 알아야 하고, 주택관계나 개조의 예, 공공기관, 사회자원 등의 정보를 갖고 있는 동료상담가 혹은 복지담당 창구에 내담자와 같이 동행해서 권리획득을 위한 구체적인 행동을 해야 하며, 다양한 동료상담의 역량을 갖추어야 한다. 즉, 동료상담가는 내담자의 개별적인 욕구에 맞추어 동료상담을 진행한다.

5) 동료상담 집중강좌 사례

(1) 동료상담 과정

(2) 대상: 초보자

(3) 목표: 동료상담이란 무엇인가에 대한 대강의 이미지를 파악한다.
① 오리엔테이션(약 30분): 일정 설명, 활동지원인 및 직원 소개, 숙박 장소, 이동 등을 설명한다.
② 관계 만들기(약 90분): 참가자끼리 자기소개를 하며, 서로 간에 친밀감을 위한 시간을 갖는다. 자기 자신을 알리거나 다른 참가자를 내가 소개하기, 참가자 전원이 돌아가면서 서로 악수하기 등 3일간을 보내기 위한 관계 만들기를 한다.
③ 동료상담에 대한 강의(약 90분): 동료의 의미 및 동료상담의 필요성과 규칙에 대해서 알아본다. 상호 대등하게 시간을 정해서 말하고 들어주는 대화 시간의 대등한 배분과 방법을 학습한다. 5분씩 서로 경청하고 토론을 진행한다. ⑩ 들려주고 싶었던 것 등
④ 인간의 본질과 감정(약 90분): 동료상담 이론과 인간의 본질, 상처 감정에 대해서 설명한다. 상담가가 해야 하는 것과 해선 안 되는 것에 대해서 기본적인 시

범을 보인다. 미니 세션을 한다. **예** 울고 싶었던 때의 일 등

⑤ 장애에 대해서(약 2시간): 실제 동료상담 기술과 방법을 활용하여 '장애'를 어떻게 생각하고 있는가를 다룬다. 시범 및 미니 세션을 진행한다. **예** 자기의 장애에 대해서, 우리 사회에서 장애를 가지고 있다는 것은 무엇을 의미하는가 등

⑥ 동료상담 기술(약 2시간): 패턴의 의미와 상담가로서의 기술을 학습한다. 역할극이나 평가, 중재 등을 진행한다.

⑦ 지지 그룹 만들기(약 2시간): 주제별 또는 분야별로 3~8명씩 나눠서 동료상담 방법으로 행하며, 그룹별로 발표를 진행한다.

⑧ 질의응답(약 30분): 참가자들의 의문이나 질문에 답하는 시간을 할애한다.

⑨ 교류회(약 2시간): 활동지원인도 함께 게임, 동네자랑, 노래 등을 하면서 교류의 깊이를 더한다. 이때 간식이나 저녁을 포함하는 경우도 있다.

⑩ 자립생활 프로그램과 그 밖의 제도(약 2.5시간): 자립생활 프로그램이란 무엇인가와 그 필요성에 대해 학습한다. 여러 지역의 정보 교환과 참가자 중 자립생활을 원하는 사람에게 필요한 정보와 조언을 제공한다.

⑪ 마무리(약 30분): 참가자 전원이 3일간 '배운 것' '좋았던 것'을 말하게 한다. 책임동료상담가와 기획자에게 감사의 인사말을 한다. 활동지원인에게 소감을 들어 보고, 박수를 치며 인사를 나눈다.

제8장
자립생활 기술훈련

1. 탈시설운동의 배경

1) 장애인 거주시설

　지역사회가 보호하지 못하는 중증장애인에게 일정한 서비스를 제공하며, 각종 재활프로그램을 통해 의료적 · 심리적 · 직업적 재활을 제공하고 지역사회 복귀를 추구하는 주거시설 정책이 체계적으로 수립된 것은 1981년 '세계장애인의 해'를 맞아 제정된 「심신장애인복지법」에서 비롯된다. 이 장애인 정책은 통합적 관점에서 개발되었다기보다는 열악한 환경을 가진 장애인에게 최소한의 인간적 삶의 조건을 제공하기 위한 역할이 더욱 크다. 「심신장애인복지법」에서는 '시설'의 유형을 결정하고 '사회복지법인'을 득한 주체만 장애인 거주시설 설치를 허가하였다.

　우리나라 장애인 거주시설은 1985년도 90개소에서 1990년도 118개로 증가하였으며, 1990년대 비인가 시설의 전환·신축 등으로 2001년도에는 200여 개소로 늘어났다.

장애인 거주시설은 1960년대 초 외국의 원조 기관을 통해 조성되었으며, 원조 기관들이 철수하면서 지역의 유지나 종교기관에 이양하였다. 정부는 1970년 초「사회복지사업법」을 제정하였으며, 민간자원을 활용한 거주시설 정책을 활성화하였다. 크고 작은 비인가 시설들은 법인 시설로 자연스럽게 편입되어 갔고, 전쟁고아들이 성인이 되면서 장애인 거주시설의 대상은 성인장애인 중심으로 변화되었다. 정부는 장애인 문제를 최소 비용으로 민간에 이양하여 효율성을 도모하고자 하는 입장이었으나, 거주시설의 비대로 장애인의 인권이 침해되는 결과를 가져왔다.

서구 사회에서 장애인에 대한 격리 수용은 근대 자본주의의 탄생과 더불어 국가 주도로 시작되었다. '일할 수 있는 장애인과 일할 수 없는 사람'을 구분하여 시설에 분리 수용하고자 하였으며, 특화된 집단적 거주시설이 제도화되었다. 우리나라의 경우, 전쟁 구호사업 차원에서 한국전쟁이 끝난 후 전쟁 부상자, 무연고자, 전쟁고아에 대한 생활대책으로 외국 원조 기관이나 선교단체에 의해 자생적으로 운영되었다. 이들이 설립한 고아원이나 부랑인 수용시설은 이후 장애인 거주시설로 전환되었다.

2) 거주시설의 문제점

(1) 시설의 폐쇄성

장애인 거주시설의 정상적 기능이 수행되려면 시설의 내적체계를 갖추고 지역사회와의 상호작용이 중요하다. 최근 활발한 자원봉사 활동으로 장애인 거주시설의 가치가 재평가되고 있다. 장애인 거주시설의 운영 형태가 자연스럽게 외부에 공개되면서 시설 운영의 폐쇄성이 문제로 지적되었다. 지금까지 시설 운영은 일부 친인척이나 법인 이사에 의해 비민주적으로 운영되어 왔으며, 직원 채용은 혈연관계에 의해 좌우되고, 최고 책임자의 자의적 판단에 의해 운영되어 왔다. 심지어 보조금 운영 시스템은 책임자나 경리 담당 실무 직원만 알고 있으며, 생활교사에게는 공개되지 않았다. 따라서 직원들은 주인의식을 갖기 어렵고, 수동적인 역할만 강요받았으며, 이는 시설 운영 전반에 있어 개선 방안을 모색하고 애로 사항을 함께 고민할 수 있는 여러 경로의 의사결정 구조를 봉쇄하였다.

(2) 시설의 노후화

시설의 노후화에 따라 재활서비스를 받기에 부적합한 거주시설이 늘어나고 있다. 보건·의료 서비스를 받을 수 있는 건축물은 비장애인의 주거를 목적으로 지어지고, 노후화로 장애인들이 살기에 불편한 건축 구조물이 다수다. 게다가 주거서비스뿐 아니라 재활서비스 실행이 적절하지 못한 경우도 많다. 또한 과거 지역주민의 이기주의와 높은 땅값 때문에 대부분의 시설은 외진 곳에 위치하게 되어 접근성 또한 떨어지며, 지역사회와의 교류도 제한된다. 이에 따라 신규직원 채용과 장기 근속 가능성도 희박하다. 이처럼 재활의 문제가 악화되고 있는 상황에서 가정적 분위기를 살릴 수 있도록 일반주거 형태로 시설이 운영되고는 있으나, 중앙부처 차원의 표준설계조차 없는 것이 실정이다. 즉, 장애인의 자립을 도모할 수 있는 재활서비스 제공에 부적합한 시설만 다수 운영되고 있으며, 비전문성, 지침의 부재, 장애인에 대한 이해 부족 등 질적 수준 저하 등으로 이에 따른 부정적인 결과가 입소 장애인들에게 돌아가고 있다.

(3) 시설의 비효율성

장애인 거주시설에 대한 지침은 매년 '장애인 복지사업 안내'에 소개되고 있다. 하지만 이 지침은 시설운영의 선언적 성격을 지니며, 운영비 집행 기준을 제시하는 데 그치고 있을 뿐 시설의 기능과 역할에 대한 세부 내용은 제시하지 못하고 있다. 입소 장애인의 수에 따라 차등 예산을 지원하고 있으나 지원 금액의 구분에 불과하며, 진정한 의미의 사업수행 결과를 기대하기 어렵다.

(4) 인권침해

거주시설의 의사결정은 형식적 이사회 운영으로 결정되며, 이사장 또는 시설 책임자가 자의적으로 의사를 결정할 소지가 높다. 따라서 입소 장애인을 단순히 보호의 대상에 머물게 하며, 서비스 소비자로서 역할을 수행하도록 하는 결정을 기대하기 힘들다. 즉, 재활시설의 경우 다양한 재활과정을 통해 지역사회 복귀를 준비해야 하지만, 거주시설 입소 장애인은 주권이 확립되지 않은 채 선택권 행사를 부여받지 못하고 경험도 없어 사실상 보호란 명목하에 방치되고 있다. 엄격한 시설입소 기준에서도 비민주성이 나타난다. 국민기초생활보호 대상자나 무연고자, 실비를 납부하는 경우에만 시설의 입소가 제한적으로 허용되며, 저소득가구의 경우 부모가 장애아동을 입소시키기 위해 장애아동을 유기하거나 친권 포기각서를 쓰게끔 유도된다. 심지어 무연고자로 가장하거나 실비 납부 중간에 연락 두절로 납부를 포기하는 경우 등으로 나타난다. 이는 가족해체를 초래하고 장애인 부모가 시설운영의 견제 세력으로 등장하는 것을 막고 있다.

(5) 역할 미정립

정부는 보건복지부, 지방자치단체, 법인 차원에서 감당해야 할 기능과 역할을 제대로 규명해 내지 못하고 있다. 보건복지부에서는 시설의 역할을 규정하고 방향을 제시하거나, 지역 실정에 맞는 시설을 어떻게 개발하고 지역 장애인의 복지 수준을 위해 어떤 노력을 기울일 것인지, 책임과 의무를 다하는 전문성은 어떻게 채워 갈 것인지, 법인과 시설에서는 서비스 일선에서 전달하는 전문가로서의 자질과 역량을 어떻게 갖추어 나갈 것이며, 시설의 개방성과 전문성을 어떻게 담보해 나갈 것인지에 대한 논의가 필요하다.

(6) 행정기관의 감독 약화

요보호대상자에 대한 국가의 책임을 수행하기 위해 사회복지시설을 설치한 선진국과는 달리, 우리나라는 국가나 지방자치단체가 요보호대상자를 민간기관에 위탁 운영하고 보조금을 대신 지급하는 방식을 채택하고 있다. 보조금을 받는 법인이나 시설은 행정기관에서 예산집행을 포함한 제반 지도감독을 받지만, 이는 형식적인 것에 머물고 있어 시·군·구에서 실시하는 각종 지도감독과 감사가 시설 운영의 비리와 문제점을 제대로 직시하지 못하고 있다. 예를 들어, 행정기관의 지도감독자는 해

당 목적에 따라 시설의 적법성 여부만을 점검하기 때문에 시설 운영의 합목적성 여부를 판단하기 어렵다.

(7) 시설운영의 획일성

정부는 그동안 「장애인복지법」의 기준에 부합하는 시설 운영 예산을 확보하기 위해 노력해 왔으나, 전문재활 서비스를 제공할 수 있는 여건을 조성하기에는 부족한 실정이다. 오직 시설의 종사자인 사회복지사의 역할만 강조하고, 이들의 전문성에 의존하고 있다. 또한 이들의 지속적 처우에 대한 개선이 필요함에도 안정적인 직장 생활로 이들을 유인하기에는 미흡한 것이 실정이다. 게다가 시설에 대한 예산구조가 일률적 기초지급과 시설장애인 수에 따른 차등적 운영비 지원에 그쳐 결과적으로 대형 시설만을 양산하는 결과를 가져왔다. 이러한 예산구조는 장애인의 단순 수용과 보호에 머물러 전문적 프로그램을 통한 자립을 제한하는 제약 요건이 된다. 이는 개별적으로 장애인의 특성에 맞는 사회복귀 프로그램을 수립하는 데 한계가 있다.

3) 시설보호에서 지역사회로

사회복지법인들은 정부 보조금과 민간 후원금을 활용해 거주시설을 운영하면서 사립학교처럼 시설을 사유화하고 있다. 시설에 수용된 장애인들은 관리의 대상일 뿐이며, 그들에게 자율성은 희박하다. 오로지 사업의 수단일 뿐이다. 따라서 거주시설 이용자의 인권은 등한시되어 왔다. 자립생활 활동가들이 2005년 하반기에 전국 장애인 수용시설 22곳, 235명의 시설장애인을 상대로 한 조사 결과, 시설은 타율성과 반인권성을 보여 주고 있었다. 스스로 입소를 결정한 경우는 22.1%, 개인 일정에 맞추어 일과를 수행하는 경우는 6.5%, 식사 시간을 선택할 수 있는 경우는 5.6%, 근린 시설을 자유롭게 이용하는 경우는 6.5%, 개인적 용무로 자유롭게 외출할 수 있는 경우는 12.3%에 그치고 있다.

심지어 장애인 거주시설에서는 자율성이 억압되는 수준을 넘어 감금, 폭언, 폭행, 성폭력 등 직접적 폭력과 인권 유린이 자행되고 있다. 앞서 제시한 면접 조사에서도

38.2%의 장애인들이 폭력을 경험했다고 응답했다. 시설 내 장애인들은 점차 삶의 의미와 적극적인 요구 자체를 상실해 가는 소위 '시설증후군'에 빠져들게 된다. 욕구와 꿈을 갖는 것이 고통인 삶, 욕구와 꿈을 가질 수 있는 조건 자체가 박탈된 환경에서 살아가고 있는 것이다. 장애인을 의존적 존재로 재생해 내고 있는 상황에서 거주시설은 은폐의 공간이 된다. 따라서 이러한 시설을 소규모화하고 지역사회의 통합된 삶을 영위하도록 탈시설을 검토하여야 한다.

자본주의의 성립과 더불어 국가의 주도로 설립되고 운영되어 왔던 장애인 수용시설은 제2차 세계대전 이후 본격화된 소위 복지국가의 형성 속에서 상당한 물적 · 인적 자원이 투입되어 운영되었다. 그리고 시설이라는 공간 외부에 존재하는 장애인에게도 상당한 양의 사회적 급부와 서비스가 확보되었다. 1970년대부터 본격화된 탈시설은 이미 확보되어 있던 사회복지 서비스의 양과 예산으로 전환시키는 것을 의미한다. 이러한 탈시설은 전 세계적으로 신자유주의 흐름이 본격화되면서 국가의 사회복지예산 축소 시기와 일치된다.

거주시설은 장애인의 생활 전체를 책임져야 하기 때문에 시설 외부에 있는 장애인보다도 더 많은 예산 투입이 필요하다. 따라서 정부는 신자유주의 정책 일환으로 비용 절감 효과를 가질 수 있는 탈시설의 요구를 수용하게 되었다. 우리나라의 장애인 거주시설은 민간에 의해 주도된 사적 서비스 시장의 영역이었고, 이를 국가가 공식화하고 비용의 일부를 지원하였다. 민간시설의 운영자는 후원금이나 기부금으로 추가적인 자원들을 확보하였고, 정부의 지원은 있으나 실제 시설 소유권은 민간에 있었다.

탈시설운동은 사적 자본의 주도권과 시설 권력을 약화시키고 시설이 수단이 될 수 있는 다양한 고리를 끊어 버리는 계기가 되어야 했다. 따라서 시설의 민주화는 탈시설의 걸림돌이 아니라 오히려 유의미한 교두보라고 할 수 있다. 또한 시설이라는 외부 공간에 장애인들이 인간답게 살아갈 수 있는 지원체계의 구축이라는 측면에서 자립생활이 필요했다.

따라서 탈시설 운동은 앞서 언급한 폐단들을 차단하고, 장애인을 의존적 존재로 만드는 사회적 장벽과 차별들을 제거하며, 다양한 지역자원을 획득하여 선택과 자기결정이 보장되는 생활환경을 구축하기 위한 운동으로 장애인자립생활센터들이 지역 사회 통합을 실천하기 위해 노력하여 왔다.

탈시설과 장애인의 자립생활을 현실화시키기 위해서는 장애인의 인간다운 삶을 위한 다양한 사회적 지원을 권리로서 확보해야 하는데, 이러한 권리 중 가장 기본적인 것이 활동지원 서비스다. 다양한 생활에서 어려움을 겪는 장애인은 유급인 활동지원 인력이 필수적이다. 활동지원인에게 지급되는 급여의 재원은 국가와 지방자치단체가 마련해야 한다. 봉사자의 서비스 제공 행위에 대해서 장애인이 불만을 갖고 있어도 서비스 중단에 대한 우려 때문에 이를 표현하기 어렵지만, 활동지원 서비스가 제도적으로 보장된다면 장애인은 당당하게 자신의 결정권을 실행할 수 있게 된다.

활동지원 서비스의 제도화에 대한 요구는 자립생활운동이 도입되고 장애인자립생활연합체가 생겨나면서 지속적으로 제기되어 왔다. 2005년 10월 출범된 '전국장애인차별철폐연대준비위원회'는 함안의 장애인 동사 사건을 국가인권위원회에 진정했고, 이후 중증장애인 189명의 집단 진정을 통해 활동지원 서비스에 대한 정책 권고를 국가인권위원회에 요구했다. 그리고 2006년 3월부터 서울시청 앞에서 노숙 농성을 전개하며 여러 투쟁을 전개한 끝에 활동지원 제도화에 새로운 전기를 마련하였으며, 이에 서울시가 활동지원 서비스를 권리로서 인정하고, 조례 제정을 통해 제도화에 합의하게 되었다. 이후 지방자치단체를 상대로 한 중증장애인 당사자들의 투쟁은 전국으로 확대되었으며, 중앙정부 차원에서도 초보적인 형태로나마 활동지원인 서비스의 제공을 위한 구체적인 계획과 예산 편성이 이루어지게 되었다.

활동지원제도의 모태가 된 활동지원 서비스가 전국적으로 확대 실시되면서 1급 장애인에게 활동지원 서비스를 이용할 수 있는 자격이 주어졌고, 이는 장애인이 시설을 벗어나 지역사회로 나올 수 있는 가장 기초적인 서비스가 되었다. 중증장애인이 시설을 벗어나 사회로 나올 수 있게 된 핵심적 서비스는 활동지원 서비스와 전동휠체어의 보급이다. 전동휠체어는 2002년 10대의 민간지원으로 시작하여 2004년 건강보험공단 점거를 계기로 2005년 의료급여로 반영되어 최대 209만 원을 건강보험공단에서 지원을 받을 수 있게 되었다. 2000년대 이후 지역사회로 탈시설을 이뤄 낼 수 있었던 가장 중요한 요인 중 하나는 자립생활운동이다.

2. 자립생활 '체험 홈'

1) 자립생활 체험 홈의 이해

장애인이 시설이나 가정에서 관리나 보호를 받아 왔다면, '체험 홈'은 시설에서 벗어나 스스로가 자신의 삶을 선택하고 책임지는 생활을 실천하는 곳이다. 체험 홈은 시설과 달리 생활교사 없이 중증장애인 3~4명이 스스로 생활계획을 세우고, 일상생활을 자립적으로 수행하는 자립생활훈련센터다.

체험 홈 프로그램은 금전관리 및 가계부 작성, 식생활 관리, 장보기, 음식 만들기, 대중교통 이용, 활동지원인 스케줄 관리 및 대인관계 기술, 도서관, 주민센터, 은행, 병원 이용하기 등이 있다. 체험 홈의 일상생활은 친구 만나기, 쇼핑하기, 영화 보기, 자립생활센터 프로그램 참여하기 등 다양한 삶의 영역을 장애인 스스로 참여하며 자기생활을 관리하는 것이다.

체험 홈의 핵심은 개별적인 생활이 보장된다는 것이다. 이것은 시설과 큰 차이를 나타낸다. 개인은 자립생활 목표를 수립하고 스스로 일상생활을 관리한다. 단, 자립생활을 하며 발생하는 크고 작은 문제들은 체험 홈 구성원 간 회의를 통하여 조율하며, 개별적 문제는 동료상담을 통하여 해결한다.

체험 홈의 운영방식은 자립생활센터들 간에 약간씩 차이가 있다. 보통 기간은 장기와 단기로 구분된다. 장기는 1년 계약과 연장이 가능하며, 단기는 3개월 과정에서 연장이 가능하다. 시설에서 지역사회로 탈시설하는 장애인의 경우 체험 홈에서 다시 시설로 돌아갈 수 없고 가족 등 연고자가 없는 경우에는 사실 장기 이용만 가능하다. 체험 홈 거주자는 본인의 영구임대아파트를 얻어 지역사회로 나갈 때까지 일정 기간 동안 체험 홈에 거주하게 되는 것이 관례다.

체험 홈을 이용할 경우 부모의 동의가 반드시 필요하다. 재가장애인의 경우 장기적 이용보다는 단기체험으로 3개월 과정을 생활해 보고, 자신감이 생기면 연장하는 경우가 많다. 부모의 경제적 지원이 필요하기 때문에 어쩔 수 없이 단기체험 이후 가정으로 돌아가는 경우도 종종 있다. 체험 홈 이용자들은 일정 부분 이용료를 납입하고 있는데, 대략 10만 원의 금액을 체험 홈 이용료로 징수한다. 생활비용은 이용자 본인이 부담한다.

운영기관은 아파트 임대료 및 전기세 등 공과금을 부담하고, 인터넷 등 기본적 '체험 홈' 운영에 소요되는 비용은 자립생활센터에서 부담한다. 또한 화재보험은 필수적으로 가입해야 한다. 체험 홈을 이용하는 이용자는 '자립생활계획서'를 작성해야 하고 '이용계약서'를 제출해야 한다. 그리고 전염병 관련 건강진단서, 주민등록등본, 장애인복지카드 사본, 수급자 증명서, 차상위 증명서 등 여러 가지 서류를 제출해야 한다.

체험 홈 운영은 지방자치단체에서 일정 부분 지원을 받는 곳도 있고, 자부담으로 운영하고 있는 곳도 있다.

2) 체험 홈 운영 사례

사례 1

B씨는 부유한 가정에서 자랐으나 성인이 되어 아버지 사업의 부도로 가세가 기울어져 식구들이 뿔뿔이 흩어져 생활하게 되었다. 그리고 1급 장애인이었던 B씨는 가족회의를 거쳐 시설에 보내기로 결정되었다. 하지만 B씨는 지인의 도움으로 시설이 아닌 자립생활 체험 홈에 들어가게 되었고, 그곳에서 제2의 인생을 시작하게 되었다. 일상적인 생활을 스스로 해 나가는 것은 물론이고, 경험이나 능력은 다른 사람에 비해 부족했지만 자립생활센터에 주 3회 정도 출근하여 업무를 보고 익혀 나갔다. 또한 보수나 대가를 받지 않고 출근을 하며 자신의 역량을 키워 나갔다. 나중에는 주 3회 정도 자립생활센터에 출근하는 것으로는 일을 배우기에 부족하다고 판단하여 주 5회(월~금)로 늘려 나가기 시작했다. 이후 B씨는 영구임대아파트로 이주하여 생활하게 되었고, 자립생활센터의 직원으로 활동하게 되었다.

사례 2

L씨는 20대 후반까지 ○○시설에서 생활하였다. 이후 체험 홈에 입주하여 2년간 거주하였으며, 이후 같은 시설에서 생활하던 여성장애인과 교제를 하였고, 영구임대 아파트를 배정받는 동시에 결혼식을 올렸다. 지금은 자립생활센터 활동가로 활동하면서 능력을 인정받아 직원으로 채용되었으며, 팀장의 직책을 맡아 근무하며 자립생활운동을 주도해 나가고 있다.

사례 3

J씨는 뇌병변장애인이다. 언어장애는 물론 손가락도 움직이지 못하며 자신의 의지로 할 수 있는 것은 눈빛으로 의사표현을 하는 것뿐인 와상장애인이다. 시설에서는 동료상담을 위해 J씨가 시설을 여러 차례 방문한 직후 자립생활에 대한 정보와 당사자로서 역할모델을 제시하였다. 그 이후 J씨는 탈시설을 결심하게 되었고, 시설 책임자에게 자립생활 의사 표현을 하였지만 수용되지 못했다. 하지만 국가인권위원회와 부산시청 사회복지과 등에 이 문제를 제기하였고 체험 홈에 입주할 수 있었다. 자신의 삶은 스스로 선택하고 결정해야 한다는 인식을 처음에는 하지 못했지만, 탈시설 이후 J씨는 체험 홈에서 생활을 스스로 관리해 나갔다. 2년 후 '체험 홈'에서 영구임대아파트를 얻어 자립해 나갔으며, 현재 자립생활센터 프로그램 등에 참여하고 있고, 동료상담 역할모델로 다른 장애인에게 도전의지를 주며 건강한 삶을 유지하고 있다.

3. 자립생활 프로그램

자립생활 기술훈련(Independent Living Program: ILP)은 거주시설이나 가정에서 보호적이며 수동적으로 생활하던 습관을 버리고 지역사회로 돌아와 자신의 삶을 계획하고 지역사회 자원을 활용하여 스스로 생활하고자 실천하는 자립생활 훈련프로그램이다(Cole, 1983). 즉, 자립생활센터에서 지역에 자립생활 체험 홈을 설치하여 체험을 희망하는 장애인을 위해 단기간 숙박이 가능한 아파트나 주택을 제공하고, 동료상담가의 지원을 통해 일상생활은 물론 지역사회 생활을 할 수 있도록 지원하는 체계적 훈련 프로그램이다. 훈련의 내용은 일상생활, 인간관계, 의사소통이다.

자립생활 기술훈련은 참여자의 결정이 중요하기 때문에 강요될 수 없으며, 따라서 참여자의 목표는 더욱 명확해진다. 참여자의 목표 설정은 이용자의 합의에 의하여 명확히 해야 한다. 구체적 목표 없이 훈련을 추구하는 것은 무의미하다. 참여자들은 시설에서 자신의 개인적 삶을 방관해 왔지만, 훈련 기간 동안 작은 목표일지라도 계획적으로 추진한다면 자립생활은 희망적이다.

참여자가 상실된 자존감을 회복하도록 우선 지원하고, 스스로 가치 있는 삶을 살고자 하는 목표를 합의하는 과정이 필요하다. 목표는 단기목표와 장기목표로 설정한다. 소외된 생활에 오랫동안 놓여 있던 장애인에게 새삼스럽게 목표를 묻고 또 목표를 설정하는 것은 매우 중요한 의미를 담고 있다. 자립생활 훈련의 목표 설정은 다음과 같이 세 가지로 정리할 수 있다.

첫째, 혼란스러운 자신의 상황을 정리하고, 가족문제 또는 환경이나 제도에 대하여 정리한다. 둘째, 자립생활을 원하는 마음이 '어떤 속박으로부터의 탈출인가?'에서 시작되었는지 아니면 '장래의 자아실현이나 자신의 목표성취를 위하여 꼭 필요한 것으로 인식하고 있는가?'에서 시작되었는지 등 자신의 자립생활에 대한 동기를 재확인하고 무슨 일이 있어도 좌절하지 않는다는 측면에서 목표를 설정한다. 즉, 목표 설정은 자신을 객관적 측면에서 바라보기 위하여 필요하다. 셋째, 목표 설정은 자신의 일상적 생활에 목표를 접목시키는 단계다. 예를 들어, 3년 후 자립을 위해 1년 이내에 대소변 요령 터득하기, 3개월 이내에 지역의 친구나 지인의 가정을 방문해 주택개조 사례를 보고 실제 자립생활 체험을 듣고 오기 등이 있다.

자립생활에 목표가 있다는 것은 활력소가 된다. 자립생활을 하는 사람에게 역할모델을 창조하는 것은 무척 어려운 일이다. 장애를 갖고 있는 사람의 집을 방문하여 어떻게 활동지원인과 지내고 있는지를 눈으로 보고, 그 장애인으로부터 언제 어떤 내용으로 활동지원을 받고 있는지, 어떤 문제가 있는지, 주의해야 할 점이 무엇인지 등을 물어본다. 이것만으로도 자신의 장래 자립생활의 이미지가 어떨지 생각할 수 있다.

참여자의 자아인식을 파악하고 자존감을 세우는 일이 자립생활 훈련에서 가장 우선시된다. 다수의 장애인은 자신이 어떠한 존재이며 어떤 가치가 있는지 파악하고 있지 못한다. 손가락이 절단된 장애인은 자신의 손가락을 감추기 위하여 장갑을 끼거나 주머니에 늘 손을 넣고 다닌다. 이것은 자신의 장애를 숨기려는 심리적 행동이다. 자아인식 프로그램은 자신을 있는 그대로 받아들이기 위한 프로그램으로 타인 칭찬하기, 자기 약점인 신체 부위 자랑하기, 자기소개 등으로 진행된다. 이를 통해 자신의 장애에 대한 인식이 어떤지를 분석하고 자기신뢰를 높여 간다.

장애란 신체적 조건의 일부인데도 대부분 생활에 있어 인격이나 존엄성까지 부정적으로 여겨진다. 자기신뢰는 장애를 가지고 있는 그대로의 모습을 좋아하는 것이다. 장애를 수용하고 자신을 포용하며 긍정적으로 사고하는 것은 무척이나 어려운 일이다. 그러나 자신의 장애에 대한 수용은 주도적 사회생활에 관여하는 동시에 행복하게 살기 위한 자기실현이다. 자신의 장애를 어떻게 느끼고 받아들이고 있는지 먼저 생각해 보고, 다음으로 자신과 사회와의 관계성을 어떻게 안착할 것인지에 대해 생각해 볼 수 있다.

① 자립생활기술

자립생활 기술훈련은 전략적인 훈련방법으로 동료상담을 기본적으로 활용하고 장애에 대한 이해와 경험에서 얻어진 내용을 바탕으로 교육과정을 수립한다. 자립생활 기술훈련은 신변처리, 가정생활, 사회생활의 3개 영역으로 구성되는데, 의사소통기술, 소비자 권리, 생활기술, 가사기술, 주택의 선택과 개조, 가계, 활동지원인 관리, 건강관리, 여가, 성, 이동 등의 훈련이 진행된다. 신변처리 기술로는 의식주와 관계된 생활기술을 익히게 된다. 가정생활 기술은 인간관계 예절, 대화술을 익히게 되고, 사회생활 기술은 금전관리 등 다양한 지역사회 자원 활용에 대하여 습득케 한다. 구체적인 내용은 의사결정, 활동지원인 관리, 신변처리 및 일상생활 관리, 재정관리 등이다(Lachat, 1988). 시설에서는 모든 것이 보호 중심이어서 금전관리나 식단을 짜는 일은 그리 단순하지 않다. 사회생활의 모든 것에는 경험이 필요하다. 보장구를 다루거나 구입하는 일을 비롯하여 다양한 훈련을 통해 지역사회 일원으로서의 적응과정을 꾀하는 일은 매우 중요하다.

② 건강관리

자립생활 프로그램의 중요성은 자기관리에 있으므로, 장애의 특성과 주의 사항, 보건소나 병원, 응급 대응책, 긴급 진료에 대비한 가까운 진료기관 지원 시스템 등을 체계적으로 배우며, 실제 병원이나 보건소를 찾아가 확인하고 체험을 실시한다. 예를 들면, 약물 복용에 있어 꼭 먹어야 할 약과 보조적으로 복용해야 하는 약물의 특성과 효과, 자신의 평균 체온, 구급약 준비, 의학적 기초 상식, 자신의 장애 특성, 응급의료 시의 담당의사 전화번호, 구급차 호출 요령 등을 숙지하고, 실제로 자립생활을 하고 있는 장애인을 방문하여 체험학습을 병행한다.

시설이나 가족의 의존적 환경에서 오랫동안 생활해 온 사람은 건강관리에 크게 신경을 쓰지 않는다. 왜냐하면 자신의 생활 대부분을 주위의 도움 또는 보호 속에서 유지해 왔기 때문이다. 그러나 자립생활을 위해서는 자신의 건강관리가 필수다. 규칙적 식사나 배변 습관부터 건강진단이나 균형 잡힌 식사까지 스스로 관리를 하는 것은 장기적 건강 유지를 위하여 꼭 필요하다.

장애로 인해 식사 제한이나 온도 조절이 필요하다면 그것을 타인에게 요청하여 이해를 구할 필요가 있다. 그리고 긴급사태란 무엇인가를 알아 둘 필요가 있다. 예를 들면, 질병의 징후라거나 병원에 가야 되는 시기를 자신이 판단할 수 있어야 하며 응급사태의 경우 상비약을 어떻게 취급해야 하는지도 알아야 한다. 긴급사태에 대처하는 방법으로 누구에게 제일 먼저 연락할 것인지, 어느 병원에 갈 것인지, 어떻게 하면 응급처치가 가능한지 등을 사전에 알아 두어야 한다.

③ 의사소통

자원봉사자에게 도움을 요청할 때 정확한 지시를 할 수 있으면 쉽고 빠르게 도움을 받을 수 있으나 그렇지 못할 때 서로가 힘든 경우가 많다. 도움을 요청하는 방법,

언어 사용법, 감사의 표현, 실수했을 때의 대책, 문제발생 시 해결방법 등을 체계적으로 배우며 역할극을 통하여 상대방의 입장을 생각해 본다.

④ 가족관계

개인적으로는 가족과의 문제, 크게는 사회 구성원인 인간관계 정립을 위하여 이 프로그램을 실시한다. 통계적으로 보면 처음에 좋지 않은 관계 속에서 시설이나 가정을 나오게 되지만, 시간이 흐르면 문제는 자립생활 속에서 자연스럽게 해결된다. 자립생활을 시작할 때 부모의 마음을 아프게 했던 것이 결과적으로 부모에게 효도하게 되는 것과 같다. 부모나 시설의 책임자를 설득하는 방법으로 자신의 입장을 부모 혹은 시설 책임자와 바꾸어 놓고 생각하면서 역할극을 시도하여 어디에 문제가 있는지 찾아보는 것이 있다. 자신에게 문제점이 있다면 수정하고 선배 장애인의 가정을 방문하여 체험담을 듣기도 한다.

⑤ 금전관리

자립생활 전에는 가정이나 시설에서 모든 것을 관리해 왔기 때문에 돈의 가치나 활용에 대하여 충분히 숙지하고 있지 못하다. 따라서 돈의 가치를 알기 위하여 시장에 가서 자신이 가지고 있는 돈으로 물건을 사 보며 돈의 가치를 직접 체험해야 한다. 기초장애연금이나 복지수당이 매우 열악하긴 하지만 자신의 수입, 즉 부모나 후원자가 주는 돈, 생계비 등 모든 돈에 대하여 장부를 관리하고 효율적으로 돈을 사용하는 방법을 익혀야 한다. 돈의 가치와 중요성, 금전관리의 실제, 통장 개설, 카드의 사용법과 주의사항 등을 체험과 역할극을 통하여 학습한다. 최근 연금이나 각종 수당 등의 지급으로 장애인이 독립된 경제생활을 할 수 있는 조건이 정립되어 가고 있다. 그러나 장애인의 금전관리나 소비생활 능력은 의존적 환경과 격리 생활이 오랫동안 지속되었기 때문에 미숙한 경우를 자주 볼 수 있다. 자립생활을 위해서는 우선 자신의 수입과 지출을 관리하는 일부터 시작해야 한다. 보다 나은 생활을 위해서 장기적 금전관리도 해야 할 것이다. 현명한 소비자가 되기 위한 판단 또한 중요하다. 어떠한 경제생활을 영위할 것인가, 단지 금전관리나 소비 습관의 문제를 해결하는 것에 멈추지 말고 인생을 어떻게 살 것인가 하는 근원적 가치관을 키우며 자립생활훈련에서 소비생활이 반복적으로 평가되어야 한다.

⑥ 주택 임대

자립생활을 이행하기 위한 거주 공간의 확보는 매우 중요하다. 부동산을 찾아가서 상담하지만 이해심이 깊은 집주인이 아닐 경우에는 장애인에게 월세나 전세로 집을 빌려주려고 하지 않는다. 특히 장애가 중증인 경우는 보증인을 세워야 하고, 직장이 없는 장애인이 주택을 임대하기란 쉽지 않다. 보증보험이란 제도가 있으나 이것도 보험금을 정기적으로 내야 하는 부담이 있고, 영구임대아파트가 있으나 대부분 신청하고 1년 이상이 걸려서 입주권이 주어지며 생활보호대상자를 우선하기 때문에 선별적이다. 중증장애인이 자립생활을 하게 될 때 또 하나의 관문은 주택에 입주해서도 입주 장애인이 생활하기 편리하도록 주택을 개조해야 하는 것이며, 주택 개조에 대하여 집주인의 이해를 구하는 것은 고도의 기술이 필요하다.

⑦ 식단 계획

자립생활 프로그램에서 이론보다 실천이 중요한 부분이 이 부분이다. 지금까지 부모나 시설에서 제공해 주는 식사를 통하여 생활해 왔기 때문에 자신의 의사와는 상관없이 표준에 맞추어 생활해 왔다. 모든 식단은 영양사나 부모에 의하여 결정되어 왔다. 식단 계획에서 비록 기능적인 장애로 인하여 자신이 음식을 직접 만들지는 못할지라도 만드는 법을 지시하고 만드는 과정에 함께 참여함이 매우 중요한 의의를 갖는다. 이 프로그램에서는 다양한 메뉴를 계획하고 음식 만드는 법을 지시하고 맛을 보는 식의 요리 실습을 실시하며, 자신이 만든 음식을 직접 시식하고 동료 장애인과 함께 나누어 먹는 과정을 통하여 프로그램이 현실화된다. 물론 식단 계획에 예산 관리는 필수적이다. 즉, 얼마를 가지고 어떤 음식을 만들 것인가에 대하여 계획하는 것이 중요한 것이다.

식생활은 1년 365일, 매일 필요한 것으로 어느 누구에게나 중요하다. 하지만 의존적 생활을 해 온 장애인에게는 건강 유지의 중요성이 의외로 이해되지 않는 항목이다. 시설이나 부모 밑에서 장기간 생활을 하다 지역으로 독립한 장애인이 규제되지 않은 식사를 할 수 있다는 기쁨에 극단적 편식을 하거나 또는 영양에 대한 지식 부족으로 24시간 편의점 등에서 일회용 식품에 의존하는 경우가 많다. 그러나 자신의 손으로는 조리가 불가능해도 식단이나 조리에 대한 지식을 가진 활동지원인에게 직접 지시함으로써 맛을 만들어 낼 수 있다.

⑧ 성

장애를 가졌다는 이유로 연애나 결혼에 대한 두려움을 갖고 있는 장애인이 적지 않다. 자립생활 중에 성적 존재인 자신을 찾는 것은 대단한 도전이다. 성에 관한 부정적 이미지를 없애고, 그 중요성을 바르게 인식하며, 풍요로운 성생활을 보낼 수 있는 것도 자립생활의 요소 중의 하나라 할 수 있다. 성은 자연스러운 것임에도 장애인이 결혼을 하거나 이성 교제를 하는 것에 대하여 사회적으로 편견을 가지고 있는 것이 사실이다. 특히 시설에서 임신중절 수술을 강요하거나 임신 전 진단 등 본인의 의사와는 상관없이 전문가 집단의 판단 아래 인권유린이 행해져 온 것이 사실이다. 이 프로그램에서는 5~6명이 그룹으로 나뉘어 성에 대하여 자유롭게 이야기하고, 이성 교제법, 피임법, 생리, 성병의 치료 그리고 임신과 출산, 장애의 유전, 전문상담 기관 등에 대하여 배우고 토론한다. 기회가 된다면 산부인과 의사나 결혼하여 자녀를 둔 가정의 장애인 부부를 초청하여 이야기를 듣는 것도 좋은 방법이다.

⑨ 자원관리

자원관리는 공식적 자원과 비공식적 자원이 있다. 제도화된 공적자원과 민간자원의 활용에 대해서 살펴보자. 공적자원 관리에서는 장애인 등록제도, 장애등급의 판정, 장애 유형과 등급에 따른 서비스, 생활자금의 융자 제도, 각종 장애인 서비스(각종 세금 공제, 무료 전화 임대, 보장구 지급 제도 등)에 관한 신청 자격과 서비스 대상 내용에 대하여 배운다. 자원에 대한 목록을 작성하여 직접 해당 기관을 방문해 보고 지급 대상에 대하여도 알아보는 등 현실감 넘치는 체험이 필요한 훈련이다. 자원을 파악만 하는 것이 아니고, 그 자원을 효율적으로 활용하는 것이 더욱 중요하다. 예를 들어, 공적인 자원으로 생활보호제도가 있는데, 이 제도를 자세히 배우고 직접 신청서를 작성할 때 어디에 중점을 두고 어떻게 작성해야 하는지에 대하여 구체적으로 학습해야 한다. 따라서 신청서를 시청이나 구청으로 실제로 가지고 가서 작성해 본다. 그리고 신청서를 접수하는 행정직원과 장애인의 역할을 체험해 본다. 여기서 동료 장애인이나 선배 장애인, 동료상담가의 적절한 조언이 추가될 수 있다.

⑩ 활동지원인 관리

활동지원을 해 주는 사람이 현재 있는 경우, 하루 중 아침에 일어나 잘 때까지 언제 활동지원이 필요했던가를 공책에 기록해 본다. 예를 들어, 마루에 떨어뜨린 물건 줍기, 텔레비전 채널 돌리기, 휠체어 밀기, 전화 걸기, 창 닫기 등과 같은 세세한 부분을 활동지원인에게 부탁할 수 있도록 잊지 말고 기록한다. 혼자가 되면 창을 열고 닫는 것을 잊어버려 밤중에 추워서 긴급으로 활동지원인을 부를 수밖에 없는 경우도 생긴다. 작은 일일수록 주의를 기울이는 연습이라고 생각하고 해 보아야 한다.

다음으로 2주간의 계획을 세워 본다. 지역에서 생활할 경우 2주 정도의 식사 메뉴를 생각하지 않으면 물건 사 놓는 것을 할 수 없다. 시설이나 재가와 같은 보호적 환경에서 오랫동안 살아온 사람은 2주간의 계획 세우는 것을 준비 없이 진행할 경우 조금 어려울 수도 있다. 그런 경우 지역에 자립생활센터가 있다면 체험 홈에서 2박 3일 정도 생활체험을 시작해 일주일 이상 체험을 하여, 화장실, 목욕 등 지금까지 가족이나 시설 직원이 해 주었던 신변활동 보조를 처음 만나는 활동지원인에게 받아 보고, 가족이나 시설에서 떨어져 살아갈 수 있다는 자신감을 몸에 익혀야 한다.

⑪ 가족관계

장기간 어쩔 수 없이 가족에 의존하는 생활을 해 왔던 장애인이 자립생활을 맞이하기 위해서는 가족관계를 다시 보고 어떤 관계를 새롭게 만들 것인지를 생각하는 것이 중요하다. 가족과 어떤 관계로 있고 싶은지를 가족에게 의존하지 않고 본인 스스로 깊이 생각하고 그러한 생각이나 결정의 중요성을 알 수 있어야 한다.

가족이 자신과는 전혀 다른 인격이라는 것을 인식하게 되면 가족이 하는 말을 객관적으로 이해하게 된다. 가족이 과잉보호를 하는 경우, 하루나 이틀 정도 친구 집에 머무는 것부터 시작해 서서히 머무는 날을 늘려 부모가 장애를 가진 자녀를 이해하게 하는 것도 중요하다. 가족과 대등한 입장에서 자립생활에 대한 이야기가 오갈 수 있는 단계까지 발전한다면 자립생활로 가는 길은 멀지 않다.

⑫ 사교와 정보

기본적 사회성을 키우는 곳으로부터 멀리 떨어져야만 했던 장애인에게 사교의 장은 풍부한 자립생활을 만들어 가기 위한 필수요건이다. 사교의 장에 자신이 직접 참여하고 때로는 사교의 장을 만들어 내는 주체자로서 접근할 수 있는 것은 자립생활에 있어 중요한 요소다.

제9장
권익옹호

1. 권익옹호의 개념

권익옹호(Advocacy)는 대부분 우리 사회에서 매일 부딪치는 현실에 직면한 문제를 해소하는 데 초점이 있다. 내면적 권익옹호는 장애인의 개별적 변화를 추구하기 위한 역량강화의 학습이며, 외면적 권익옹호는 지역사회에서 장애인이 당면한 문제를 시민운동, 법, 소송, 상담, 요구 등을 통해 해소하는 실천 전략이다. Edward Roberts는 "처음도 권익옹호, 둘째도 권익옹호, 셋째도 권익옹호"라며 지역사회 통합의 시작이자 끝을 권익옹호라고 표현할 만큼 권익옹호를 자립생활 중심 철학으로 강조하였다.

권익옹호 개념은 우리가 일상에서 매일 부딪치는 생활에 관한 것이다. 권익옹호는 자유와 사회 · 정치 · 경제 영역에서 자신의 필요와 관심을 추구하려는 철학적이고 정치적인 교의(敎義)다(Funk, 1986). 보통 사람이 정치 · 경제 · 사회 활동에 참여하기 위해 스스로 자신들의 필요를 옹호하는 것은 당연시되며, 이를 이익집단이라 칭한다. 이익집단은 시민의 필요를 채우기 위한 방법으로 자유와 사회·정치·경제 영역에서 공동체의 질서를 공고히 하는 밑거름이 되어 왔다.

Funk(1986)는 자립생활을 실천하고자 하는 장애인에게 의사소통과 문제해결 기술을 권익옹호로 해석하였다. 이는 정부관계 기관 혹은 정책결정에 대하여 장애인의 욕구를 현실적으로 수립하고 반영하는 기술이다. 자립생활 활동가들은 다음과 같은 권익옹호 지식과 기술을 습득해야 한다(Lachat, 1988).

① 시민의 법적 지위와 권리를 이해하는 것이다.
② 장애 관련 법을 이해하고 각자의 권리와 자립을 실천하는 방법에 대해 학습하는 것이다.
③ 여러 정보와 자원을 제공하는 조직에 대해 정보를 획득하는 일이다.
④ 차별금지에 대한 합리적 배려(reasonable accommodation)와 적극적 조치(affirmative action)에 대한 개념을 명확히 하는 것이다.
⑤ 정부와 지방자치단체, 공공기관에 장애인의 요구와 의견을 개진하는 것이다.
⑥ 개인적 권리를 옹호할 수 있는 능력을 향상시키는 것이다.
⑦ 장애인의 권리침해에 대해 인식하고 적절한 대처방법을 강구하는 것이다.
⑧ 지역사회 환경에서 장애문제 해결 및 의사결정 기술을 적용하는 것이다.
⑨ 기관, 정당 혹은 타인에게 자신의 의사를 밝히고 협상 능력을 키우는 것이다.
⑩ 일자리를 구하고 유지하며, 지속적으로 개인의 삶을 발전시켜 나가는 활동이다.
⑪ 장애인에게 적합한 주거 등 적절한 환경을 획득할 수 있는 능력을 키우는 활동이다.
⑫ 자신에게 주어진 혜택이나 경제적 지원을 획득할 수 있는 능력을 향상시키는 것으로 집단의 상호작용과 공유를 통해 이를 강화하는 것이다.

자립생활 서비스를 원조하는 기관들이 장애인이 평소 살아가면서 겪는 사회적 차별과 열악한 환경에 대응하도록 지역사회 권리를 옹호하고, 개인의 변화를 위해 역량을 키우는 서비스 중 하나를 권익옹호라 한다.

　권익옹호는 삶에 대한 선택권을 누릴 수 있도록 지원하고, 잠재능력을 키우는 방식을 채택한다. 또한 소비자 통제(consumer control)와 신뢰(self reliance)를 키우는 데 초점을 두며, 자신의 삶을 스스로 관장하고 자신의 삶의 질을 개선하기 위해 의존성을 단호히 거부할 수 있는 역량강화에 목표를 둔다(Lachat, 1988).

　권익옹호는 자신의 문제를 효과적으로 해결하고, 자립적 활동을 지역사회에 동기화시켜 자신의 삶의 질을 한층 높여 나가는 참여활동이다. 또한 권익옹호는 이용자의 권익을 대변하고, 사회적으로는 장애인의 부정적 인식을 개선하는 데 있다. 이처럼 권익옹호는 재활서비스에서 제공하는 프로그램과 달리 고유한 차별성을 갖는다. 자립생활센터는 개별적 혹은 집단적 권익옹호 훈련을 실시하여 왔다.

　접근방법은 개인에게 '필요하다'고 인정될 경우, 기관이 장애인 소비자를 대신해 행동에 옮기는 '대변자' 역할을 하는 것이다. 즉, 권익옹호 담당자가 관계기관에 항의 전화를 하거나 중재자로 활동하는 것이다. 개별적 권익옹호에서 법 자율, 독립, 자기결정과 같은 '권한의 이양'을 포함한 전문가 권력을 일부분 장애인에게 이양하는 것도 하나의 전략이다. 집단적 권익옹호는 장애인이 현실적으로 직면한 지역사회 환경과 제도들을 시민의 권리에 걸맞게 변화시켜 나가는 활동으로, 편의시설의 접근, 주거, 이동, 교통 등 시민적 권리를 확보해 나가는 조직적 활동이다.

　권익옹호에는 두 가지의 실천전략이 있다. 한 가지는 장애 관련 정책대안이 될 수 있는 전략을 찾아내고 부당한 문제나 상황을 극복하기 위해 어떤 방법을 사용하는지 알게 하는 것이며, 또 다른 한 가지는 장애문제 해결과정을 통해 이용자의 자기옹호 능력을 고무시키는 일이다.

　권익옹호는 장애인이 당면한 문제를 해결하는 방법, 예를 들면 인권침해 시 구제방법, 법률지원 등을 자립생활센터가 얼마나 협력해 주는지가 관건이다.

　지역사회 실천은 「차별금지법」 이행 여부와 지역사회 편의시설 모니터링, 건축의 장벽, 이동수단, 편의제공, 고용 등에서 지속적으로 모니터링하는 활동이다.

　권익옹호 실천방법론에서는 '의사소통'과 '문제해결' 기술을 훈련한다. 즉, 인간관계 회복과 지역의 변화에 동참하도록 개인을 훈련시키고 참여시키는 것이다. 또한 개인의 역량을 도모하는 방법으로 의사소통을 학습하고, 공동의 문제해결을 위해 함께 노력한다.

자립생활 소비자에게 '권익옹호'는 지역사회에서 행복하게 살아가도록 옹호하는 지속적인 원동력이 된다. 중증장애인은 일상생활에서 매일 부딪치는 생활상의 장애물과 장벽을 제거하는 데 도전한다. 예를 들어, 약국에 경사로를 설치하는 것, 음식점 출입이 가능하도록 하는 것 등 일상의 문제를 찾아내고 부정적인 장애 이미지를 해소하는 데 있다.

권익옹호는 장애인의 욕구를 다른 사람들에게 반영하는 데 있다. 권익옹호는 각 지역에서 서비스의 적격성을 평가하고, 변화의 촉진자 역할을 함으로써 간접적인 지원을 할 수 있다. 권익옹호 담당자는 친구가 없는 장애인에게 동료애를 제공할 수도 있으며, 타인에 대한 의존 상태를 거부할 수 있도록 개인의 역량을 강화한다. 넓은 의미의 권익옹호는 사회질서를 변화시키려는 노력에서 자신의 이해를 공식적으로 드러내는 활동으로, 직접 지역사회의 걸림돌을 제거하는 활동이다.

권익옹호는 장애인의 이해득실만 관철시킨다는 것을 의미하지 않는다. 권익옹호의 핵심은 지역사회의 변화를 추구하고, 장애인과 비장애인이 함께 살아갈 수 있는 질서를 바로 세우는 운동이다. 이는 서비스의 개념이 아니라 시민적 인권을 주장하며 통합을 이루어 나가는 과정이다. 권익옹호는 인권을 전제로 지역주민이 장애인의 정서를 이해하고 함께 살아갈 수 있는 환경을 만들어 가는 것이다. 이러한 활동의 목적은 지역 중심의 사고와 활동이다.

권익옹호는 장애인이 경험하는 억압과 차별, 편견과 동정, 부정적 현실에서 적절한 대응을 모색하는 서비스이며 중증장애인 지원 시스템이다. 권익옹호의 실천방법으로 ① 자기옹호, ② 시민옹호, ③ 체제옹호, ④ 법적옹호 등의 실천 모형이 제시된다.

2. 권익옹호의 모형

1) 자기옹호

자기옹호(self advocacy)는 개인의 권리가 타인으로부터 침해되거나 본인의 권리가 무엇인지 명확히 알도록 지원하는 것 그리고 차별구제, 권리의 획득을 지원하는 것으로 스스로 문제를 해결하는 힘이나 필요한 여러 가지 방법과 정보에 관한 활동이다. 자기옹호는 인권이 침해되거나 위험에 처한 자신의 구제나 권리의 대변 등 비슷한 관심을 가진 사람들이 그룹을 형성하고 공동의 관심사를 표명하는 활동들로 행정부에 대한 시위 활동에 해당된다.

자기옹호는 지적장애인이 자신의 공통적 요구를 확인하고 힘을 키우기 위한 것으로 중앙과 지방행정부에 로비활동이 필요하다. 전국 단위로 조직된 지적장애인(people first)의 자조운동이 이에 속한다(People First, 1996). 또한 자기옹호는 역량강화를 통한 개인의 변화를 추구하는 옹호다. 자기옹호의 목표는 자기의 삶을 주도적으로 이끌고 지역사회 구성원과 관계를 복원하도록 하는 데 있다.

역량강화(empowerment)는 힘의 균형이 강자에서 약자로 옮겨 오도록 권력을 이양하는 '권한부여'를 의미한다. 즉, 전문가의 권한을 장애인에게 일정 부분 이양하는 활동이다. 보통 장애인들은 긴 세월 동안 가족이나 친인척의 보호로 스스로 도전하거나 변화하려는 노력을 상실해 왔고, 주어진 상황에 적응 주도적인 생활을 찾지 못하고 종속적 인간관계를 유지해 왔다. 습관처럼 자신의 삶을 통제하지 못하며, 장벽에 부딪쳐 포기하고, 이에 심리적 손상은 물론 무기력한 삶을 살아가게 된다. 장애의 정도가 심각할수록 제도적·물리적 압박은 커지며, 이러한 장벽을 뛰어넘을 수 있도록 누군가 도움을 제공하지 않으면 그 벽은 점차 높아진다. 이러한 환경을 넘을 수 있는 방법은 적절한 지원체계다.

재활은 장애인의 보호와 지원을 목표로 추구하지만 개인의 위험이 동반된 행위 자체를 수용하지는 않는다. 그러나 권익옹호는 중증장애인이 지역사회의 '위험'에 도전하도록 권장하며, 이를 '거룩한 위험'으로 표현한다. 권익옹호는 장애인이 의존성에서 탈피하여 지역사회 속으로 발걸음을 옮겨 놓을 수 있도록 조력하는 수단이다. 스스로 환경을 제어하지 못하면, 단독 세대를 구성하고 있어도 의존적 생활을 지속하게 된다. 따라서 역량강화는 '위험'을 동반한 적응과 관계개선을 수용하는 데 있다.

역량강화는 생활 그 자체에서 가치를 찾을 수 있고, 훈련의 반복은 환경의 지배에서 벗어나 스스로 관계를 회복하게 한다. 역량강화는 위험을 동반한 행위적 훈련과 실패의 경험에서 구축된다. 즉, 힘이 약한 사람을 어떻게 지원할 것인지에 대한 협력이다. 역량강화 방안은 전문가의 교육과 당사자가 이론을 배우고 체험하는 과정에서 상호관계가 정립될 수 있다.

권익옹호에 대한 '자기결정'은 개인의 시민적 권리, 자신이 살고 싶은 곳을 선택하는 권리이며, 정보에 기반한 자기결정을 내리는 능력이다. 또한 어디에서 누구와 살고, 어떤 직업을 선택하며, 어떤 여가 자원을 선택할지 결정을 내리는 것이다. 지적장애가 있는 사람은 어디에 살 것인가에 관해서보다 음식, 의복, 여가시간에 관해 선택을 하는 경우가 더욱 많다(Wehmeyer & Metzler, 1988).

2) 시민옹호

시민옹호(citizen advocacy)는 타인의 권리가 심각하게 침해될 경우, 자신의 일처럼 다른 사람들의 권리를 대변하는 활동이다. 이는 기회를 뺏기거나 위험에 노출된 집단, 소외계층 등에 의식을 지닌 시민이 공동으로 대응하는 활동이다. 예를 들어, 자원봉사자가 자신의 감정을 직접 전달할 수 없는 지적장애인의 친구 또는 지원자를 대신해 회의 등에 참석하여 발언하는 등 대변자로 의사전달을 지원하는 활동과 유사하다.

이동지원 제도는 지역사회의 접촉 빈도를 높이고 개인의 자유와 사회적 참여를 강화하는 데 도움이 된다. 전동휠체어는 무게가 120kg 내외로 사람의 몸무게와 합치면 보통 200kg 정도가 된다. 때문에 대중교통인 택시나 버스를 사용하는 데 한계가 있다. 이동지원 제도는 장애인의 이동을 지원하기 위해 예약(door to door) 서비스를 제공하고 있다. 이 서비스는 예약된 장소와 시간에 장애인의 이동을 지원하는 것으로 병원이나 쇼핑을 지원하고 집까지 복귀시켜 주는 왕복 서비스 개념이다. 유럽은 대중교통 이용이 불편한 장애인들에게 'door to door' 나 'Paratransit' 제도를 운영하고 있다. 우리나라의 경우 '장애인콜택시' 와 '리프터 콜밴 서비스' 로 운영되고 있으며 일반택시의 1/3 가격으로 사전예약을 하거나 전화예약으로 이용할 수 있다. 대도시의 경우 저상버스가 보급되고 있으나 선택적으로 사용하는 데 제약이 따르고 있다. 지하철의 경우 엘리베이터를 설치하고 승강장과 객차의 유격이 완만하도록 조치하면 휠체어를 사용하는 장애인들이 편리하게 이용할 수 있다. 그러나 엘리베이터가 없는 지하철 역사의 경우 장애인의 접근이 불가능한데, 이때 자립생활센터가 직접 이동서비스를 지원하거나 지역기관에 연계하여 이동서비스를 제공한다. 보다 적극적인 조치는 지하철에 엘리베이터를 설치하도록 개선을 요청하는 활동이다.

　장애인의 정치참여는 비례대표에 의해 장애 국회의원들이 정계에 진출하는 등 최근 활발하게 이루어지고 있다. 우리나라 장애인들의 정치참여는 선진국에 비해 그 역사가 짧다. 그러나 독일의 볼프강 쇼이블레 재무장관, 미국의 루스벨트, 케네디, 레이건 대통령, 영국의 윈스턴 처칠 총리, 캐나다 장 크리스티앙 총리 등 장애를 가진 정치인은 널리 알려져 있다.

　우리나라에서는 2000년 16대 총선에서 장애인단체가 '비례대표 10% 할당' 을 포함한 '장애인을 위한 공약' 을 조직적으로 검증해 각 정당에 비례대표 할당을 요구하였다. 이에 제16대 총선에서 이성재, 이철용 의원이 비례대표로 국회에 진출하였다. 김대중 대통령의 정치적 배경이 장애인 의원을 배려하도록 하였으며, 대통령 자신도 정치 참여의 초석이 되어 왔다. 이후 17대, 18대, 19대 등 세 차례에 걸쳐 치러진 총선에서 장애인 비례대표가 정계에 진출한 성과를 나타내고 있다. 17대 총선(2004년)에서 정화원(한나라당)은 장향숙(열린우리당) 의원과 각각 비례대표 8번과 1번을 추천받아 국회진출에 성공하였다. 정화원 국회의원은 최초의 시각장애인 의원으로, 그리고 장향숙 국회의원은 최초의 휠체어장애인 의원으로 국회에 입성해 장애인차별금지법 발의 등 장애인 복지 정책에 공헌하였다. 이후 18대 총선(2008)에서는 그동안 장애인단체의 정치 세력화에 대한 노력이 결실을 맺어 총 7명의 장애인 비례대표가 배출되었다. 한나라당의 이정선, 윤석용, 정하균 의원이 각각 지역구와 비례대표로 국회에 진출하였으며, 민주통합당에서는 박은수 의원, 민주노동당에서는 곽정숙 의원이 비례대표로 진출하였다. 이들은 재임 중「장애인차별금지 및 권리구제 등에 관한 법률」「장애인 등에 대한 특수교육법」「장애인연금법」「장애아동복지지원법」등에 대해 활발한 성과를 거두었다. 하지만 18대 총선에 당선된 장애인 의원들은 절대적인 수적 우세에도 불구하고, 장애수당이 장애연금으로 변질된 불완전한「장애인연금법」, LPG 지원제도의 폐지 등에 대한 소극적 대응과 장애계와 단합된 의사소통이 부족했다는 평가를 받았다.

지역구에서 거듭 당선된 심재철 국회의원을 포함한 총 8명의 장애 정치인이 18대 총선에서 활약하였다. 2012년 19대 총선에서는 새누리당 김정록 의원과 민주통합당 최동익 의원이 비례대표로 정계 진출에 성공하였으나, 18대 총선에 비해 장애인 비례대표 국회의원들이 대폭 감소되고 공천에 있어 부진한 성적을 보였다. 그러나 장애인단체의 활동과 상관없이 지역구 출신으로 심재철, 이상민 의원은 꾸준한 정치활동을 통해 지역구에서 다선 의원으로 활약하고 있다. 장애인단체는 그동안 장애인 당사자의 정치참여 활동을 위한 총선 연대조직을 결성하고, 공약을 개발하는 등 꾸준한 노력을 보여 왔다.

장애인의 정치참여는 장애 비례대표로 정계에 진출하는 데 성공하였으나 장애단체를 아우르고 지속적으로 정책을 개발하며 입법하는 활동에서는 기대에 미치지 못하였다. 이러한 평가들은 비례대표로 국회에 진출한 장애를 가진 의원들이 집단적 정치 성향을 벗어나지 못하고, 장애계의 대표성을 확고히 지키지 못하였음을 지적하고 있다.

장애와 정치는 어울릴 것 같지 않다고 했던 시각들이 있었지만 장애는 조금씩 정치와 관련을 맺어 가고 있다. 이러한 정치참여 운동은 최근 몇 년 사이 연합조직으로 '한국장애단체총연맹'의 결성을 이끌었고, 그 역할로 장애인 비례대표 배정을 주장하였다. 그리고 총선연대를 제안하고 정치적 이슈를 개발하였다. 특히 장애인단체 '총선연대'를 조직하며 정치 일선에 나설 수 없는 대중을 대표하여 장애 정치인을 발굴하고, 공약을 주도적으로 만들어 나갔다는 점에서 긍정적 평가를 받고 있다. 장애인의 정치참여에 대한 꿈은 빠르게 확산되었고, 의미 있는 성과로 나타났으며, 이로 인해 장애인계의 숙업사업들이 차례로 세상에 빛을 보기 시작하였다. 예를 들어, '저상버스'가 도입되었고, 새롭게 짓는 건축물들은 장애인 편의시설 준공검사 전 사전검사를 받도록 변화되었다. 또한 장애청소년의 고등교육의 기회가 넓혀졌다. 즉, 시민옹호는 장애인의 사회적 참여를 가져오도록 했으며 그 결과를 반영하여 왔다.

3) 체제옹호

체제옹호(system advocacy)는 동질집단이나 독립적 시민들이 비슷한 요구를 가진 사람들의 권리를 집단으로 주장하는 활동이다. 그동안 정부 예산을 지원받는 단체들은 장애운동에 보수적으로 가담해 왔다. 그러나 한 뇌성마비 장애인은 누드 시위를 통해 장애의 이슈를 만들어 왔고, 또한 한 여성장애인은 누드 사진을 인터넷에 공개하여 장애여성의 신체적 아름다움의 다양성을 표현하였다. 이러한 퍼포먼스는 장애인임을 부끄러워하지 않고 자신을 과감하게 노출하여 사회적으로 장애를 호소하고 집단의 요구를 알리는 데 이용되어 왔다. 그리고 이와 같은 노력들로 장애인을 하나의 시민으로 인식시켰고, 정치적으로는 하나의 집단으로 공인되는 결과를 가져왔다. 이는 문화적으로 장애를 수용하고 있는 변화 중 하나다. 장애여성의 누드 시위는 성 문제가 아닌 억압받은 여성장애인의 정서를 반영하여 문화적 가치로서 장애운동의 불씨가 되었다. 이러한 과정들은 풀뿌리 장애운동의 사회적 성과라 할 수 있다.

장애의 부정적 이미지는 뿌리 깊은 태도의 벽을 넘어서지 못하고 있다. 차별을 완화하고자 차별금지에 관한 법을 만들고 인식개선 교육을 시행하지만, 저변에 깔려 있는 부정적 이미지는 잘 변화되지 않는다. 사회적 차별은 반복되고, 장애인의 참여는 제한적이다. 그럼에도 장애운동의 결과는 장애인복지 정책과 예산에 잘 반영되어 왔다. 기초장애연금, 국민기초생활보장, 장애인 활동지원, 의료보험의 보장구 지원 등 일련의 장애정책은 운동의 성과들로 나타났다. 그러나 장애운동은 어느 한 곳에 집중할 수 없도록 그 범위가 확장되었다. 교통, 교육, 노동, 정치, 문화 등 범사회적 영역에서 운동이 가속화되었고, 장애인복지 개선에 정치권은 부담을 안게 되었다.

장애운동은 시민단체와의 연대도 희박하고, 목표도 모호하며, 예산 투쟁에만 전념한다는 지적이 있다. 장애인단체들은 정부나 지방자치단체의 예산을 지원받고 있으면서 예산 투쟁을 벌이고 있고, 통합을 주도하는 중앙단체들도 정부의 지원에 의존하기 때문에 복지사업이나 서비스를 받아내는 수단으로 전락하여 왔다. 운동의 역량은 부족하고, 의사소통에서도 방향성이 흩어져 가고 있다. 그동안 장애운동은 진보하여 왔고, 운동의 영역도 시민운동의 진영에 하나의 세력으로 안착해 왔다. 그러나 복지 서비스 확장에만 취중하다 보니, 어느새 정치적으로 고령사회의 또 다른 목소리가 더 탄력을 받게 되었다. 투표에서 노인층의 욕구를 정치적으로 대변하게 된 것이다. 장애인들의 급진적 요구를 수용하지 않을 수 있는 시대가 성큼 다가온 것이다. 장애운동은 장애인복지 영역의 확대에만 치중할 것이 아니라, 장애인에 대한 부정적 인식과 태도를 자연스럽게 성숙시켜 나가는 체제옹호가 필요한 시점이다. 체제옹호는 시민교육, 평생교육 측면에서 장애정책을 개발하고 확장시켜야 할 것이다.

첫째, 장애운동의 정체성이 요구된다. 정체성 없는 운동은 출발점을 알 수 없어 그 지향점이 모호해질 수 있다. 여성운동, 흑인운동, 동성애자운동 등 여타의 소수자 운동만 보더라도 그 시작은 정체성 논쟁에서부터 출발되었다. 우리나라의 장애운동은 아직 정체성에 대한 논쟁을 제대로 거친 적이 없다. 그럼에도 장애운동은 지속적으로 이어지고 있다.

둘째, 장애운동에 관한 철학이 요구된다. 장애 관련 학문으로는 사회복지학, 특수교육학, 직업재활, 특수체육학 등이 있다. 사회복지학은 장애인을 복지서비스의 대상으로, 특수교육학은 교육의 대상으로, 직업재활은 고용이나 직업에 접근하는 방법을 모색하는 학문이다. 전문종사자들은 장애인의 경험과 자기결정권을 무시하거나 장애인을 대상화시켜 적절하게 통제하는 기능을 수행할 수 있다. 따라서 장애학(disability studies)을 도입하여 장애인의 삶의 질 제고와 운동의 토대를 제공하여야 된다.

셋째, 실효성 있는 입법을 추진해야 한다. 실효성 있는 입법을 위해 장애인과 시민의 공감대를 형성하고 시민사회 단체의 지지를 확보하는 것도 잊지 말아야 한다. 운동이란 현실을 정확하게 진단하고 대중적 고통을 찾아내는 활동이다. 연대에 실패한다면 현실적 대응력이 떨어질 수밖에 없다. 장애운동은 '아름다운 연대'와 '진실한 소통'이다.

정치참여는 정치세력화가 강조된다. 정치세력화는 사회와 조직, 환경에 대한 통제력의 증가다(Cohen, 2001). 또한 개인이나 사회 그리고 정치적인 힘을 증가시키므로 개별적 상황을 향상시키는 과정이다(Gutierrez, 1990).

정치세력화는 장애인을 '대상에서 주체'로의 전환하는 것을 의미하며, 결정권과 선택권이 직접적으로 옮겨 옴을 의미한다. 개인의 경험과 사회적 보편성은 조직화되기 전까지는 특별한 정치적 의미를 갖기 어렵다. 그러나 사회변화의 필요성과 당위성에 대한 공감대가 형성되고 운동이 당사자에 의해 추진되면 정치활동이 된다. 장애인의 정치적 참여는 운동이다. 당사자주의를 표방하고 있는 사회운동은 사회적 권력에 대한 저항이 아니라 지배사상에 대한 저항이다. 이를 개선할 수 있는 방법은 민주주의 사회에서 정치적 역량을 키워 그 권리를 회복하는 것이다.

장애인복지의 발전은 장애인을 서비스의 대상으로서가 아니라 주체로 인식했을 때 가능하다. 따라서 장애 대중이 정책수립 과정에 참여하고 결과를 평가하는 데 보다 적극적이어야 한다. 정책결정 과정에서 배제된다면, 이는 집단적 혹은 주체적 존재로 인식되지 못한 결과다. 장애인복지 정책의 수립 시 장애인이 직접적으로 참여할 때 변화가 온다는 점을 인지해야 한다. 따라서 정치참여는 모니터링 기능을 강화할 필요가 있다. 정책들이 제대로 시행되려면 감시가 필요하며 평가자로서의 역할을 수행할 의무가 있기 때문이다. 즉, 정부의 정책과 제도의 시행에 있어 소비자로의 권리적 자세를 갖추어야 한다.

종합하면 어느 조직의 구호처럼 연합(unity), 영향력(impact), 관계성(relationship)이 체제옹호라 할 수 있다.

4) 법적옹호

법적옹호(legal advocacy)는 개인의 문제를 전체로 확대해 가면서, 법적 · 제도적 변화를 시도하는 활동이다. 장애인은 전문가의 권한이양으로 협력적 관계가 성립된다. 예를 들면, 인권침해에 직면하고 있는 장애인에 대해 '차별금지 및 권리구제'와 같은 정당성이 마련되었다. 즉, 법적옹호는 변호사나 의사 등의 전문가들이 협상과정에서 장애인을 대변하고 보장된 권리를 행사하도록 조력하는 옹호활동이다.

협상은 정책이나 제도가 미성숙한 경우 적절한 시점에서 쌍방이 합의하도록 전문가들이 조정하는 활동이다. 협상은 대체로 다음의 경우에 전략적으로 추진된다.

- 문제해결을 위해서 신뢰할 만한 시스템이 존재하지 않는 경우
- 이용자가 이용할 수 있는 효과적 강제력이 없는 경우
- 이용자가 협상 이외의 방법을 취할 경제적 혹은 시간적 여유가 없는 경우
- 소송에 만족할 만한 효과를 얻지 못할 경우
- 행정기관이나 상대에게 무엇이 바른 접근 방법인지 납득시킬 필요가 있는 경우

법적옹호 사례는 「미국장애인법(ADA)」이 대표적 사례다. 부시가 법안에 서명한 1990년 7월 26일, 모든 미국인은 '장애를 이유로 차별하는 것은 위법'이라는 사실을 알게 되었다. ADA를 손에 들고 읽은 시민은 극소수이지만 그날은 ADA를 뉴스로 접함으로써 사람들의 행동이 변화된 순간이다. 이 법률은 ADA가 아니라 「장애에 기초한 차별의 명확하고도 포괄적 금지를 규정한 법률(An act to establish a clear and comprehensive prohibition of discrimination on the basis of disability)」로 그 성격을 명확하게 표현하고 있다. 미국은 이미 1973년에 장애차별을 금하였다. 하지만 「재활법」 504조에 장애차별을 금지하는 조항이 있음에도 새로운 그릇에 장애시민을 담아내었다. 그리고 그를 통해 시민의 권리(civil rights)를 이해하는 것이 ADA 정신이라는 것을 알게 된다. 장애를 가진 사람도 법 앞에 평등하고 법률적으로 보호되며 또한 시민의 권리가 보장된 사람이라는 것이다. 그러나 ADA가 제정되기 전까지 장애가 있는 사람들(persons with disabilities)은 법적인 미국 시민에 포함되지 않았다.

3. 권익옹호와 역량강화

　장애인의 자립생활은 역량강화와 관계된다. 역량강화는 손상된 심리치료를 통해 자신의 삶을 주도적으로 이끌고 지역사회 구성원과 관계를 회복하도록 지원하는 기술 중 하나다. 그리고 이를 '권한 부여' 혹은 '힘의 균형이 강자에서 약자로 옮겨 오는 것' 으로 설명한다.

　촉진자 관점에서는 역량강화를 사람과 환경 가운데 생길 수 있는 생활문제에 초점을 두고, 생태학적 관점에서는 인간에 대한 직접적인 원조와 동기유발을 찾고 있다. 이처럼 생태학적 관점은 공급자 주도형에서 수요자 주도형으로의 전환을 뜻하며, 이용자가 무엇을 필요로 하고 있는가에 대해 질문한다. 재활에서는 결정권이 전문가 영향력에 의해 좌우되나, 역량강화는 '선택권' 을 제시하여 전문가와 가족, 장애인이 협력하여 목표를 결정하고, 목표 실현을 위해 협력이라는 관계를 통하여 장애가 있는 사람과의 관계성에 의한 민주화 · 주체성 · 독립성의 회복을 추구한다.

　역량강화의 원칙은 ① 인권, ② 지역사회 복귀, ③ 삶의 질 향상, ④ 역량강화, ⑤ 관계성의 확보다.

　자립생활에 대한 역량강화 훈련은 자조집단 활동과 권리옹호 활동을 통해 이루어지며, 때로는 동료상담이나 특별히 기획된 학습에 의해 이루어진다. 동료상담은 체험을 경험한 동료가 장애인의 심리를 이해하고 정보나 생각을 나누는 것이다. 이는 자신의 억제된 감정으로부터의 '자기차별화' 에 대한 '신뢰와 존경' 을 의미한다.

　자조운동은 평등, 공민권, 반전, 소비자, 환경보호, 탈시설과 같은 시민운동과 상호 연결되며 정상화를 반영한다. 자조집단 활동은 병원, 시설, 학교 등의 다양한 장소에서 자치회의 활동, 장애인이 교류할 수 있는 장소를 확보하고, 전화와 컴퓨터를 통해 매주 만날 수 있는 활동을 추진하며 필요한 정보를 지원한다. 역량강화를 위해서는 자유롭게 만날 수 있는 집단 활동, 개방적인 만남의 기회, 다양한 장소에서의 새로운 지원 활동이 필요하다. 또한 전문가, 일반시민, 자원봉사자와 같은 지원조직을 만들고, 사회적 지지 운동을 펼칠 필요가 있다. 그 밖에도 생활기능의 학습, 장애를 가진 선배의 가정 방문, 외국 여행도 소중한 기회가 된다.

　　장애인의 역량강화에는 교육이 중요하고, 당사자가 이러한 이론을 배우고 체험하는 과정에서 보다 성숙한 관계가 정립될 수 있다. 다음과 같이 역량강화를 위한 지적장애인 지원 원칙은 자립생활을 지원하는 과정에서 원조자가 가져야 할 수칙이다 (People first, 1996).

① 당사자가 말하고 싶은 것을 귀담아듣는가? 혹은 경청하기보다는 자신의 의견을 강요하고 있지 않는가?

② 당사자의 성향이나 특성을 파악하고 있는가? 혹은 '장애' 나 '한계성' 만을 보고 있지 않는가? 그것을 문제로 삼고 있지는 않은가?

③ 당사자에 대한 자신의 행동이나 감정을 규칙적으로 점검하고 있는가?

④ 당사자에게 지원활동을 할 때 이해의 충돌은 없는가? 혹은 어디서인가 욕구를 관리하고 있지 않는가?

⑤ 당사자에게 지원활동을 할 때 당사자가 적극적인 역할을 할 수 있도록 장려하고 지원하는가?

⑥ 당사자에게 지원활동을 할 때 집단의 단결이나 개인의 성장을 존중하며 인정하고 있는가?

⑦ 폭넓은 정보를 이해할 수 있도록 지원하고 있으며, 당사자 시점에 입각한 협력자를 길러 내고 있는가?

⑧ 당사자의 노여움을 활용해서 개인의 성장과 사회 변화에 용기를 가질 수 있도록 하고 있는가?

⑨ 당사자가 나의 생각에 대하여 의문이나 부정적인 반응을 보이는 것 등에 대해 권위 있는 지원자로 보이지 않게 태연할 수 있는가?

⑩ 당사자나 지원자도 실수나 착각을 일으킬 수 있는 인간이며, 많은 문제를 안고 있음을 수용하고 있는가?

1) 역량강화 모형[1]

역량강화에서 이용자와 서비스 제공자의 관계 설정을 정립할 필요가 있다. 이는
① 전문가 모형, ② 이식 모형, ③ 소비자 모형으로 도식화([그림 9-1] 참조)할 수 있다
(Cunningham & Davis, 1985).

(1) 전문가 모형(expert model)

지식, 기술을 소유하는 존재로 장애인 및 가족에 대해서 생각을 통제하거나 그들
을 대신해서 결정을 내리는 것이다. 이 모형은 전문가가 정보를 선택하고, 또 요구되
고 있다고 느끼는 정보만을 제공하는 상태가 된다. 장애인이나 그 가족의 생각과 감
정을 고려하거나, 서로 간의 관계나 교섭의 필요성을 존중하거나, 정보를 서로 나누
는 일은 낮은 순위에 놓이게 된다.

(2) 이식 모형(transplant model)

전문가가 자신들을 전문지식과 기술을 가진 주체로 간주하는 것은 전문가 모형과
마찬가지이나, 장애인이나 그 가족의 힘을 인식하는 태도는 조금 다르다. 이 모형은
전문지식과 기술 부분이 장애인이나 그 가족의 보호 속에 이식(transplant)되고 열매
를 맺는다. 치료사가 뇌성마비 아동의 부모에게 훈련방법을 제공하는 것, 교사가 발
달장애 아동의 부모에게 교육방법을 전달하는 것 등을 들 수 있다. 그리고 전문가는
장애인이나 그 가족으로부터의 피드백을 받는다. 이 모형을 적용할 경우, 전문가에
게는 새로운 기술이 요구된다. 즉, 가르치는 기술 또는 장애인가족과 전향적이고 적
극적인 관계를 만들고 유지하는 기술이 요구된다.

---

1) 이경희 역(2003)에서 일부 발췌함.

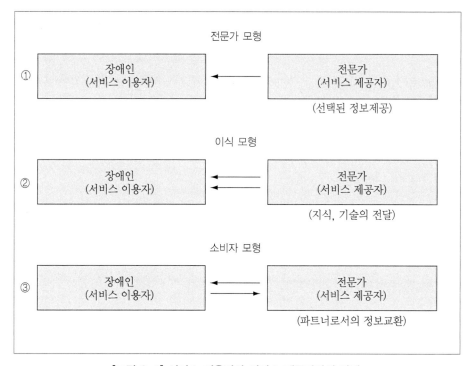

[그림 9-1] 서비스 이용자와 서비스 제공자와의 관계

출처: Cunningham & Davis(1985)에서 발췌함.

(3) 소비자 모형(consumer model)

전문가가 장애인 및 가족을 소비자로 보는 것이다. 장애인과 그 가족은 전문가와의 관계에 있어 방침 등의 결정이 궁극적으로 장애인이나 그 가족의 통제에 의해 이루어진다. 전문가의 역할은 가족에게 선택하는 데 필요한 정보를 가능한 한 많이 제공하는 것이다. 이 모형에서 전문가는 장애인이나 그 가족을 존중하고, 그들의 능력과 전문성을 인정해야 한다. 이식 모형에서 전문가는 자문가(consultant)나 지도자(instructor)로서의 역할을 하는 반면, 소비자 모형에서 전문가는 당사자의 사고방식, 목표, 기대, 현재의 상황 등에 귀를 기울이고 그것을 이해해야 한다. 그리고 장애인이나 그 가족이 현실적으로 효과적인 결정에 도달할 수 있도록 원조한다.

전문가의 힘이란 그 지위에 의해 결정되는 것이 아니라 서로 의논하며 결정해 가는 과정을 확립하고 해결책을 끌어내는 것이다.

　종래에는 전문가가 관리와 결정의 주도권을 가지고 있었다. 그래서 필요하다고 생각하는 정보를 선택해서 제공해 왔다. 하지만 앞서 언급하였듯이, 소비자 모형에서는 장애인 및 그 가족을 소비자로 파악한다. 이제 전문가의 역할은 장애인과 그 가족이 자신들의 결정을 내릴 수 있는 선택의 폭을 갖게 해 주는 것이며, 또한 그것들을 충분히 활용할 수 있도록 정보나 구체적인 서비스를 제공하는 것이다. 지금까지 살펴본 세 가지 모형 중 소비자 모형이 장애인의 역량강화에 적합하다.

2) 역량강화의 자기평가

　역량강화 프로그램을 설계하는 데 있어 가장 우선해야 할 것은 현재 얼마나 역량이 강화되어 있는지를 평가하는 일이다. 역량강화 사다리를 활용하여 보다 높은 단계로 역량강화될 수 있도록 프로그램을 평가할 수 있다. [그림 9-2]에서 보여 주는 역량강화 사다리는 자기결정권 평가 시 중요한 참고 자료가 되며, 전문가는 자기수정에도 적용할 수 있다.

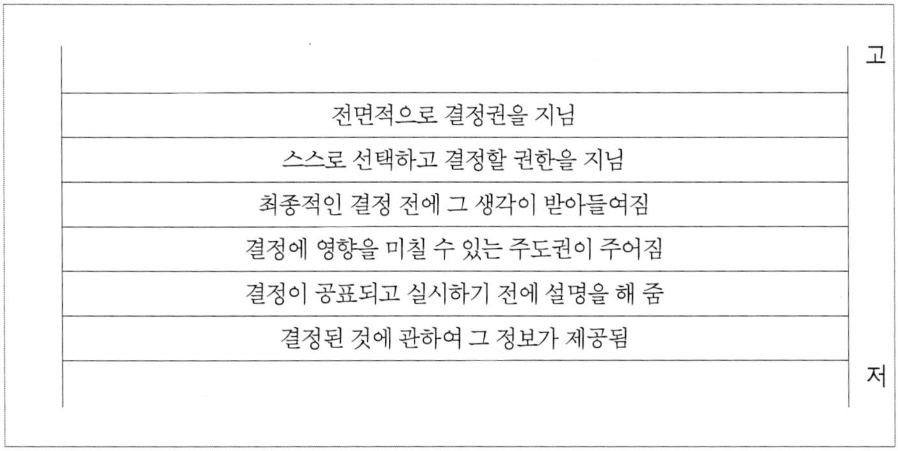

고
전면적으로 결정권을 지님
스스로 선택하고 결정할 권한을 지님
최종적인 결정 전에 그 생각이 받아들여짐
결정에 영향을 미칠 수 있는 주도권이 주어짐
결정이 공표되고 실시하기 전에 설명을 해 줌
결정된 것에 관하여 그 정보가 제공됨
저

[그림 9-2] 역량강화 사다리

출처: Sharkey(1995).

3) 역량강화의 발전 모형

역량강화의 발전 모형([그림 9-3] 참조)은 장애인이 자기 자신을 좋아하게 됨으로써 다른 사람에게 좋은 영향을 미치고, 다른 사람이 그 장애인의 힘을 인식하게 됨으로써 더욱 자신감을 갖게 되는 것이다. 이 모형에서는 주장적 접근(assertive approach) 방법이 강조되고, 단순히 말로만 하는 것이 아니라 상대방에게 맞서서 자신들의 요구를 이해시키고 기술 등을 학습해 가는 프로그램이다.

이와 유사한 프로그램으로 자립생활 서비스의 기초 내용을 가지고 개발되었으며 미네소타 대학교에서 실시하는 청소년 권익증진을 위한 자기옹호 프로그램(self-advocacy program)을 들 수 있다. 이 프로그램은 장애인 스스로가 말하고 행동하는 것으로 리더십을 양성한다는 내용으로 이루어져 있으며, 중증장애인도 스스로 배우고 가르칠 수 있도록 교육 구성이 맞추어져 있다. 자기옹호 프로그램은 개인별 프로그램으로 진행하되, 장애인의 의사가 그대로 반영되고 결정되도록 하루의 생활과 미래의 삶에 대한 결정권을 행사하도록 되어 있다. 따라서 중증장애인의 권익옹호는 장애인의 노력, 기관의 협력, 가족과 사회구성원의 이해와 도움이 함께 이루어질 때 가능하다.

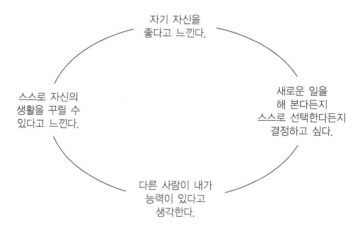

[그림 9-3] 역량강화 발전 모형

출처: Downes(1995).

4) 장애인의 역량강화 사례

런던장애인협회는 런던 시 32개 구의 장애인단체로 조직되어 있고, 각각의 구역에 있는 단체는 독립적으로 활동하고 있다. 이 단체의 목적은 장애인의 역량강화를 촉진하는 것이다. 이 단체는 각종 캠페인, 정보제공, 교통문제 등과 관련한 자기옹호 프로젝트를 진행하는데, 특히 장애청년들을 표적으로 한 역량강화 학습 프로그램으로 이루어져 있다. 프로그램 교재는 처음에 자신들이 긍정적 혹은 부정적으로 느끼고 있는 생활 속의 실례(實例)를 들고, 다음으로 장애인의 능력을 약화시키는 목록을 제시하여 그들이 어떤 태도와 행동을 하고 있는가에 대해 예시를 들도록 한다. 그리고 '어떻게 하면 좋은가?' 혹은 '만일 당신에게 그런 일이 일어난다면 어떻게 할 것인가?'를 논의한다. [그림 9-4]에서는 '경사로'와 '계단'을 소개하고, 역량강화가 왜 중요한지에 대해 집단토론한다.

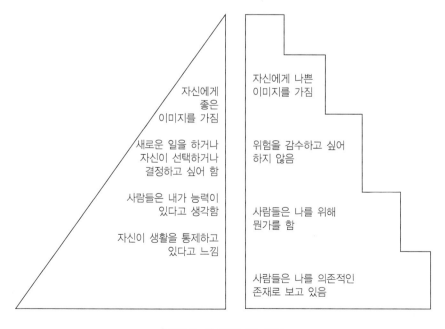

[그림 9-4] 경사로와 계단

출처: Downes(1995).

5) 역량강화 학습

국제재활협회(Rehabilitation International)의 영국 지부는 전국의 가맹 조직이 네트워크로 운영되고 있다. 이 협회는 교육, 고용, 이동, 건강 및 사회서비스, 주택, 접근, 레저시설, 사회보장 등의 다양한 분야에 걸쳐서 활동하고 있으며, 각종 조사의 실시 및 장애인의 권리에 관해서도 적극적으로 캠페인을 벌이고 있다. 이 협회에서 발간한 『장애인의 생활기술 교재』에서는 현재 역량강화 형성의 차이에 대해 〈표 9-1〉과 같이 설명하고 있다.

장애인들은 '우리'의 '신념'에 근거하여 행동하고, '자기 자신의 향상' '학습' '인간관계' '업무 및 여가 활동'을 포함하는 '기술'을 가질 필요가 있다. 그것은 '자기 역량강화'와 '역량을 강화시키는 시스템'을 형상화하는 것이며, '생활상의 역할'

〈표 9-1〉 **역량강화 형성 유무의 차이**

역량강화되어 있음	역량강화되어 있지 않음
변화에 개방되어 있음	변화에 폐쇄되어 있음
주장적	비주장적 혹은 공격적
자기책임	타인을 비난
자기의 지시	타인의 지시
감정을 사용함	감정을 인식하는 일에 실패
실패로부터 배움	실패에 의해 약해짐
문제에 직면	문제를 회피
현재에 살고 있음	과거나 장래에 의지함
현실적	비현실적
상대적인 사고방식	절대적인 사고방식
대체할 것을 찾음	터널적인 견해
자신을 좋아함	자신을 싫어함
다른 사람을 가치 있는 존재로 봄	다른 사람을 부정함
타인의 욕구에 유의함	이기적
세계에 관심	자기중심
균형 있는 생활양식	타인을 제외한 생활의 장
타인의 생활을 고양시킴	타인의 생활을 제한함
통제함	타인은 전문가라고 결정짓고 관계함

출저: Fenton(1989).

을 적절하게 수행하게 한다. '학습'은 정보를 찾아내는 기술이나 경험에서 배우는 것을 말하며, '인간관계'란 주장, 의사소통, 피드백 등을 들 수 있다. '업무와 여가활동'으로는 시간 관리의 기술, 유지기술, 여가기술, 취업기술 등이 있다.

자립생활에 있어 역량강화란 자기결정을 하는 기술, 감정과 갈등을 적절히 관리하는 기술, 비통한 일이나 사별 등에 의한 상실의 대처방법을 포함하고 있으며, 자기 자신의 통제 그리고 생활의 통제를 보다 증대시켜서 자립도를 높여 가는 과정이다. 역량강화는 시스템을 변화하는 데 적극적이며, 활동적이고, 책임을 가지고 개인의 욕구를 해결하기 위해 융통성을 강조하고 있다([그림 9-5] 참조).

자립생활을 이루기 위한 역량강화의 과정은 자기가 스스로 조절하고 결정할 수 있는 관계적 삶 속에서 이룰 수 있는 체험이라 할 수 있다. 활동지원 서비스를 통하여 관계적 삶을 살아갈 수 있고, 이러한 관계적인 삶이 자기혁신과 자립생활의 성취로 나타날 것이며, 결국 서비스는 역량강화에 효과를 나타낼 것이다.

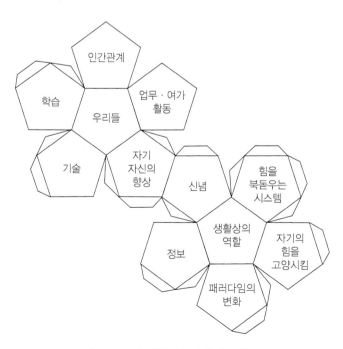

[그림 9-5] 생활기술의 입체 모형

출처: Fenton(1989).

제10장
자조집단

1. 자조집단의 이해

1) 자조집단의 유래

지역사회의 '작은 모임'을 표방하며 결성된 조직이 자조집단(self-help group, mutual aid group)이다. '자조'는 인간이 자신의 문제를 스스로 해결하고자 하는 노력으로, 자조집단은 경험을 공유하고 개인적·사회적·정치적 변화를 도모해 왔다.

자조집단은 1930년대 알코올중독자모임을 시작으로 그 역할을 주목받기 시작하였으며, 시민, 복지, 여성, 장애인, 소비자, 환경 등을 주제로 '신자조' 운동을 활성화하였다(Moeller, 1996; Theunissen & Plaute, 2002). 자조집단의 개념은 정서적 지지와 재정적 원조를 통해 공통의 문제를 해결하고자 결성된 소수의 모임으로 경험적 지식이 공유되는 가치다(Kartz & Bender, 1976).

자조집단은 건강·보건 영역 등에서 활발하게 진전되었는데, 특히 보건영역에서 질병 치료, 의료기술, 의료서비스에 전문가들의 노력이 집중된 반면, 환자나 가족들은 치료에 대한 다양한 대안을 찾고자 노력하였다(Asam, Heck, Knerr, & Krings, 1989; Cloerkes, 2001). 의사와 환자의 관계에서 의사는 임상에서 공인된 방법에 대하여 집도하고 환자와 가족들은 다양한 치료적 동기를 찾게 되었다. 현대사회의 심리적·사회적 상실과 산업화 과정에서 나타난 빈부격차, 인구사회학적 변화와 사회안전망의 약화 등에 따라 자조집단이 자연스럽게 강조되고 있다(Kampen & Vogt, 1996).

자조집단의 가치는 신뢰, 희망, 연대로 파트너십을 강조한다. 이러한 소집단 활동은 인간의 삶을 토대로 고립감을 제거하기 위한 연대감을 형성함으로써 자율, 자기결정, 학습, 자아발견, 자기능력을 강화하고 실현하는 데 도구로 사용된다.

첫째, 자조집단 구성원들은 동일한 상황에 처해 있는 사람들과의 교류를 통하여 자신의 현재 상태에 대한 지식을 획득한다.

둘째, 동일한 처지에 있는 사람들이 성공적으로 살아가는 방법에 대한 대처기술을 학습한다.

셋째, 유사한 경험을 공유한 사람들과의 의사소통을 통해 동기와 지지를 획득한다.

넷째, 동일한 상황에 처해 있는 사람들과 공유를 통해 집단 내에서 성공적 문제해결 방법을 모색한다.

다섯째, 구성원 개인이 갖고 있는 상황에 대한 지식이나 대처기술 등을 구성원들 간에 공유와 환류(feedback)를 통하여 변화를 인식하고 재평가한다.

여섯째, 개인과 모임을 동일시하고 소속감의 확보로 소외와 고립을 최소화한다.

일곱째, 자조모임을 통하여 다른 사람에 대한 이타적(利他的) 관심과 상호작용의 경험을 얻는다.

2) 자조집단의 역할과 기능

자조집단은 공동의 욕구를 충족하기 위해 동료 간 지원, 장애나 일상생활을 방해하는 여러 가지 문제를 이끌어 내고자 노력하였다. 자조집단의 특성으로는 ① 대화중심의 소집단, ② 공동의 문제해결, ③ 회원 중심, ④ 상호부조, ⑤ 개방적 활동, ⑥ 자기변화, ⑦ 자율성과 연대, ⑧ 제한적인 전문가의 개입이 있다(Varela, 1979).

자조집단은 자신의 경험을 공유하고 원조하는 집단이며, 공통의 관심을 가진 사람들이 경험을 나누고 성장하는 당사자 주도형 집단으로 인지적 태도와 행동의 목표를 달성하기 위한 수단이다(김수진, 1996).

자조집단에는 두 가지의 형태가 있다. 첫째, 특정한 문제나 조건을 가진 사람들로 사회적 박탈을 경험한 금주동맹(Alcoholics Anonymous: AA), 환우모임(Recovery, Inc.) 등의 집단이다. 둘째, 알코올중독자모임, 알코올중독자자녀모임(Alateen), 장애인부모회(Parents of Retarded Children)와 같이 조건이나 문제를 가진 사람들의 친구나 가족으로 구성된 집단이다.

Grunow(1998)은 자조를 개인적 자조와 사회적 자조로 구별하였다. 개인적 자조는 제한적 상황에서 개인이 스스로 문제를 해결하고자 하는 것이지만, 혼자 행하는 것만을 의미하지 않는다. 개인뿐 아니라 원조자나 '활동지원인'의 지원을 받으며 자조를 실천하는 것도 개인적 자조행위에 포함된다. 사회적 자조는 비전문적 단화에 의한 비공식적 원조를 통해 문제해결을 도모하는 것이 보통이다. 유사한 문제성을 안고 있는 개인들은 자발적 의지를 가진 사람들의 연대를 통해 문제해결을 모색한다.

자조집단은 집단상담, 비공식적 원조를 통한 문제해결, 상호부조, 개방적 활동, 자기변화, 자율성과 연대, 비영리, 무계급, 최소의 전문가 개입이 원칙이다. 이러한 개입기술에는 ① 감정이입(empathizing), ② 상호공감(mutual affirmation), ③ 대화(explanation), ④ 공유(sharing), ⑤ 사기 진작(morale building), ⑥ 자기표출(self-disclosure), ⑦ 긍정적 강화(positive reinforcement), ⑧ 개인적 목표설정(personal goal setting), ⑨ 정화(catharsis)가 활용된다.

자조집단의 영역은 ① 노동, ② 생활환경, ③ 여가 · 교육 · 문화, ④ 차별, ⑤ 불평등, ⑥ 장애와 질병 영역으로 구분하였는데, 이러한 영역은 ① 경제 및 노동, ② 교육 및 문화, ③ 사회, ④ 건강 및 보건의 영역으로 분류가 가능하다.

3) 자조집단의 기능

자조집단은 대화중심의 모임으로 내부 지향성이 강하고, 보통 15명 미만의 회원으로 구성된다. 회원의 개인적 문제가 주된 관심사로 우선시되고 이를 위한 상부상조의 정신과 동료상담이 발전하게 된다. 외부 지향적 자조집단은 당사자들의 당위성과 권익옹호의 실천을 강조한다.

자조집단의 기능에 대하여 살펴보면 다음과 같다.

첫째, 자조집단은 집단의 응집력을 중요시한다. 수용, 감정이입, 집단 내 귀속과 응집을 포함하며 심리치료, 과제 중심을 통하여 응집력을 높인다.

둘째, 자조집단은 개인의 정체성을 강화한다. 집단에 참여하고 자신의 경험을 다른 사람들 앞에서 이야기하는 과정에서 수치심을 극복하고 수용하면서 새로운 자아를 가지게 된다.

셋째, 자조집단은 공동체에 가치를 둔다. 자조집단은 사회적 관계망을 제공하고 개인보다 공동체에 가치를 우선하여 참여시킨다.

넷째, 자조집단은 개인의 변화를 목표로 한다. 개인의 변화는 자조집단의 명백한 목적으로 참여의 부산물이다. 피드백, 통찰, 해석, 목표에 접근할 기회, 성공적 변화에 대한 동일시를 제공하여 개인의 변화를 지지한다.

다섯째, 자조집단은 학습을 향상시키고 구성원들의 의식과 교육에 중점을 둔다 (Kurtz & Silverman, 1996).

자조집단은 개인적 문제보다는 사회현상에 대한 개선을 목표로 삼는다. 자조집단의 발전과정은 다음의 7단계로 구분된다(Asam, 1989). 즉, ① 회합 단계, ② 조직 단계, ③ 갈등 단계, ④ 응집 단계, ⑤ 과업수행 단계, ⑥ 자기평가 단계, ⑦ 해체·분열·재정 단계를 겪는다. 이러한 발전과정은 가정이나 직장, 이웃사회 등 다른 사회적 관계에서 자신의 능력을 발산하고 새로운 집단을 조직한다.

　만성질환자들은 일상적 생활의 참여, 요양, 위기 대처, 장애 특성에 맞는 사회적 수단과 욕구를 갖는다. 건강상의 질병이나 신체적·정신적 장애로 인한 일상생활이 관심사이지만 자기변화와 지역사회 참여 등이 함의로 이어진다. 자조집단의 욕구는 타집단에 비해 근본적 접근이 요구된다. 건강·보건 영역의 자조집단은 신체적·정신적 보호와 건강상의 위기 극복이나 안전망 구축과 사회통합에 중대한 역할을 수행한다.

　자조집단의 활동 영역은 다음의 세 가지 형태로 구분된다(Schneider, 1983).

　첫째, 치료적 자조집단은 비슷한 어려움을 갖는 협력체로서 정보를 교환하고 대안을 모색하고자 노력하는데, 언어장애, 정신질환, 알코올 및 약물 중독, 복합경화증(multiple skelerose)의 경우다.

　둘째, 지체장애, 중복장애, 정신장애는 질병 치료보다 여가를 중심으로 하는 스포츠, 영화 등 공동의 여가선용을 위한 관심이 동기가 되며, 비장애인에게도 개방적이다.

　셋째, 가족집단은 장애아동을 둔 부모의 모임으로 친목 도모와 당면한 일상의 정보 공유가 주된 활동이다.

　자조집단의 효과를 기대하기 위해서는 준비된 능력이 요구된다. 즉, 문제의 인식, 고통 극복, 목적 설정, 자발성, 감정의 표현, 자기변화의 각오가 필요하고, 이는 참여적·개방적이고 타인의 특성을 고려하는 행동을 전제로 한다. '대화'는 자조집단의 근본적 의미를 부여하는 수단이다. 자조집단의 성공적 요인은 다음의 다섯 가지로 요약된다(Zastrow, 1987a).

　첫째, 구성원들은 혼자가 아니라는 보편적 인식을 갖게 한다.
　둘째, 구성원들은 그들이 가지고 있는 문제로 거부하거나 비난하지 않는다.
　셋째, 다른 사람들도 이러한 문제에 대하여 도움을 받아 왔다는 생각을 전제로 희망을 갖게 한다.

　넷째, 다른 사람에게 도움을 주었다는 충족과 자존감을 갖게 한다.

　다섯째, 구성원들은 자신의 문제에 대하여 새로운 인식을 갖게 한다.

2. 자조집단의 육성

　오늘날 장애인의 자조집단은 장애유형, 장애단체, 지원단체, 자립생활단체, 전문가 단체 그리고 인간의 성장단계별로 특성화되고 범주화되었다. 이러한 조직들은 비영리 법인 형태를 갖추거나 중앙과 지방에 크고 작은 연대 조직을 형성하고 각기 그 권리를 주장하고 있다. 장애는 문화적 복합체인 정치, 문화, 교통, 건축, 통신, 제도, 의식, 관습, 종교 등에서 다르게 경험되는 현상에서 '삶의 질'의 불평등을 인식하게 된다.

　따라서 자조집단은 자기결정과 자기실현이라는 '삶의 질' 개선에 우선적 목표를 둔다. 자조집단의 가치는 다음과 같다. 첫째, 공통의 문제점 인식과 소외 극복, 잠재 능력의 인지다. 둘째, 정보제공은 자신의 문제와 개선에 대한 지식·정보의 습득이다. 셋째, 지식과 능력 개발은 서비스의 이용과 평가에 주체적으로 대응하고 문제에 대한 전문성을 도모하는 것이다. 넷째, 자기변화, 사회적 변화, 사회참여, 능력함양, 자기가치의 확대와 정치적 의식이다.

　자조집단의 지속성은 자원이 중요시된다(Asam et al., 1989; Moeller, 1996). 첫째, 자조집단의 초기단계는 준비, 개방과 협력, 만남을 위한 장소와 시간의 선정에 따라 유대감이 달라진다. 둘째, 활동가에게는 수동적 참가자에 대한 부담감, 과제의 부담, 가족 및 비당사자의 참여에 따른 입지, 개인적 동기 약화, 공감의 부족, 전문가의 협력 등 재정에 대한 부담이 작용한다. 셋째, 갈등 조정은 의존성, 원조에 대한 불만, 타 모임과의 협력, 기술적 한계, 개인적 혐오, 동기유발, 부조화 등에 대한 갈등을 조정하는 것이다.

　독일은 1980년부터 1984년 사이에 자조집단에 대한 사회적 합의가 이루어지면서 자조영역에서 활발한 정책지원과 연구가 활성화되었다.

　전국자조지원정보센터(NAKOS)는 각 지역별 센터에 대한 물적·정책적 지원과 자조집단에 대한 정책적 권익옹호, 대외홍보 지원을 목적으로 한다. 기본 통계 구축과 자조지원 체계의 확립이 가능할 수 있었던 것은 정치권의 원조에서 비롯된다. 1987년 3월 18일, Helmut Kohl 수상은 자조 정신과 실현을 촉진하는 데 연방정부의 입장을 표명하였다. 그는 자조집단 지원을 국책 중심과제로 보았다. 그리고 가족·노인부 장관이었던 Hannelore Roensch는 독립적이고 자기책임성에서 개화할 수 있는 여건을 조성하는 것이야말로 정부의 과제라고 언급하였다.

　1983년 베를린 시의 '자조집단 지원을 위한 베를린 모델' 특별기금은 비관료주의적인 방법으로 수행되고 증명될 수 있어야 했다. 따라서 기부금은 조직의 법인화에 상관없이 비인가 조직도 지원되어야 함을 강조하였다.

　세계보건기구(WHO)는 자조집단 활동에 대한 지원뿐 아니라 전국적 자조 촉진과 지역·지방 자조지원센터를 개발해 왔다(Wohlfahrt & Breitkopf, 1995). 정책적 지원은 정부나 지방자치단체의 보조금 제도나 건강 영역의 자조단체에 대한 재정지원과 같은 배려가 수반되어야 한다. 또한 자조집단을 지원하는 조직들의 재정 부담을 줄이고, 실질적인 회보의 발간, 부모교육, 연계활동, 인식개선, 홍보, 권익옹호 사업을 수행할 수 있는 자원이 요구된다.

　장애인의 자조집단 사례는 '동료상담'으로, 이는 장애선배의 경험을 공유하고 생활상의 장애를 극복하도록 동료상담가가 장애인을 대화로 지지하는 훈련이다. 정제된 인간관계의 소통을 통해 동료의 체험을 경청하고 자신을 변화해 나가는 기법인 것이다. 또한 동료상담은 '가치 있는 역할을 습득하고 문화적 수단을 유지하기 위한 동료 간 상담'이다. 자립생활 자조집단은 비차별성, 형평성, 소비자 통제에 대하여 의미를 부여하고 자립생활 실천 기술로 '동료상담'을 적용해야 한다(Nosek, 1988; Stuart, 2006).

　자립생활 자조집단은 권익옹호를 목표로 지역사회 통합에 대해 공유하고 '지원센터'를 중심으로 역할과 과제를 수행하며 사회적 참여와 개별적 역량강화에 초점을 둔다(Cloerkes, 2001; Theunissen & Plaute, 2002).

자립생활은 차별에 대한 권리를 내세우며 사회운동으로 주목받기 시작하였고, 동료집단을 시작으로 자립생활의 역할과 기능은 예고되었다. 비슷한 시기에 독일은 '부모자조연합'의 권위적 행사를 비판하며 'Club 68' 자조운동을 전개하였고, 시설, 병원 등에서 자조집단이 시작되었다(Niehoff, 1998; Radtke, 1990; Theunissen & Plaute, 2002).

자립생활은 자기의 '결정적 삶'의 시작으로 주체성과 권리에 대한 참여가 강조된다. 또한 자립생활은 자조운동과 맥을 같이하며 'People-First' 'Self Advocacy' 'Onderling Sterk' 등 자생적 자조조직을 형성하였다(Niehoff, 1998; Seifert, 1997). 이들은 연대체를 결성하고, 소외감을 떨쳐 소비자 통제와 권익옹호를 이념으로 지역접근성을 높이기 위해 동료상담, 정보제공, 권익옹호 기술을 전수한다.

그리고 장애인단체는 집합성에 의해 조직화되었다. 1980년 이전까지 장애문제는 학자, 의사, 변호사, 심리상담가, 사회복지사, 행정가 등 전문가 중심의 사고에서 해결하는 데 초점이 모아졌다. 따라서 이러한 관점에서 학술적 국제대회가 주기적으로 개최되어 왔다. 그동안 여러 유형의 장애인단체가 국제사회에서 활동해 왔지만 캐나다 위니펙(winnipeg)의 '국제재활협회' 총회를 발단으로 장애인의 자조운동이 규모 있게 표출되었다. 수천 명의 전문가 가운데 200여 명의 장애인이 총회에 참석하였으나 의결권에서 배제되자 이들은 이사회의 의석 중 50%를 장애인에게 할당할 것을 요구하며 자조운동의 서막을 올렸다. 그리고 이러한 제안이 거부되자 1981년 각국의 장애인들은 범장애유형을 포함하는 기구를 창설하고 그 출발을 알렸다. 세계장애인연맹은 1993년 남아프리카 회의에서 '당사자주의'라는 슬로건(Nothing About Us Without Us)을 채택하여 '나'라는 용어 대신 '우리'라는 집합적 용어를 사용하였다. '우리의 목소리(Voice of Our Own)'는 "당사자를 제외하고서는 장애문제를 논할 수 없으며 장애관련 의사결정도 평가자인 장애인을 배제할 수 없다"는 의지를 천명한다.

'당사자주의'는 정치적·경제적·사회적·문화적으로 인권, 통합, 독립, 자조, 자기결정을 지향하는 의미로 사용되며, 이러한 이념은 장애인의 자립생활운동으로 이어져 왔다. 그리고 이러한 장애관은 다양성을 포괄하고 장애집단의 참여와 변화를 반영한다. 당사자주의는 장애를 억압하는 지배사상에 대한 저항정신을 지향하고 수단으로서의 '정치세력화' 를 지향하였는데, 이러한 집합성은 조직화 원리가 되었다.

집합성은 장애인의 '깨어난 의식' 을 정의하고, 당사자주의를 하나의 운동으로 승화시키는 출발선이 되었다. 따라서 장애인 자조집단은 권력을 지향함에 있어 다음과 같은 차별성을 갖게 되었다.

첫째, 저항성은 지배사상을 포함한 장애 관련 전통의식과 전문가 및 정책 결정자와의 불평등한 권력 관계에 대한 갈등을 의미한다. 이에 대한 저항 수준은 불평등과 비례하며 대립적 동반자 관계로 발전하여 왔다.

둘째, 정치적 권력의 지향은 불평등한 관계를 회복하기 위한다는 점에서 저항성과 동일한 개념이나, 특히 권력을 강조하고 있다는 점에서 대상에서 주체로 권력 이동의 실천 의지를 나타낸다.

셋째, 집합성은 행동지침이 아닌 조직화를 의미한다. 차별을 경험한 장애인은 지역사회 환경과 밀접한 관계를 갖는다. 다수의 장애인은 사회 속에서 자신을 발견하고 신체적 · 심리적 고통을 겪어 왔다. 이러한 경험은 각 개인마다 직면한 환경에서 개별적으로 경험되지만, 그 과정은 매우 보편적이다.

장애를 갖고 있는 사람은 예외 없이 부정적 이미지와 차별을 경험한다. 그 경험은 너무나 일상적이어서 삶의 총체적 위기로 체감한다. 그리고 이처럼 장애를 개별적 관점으로 보지 않고, 사회적 관점으로 해석하는 것은 장애가 '사회적 불평등' 구조에서 비롯됨을 확인시켜 준다.

제11장
네트워크

1. 네트워크의 개념

네트워크는 개인과 조직, 조직과 조직 간에 연계된 체계로 '소통'을 의미한다. 네트워크는 사전적 의미로 '원활한 소통' 혹은 라틴어 'communis'에서 유래된 '공유'로서, 오늘날 연계, 협력, 교류, 교환의 의미가 있다. 네트워크는 결과가 아니라 과정으로 지속적 소통을 통하여 형성되며, 조직과 조직 간의 소통이다. 따라서 네트워크는 개인과 개인의 연결망을 기반으로 조직이 가지는 여러 가지 요인에 의하여 영향력을 행사한다.

네트워크에서 중요한 단위는 '개인'으로 조직의 담당자 혹은 진행자가 네트워크의 요소다. 또한 네트워크에는 조직의 특성, 구성원의 영향력, 타 조직으로부터 오는 영향력이 존재한다.

자동차 영업소의 네트워크도 결국 개인과 조직의 연결이다. 슈퍼마켓 주인과 자동차 영업소의 직원도 각각 그들만의 네트워크를 가지고 있다. 따라서 자신이 속한 조직에 강력하게 지지되거나 혹은 그 반대일 수 있다. 네트워크는 그물망을 의미하나, 기계장치, 철도나 도로, 체인시스템, 인터넷의 연결, 방송망 등의 의미도 있어 기술적으로 사용되어 왔다. 그리고 최근 정보·통신 기술의 비약적인 발전으로 네트워크의 발전이 가속화되고 다양한 영역에 활용되고 있다.

네트워크는 독자적으로 운영될 경우 자원의 활용도가 떨어지고, 투자에 대한 비효율성이 존재한다. 네트워크는 다음과 같이 자원의 활용도를 제고한다(이희수, 2001).

첫째, 네트워크는 통합적 연계다. 수직적 구조와 수평적 구조가 만나 상호 교류와 보완을 통해 통합이 이루어진다.

둘째, 네트워크는 파트너십의 연계다. 공공 부분과 민간 부분의 관계로서 동반자로서의 파트너십을 강조하고 있다. 네트워크는 참여하고 있는 당사자 간에 종속 관계보다 동반자로서의 파트너십을 가질 때 협동·조정·협력이 가능하다.

셋째, 네트워크는 시스템적 연계다. 각 부분이 긴밀하게 연계되어 요소의 관계가 중요함을 시사한다. 교환 이론의 보상은 추구하고 '처벌은 회피한다'는 관점에서 교류가 형성된다.

2. 조직 간 네트워크

지역 자립생활 조직을 통해 제공되는 서비스는 제한적일 수밖에 없고 장애인의 다양한 욕구에 대응하는 것이 어렵다. 따라서 지역사회 네트워크는 욕구, 상황의 가변성에 따라 능동적으로 대응하는 활동을 해야 한다. 이러한 네트워크는 지역에 기반한 전략적 접근이 요구된다. 그리고 이는 물리적 구조 혹은 관계적 영향력으로 연결된다.

예를 들어, 긴 복도를 걷다가 낯설고 매력적인 이성이 다가올 때와 허물없이 지내는 학과 동기생이 다가올 때의 반응은 같은가? 지하철에서 구걸하는 노숙자와 눈빛이 마주칠 경우와 점심 값이 없다고 밥 사달라는 친구를 만났을 때의 반응은 역시 동일한가? 네트워크는 조직이 보내는 신호를 이해하고 반응하며 강화되어 갈 때 정신적 유대감이 형성된다. 상호 유대감은 역사성을 갖고 개인과 조직의 가치, 과거의 경험, 상호작용, 신뢰, 잡음 등 다양한 요소에 의하여 결정된다. 하지만 잡음은 단순히 물리적 거리에 의하여 발생될 수 있으며, 가치관, 관점, 이해, 요구 등에 의해 발생될 수 있다. 그리고 이 잡음은 네트워크에 부정적 영향을 준다.

가족 간의 관계에서도 네트워크가 있을 수 있고, 친구 혹은 사회적 관계에서도 네트워크가 형성된다. 정보의 중요성과 가치에 부합되는 정도, 영향력의 크기와 강제성 정도, 새로운 변화나 다양성에 대한 능동적 대응을 통해 네트워크는 형성될 수 있다.

3. 네트워크의 분석

네트워크는 지역사회 내 다양한 조직의 특징, 자원, 권력관계의 양상을 보다 객관화되고 계량화된 정보로 확인해 준다. 네트워크 분석은 조직의 계획을 수립하는 데 조직의 역할과 조직 간의 밀도에 따른 실천적 정보를 제공한다.

네트워크 분석은 지역사회 내 새로운 사업을 수행하고자 할 때 혹은 기존의 활동을 보다 향상시키고자 할 때 실험통제 집단의 비교로 사용할 수 있으며, 이는 사업의 평가도구가 될 수 있다. 또한 네트워크 분석은 조직 차원에서 지역사회에의 역할과 위상을 점검하고, 조직의 변화를 지속적으로 평가할 수 있다. 따라서 지역사회 네트워크의 구축은 다음과 같이 추상적인 문제를 해결하고 활동 근거와 성과 지표를 제공한다.

첫째, 완전 네트워크(complete network)는 A와 B, C, D의 관계가 1이나 0으로 표현되거나 관계 횟수로 표현될 수 있다. 이때 A는 B, C, D 외에는 다른 대상을 선택할 수 없으며, 다른 대상도 범위 내에서만 선택할 수 있을 때 완전관계가 된다.

둘째, 자아 중심 네트워크(ego centric network)는 응답자 A가 선택할 수 있는 대상이 개방적이어서 이들에 대한 정보를 A로부터만 얻을 수 있는 경우에 해당한다. 예를 들면, 가구조사를 할 때 응답자는 한 명이지만, 그 가구원의 전체 정보를 응답자로부터 얻게 된다.

셋째, 유사 네트워크(quasi network)는 예컨대, 인터넷 서점에서 책을 선택하면 '이 책을 구입한 다른 사람이 산 책'이 제시된다. 이는 책과 책 사이에 나타난 관계망을 의미하는 것으로, 책 구매자 네트워크다. 직접적 관계가 없어도 책이라는 공동의 구매 행위를 통해 인위적 유사 네트워크가 형성된다(김용학, 2004).

4. 네트워크의 조건

비영리 조직들은 네트워크에 속하지 않으려는 속성이 있어, 종교적 신념을 가진 집단이나 조직 또는 공공조직이나 독점적 기관은 네트워크를 기피한다. 특히 희생과 봉사 중심의 이념을 가진 기관들은 네트워크를 회피한다. 역량을 가진 개인, 철학이 부재하거나 의사소통이 단절된 관료적 조직은 지역사회 조직의 지향점을 잘 이해하지 못하거나 상대적으로 관심을 가질 필요성이 적기 때문이다. 네트워크는 다음과 같은 조건을 가진다.

첫째, 네트워크는 소통의 상호작용에 있다. 건강한 반응은 네트워크를 더욱 견고히 다져 준다. 이것은 곧 소통이며, 역사성, 신뢰성, 지속성의 기반이 된다.

둘째, 네트워크는 의존성과 자율성에 있다. 상대에 대한 의존적 의식을 가질 때 더 강화될 수 있고, 또한 상대에게 종속화되지 않을 수 있다.

셋째, 네트워크는 공유 가치와 언어를 사용한다. 공유 가치는 종교나 이데올로기적 신념, 목표, 배경, 전공 등을 통하여 나타난다. 특정 전문가들은 전문 용어를 사용하며, 그들의 언어로 소통이 이루어지고, 이는 친밀감을 향상시킨다. 견고한 네트워크일수록 공유 의식을 함께 한다.

넷째, 네트워크는 공통의 관심사와 이익을 존중한다. 공통의 관심사나 이익은 다른 가치를 가진 조직까지도 하나로 묶을 수 있다. 공통의 관심은 가치, 배경 등의 조건보다는 현실적 요인이 중요하며, 이는 네트워크의 지속성을 위해 필요하다. 가치가 달라도 이념 중심의 연대가 가능한 것은 지향점에 있어 일치가 이루어질 때다.

　다섯째, 네트워크는 개방성과 가변성에 의해 교류된다. 네트워크는 내부와 외부의 경계가 불명확하며 일정한 유지가 어려워 때때로 무너지기도 하며, 다른 형태로 전환된다. 따라서 네트워크를 통해 실적을 기대하는 것은 네트워크를 제대로 이해하는 것이 아닐 수 있다. 네트워크가 가지는 개방성과 가변성을 이해하고 접근할 때 네트워크의 지속성은 높아진다.

　여섯째, 네트워크는 지도자의 인식으로 추진된다. 네트워크의 핵심을 이끌거나 조율하는 구성체가 존재할 경우 네트워크는 강화된다. 민주적 권력의 분산구조라 하더라도 조율하는 존재가 없고 상황에 따른 결정을 추진할 수 있는 구성체가 없다면 해체되거나 친목 단체로 전락한다.

　일곱째, 네트워크는 참여적 사고다. 책임의 분산과 동시에 참여의 조건이 네트워크 조직을 통해 권력을 쥐려하지 않으면서 구성체로서의 참여 의무에 관심이 더 많을 경우 네트워크가 강화된다.

제12장
정보제공

1. 정보제공의 개념

자립생활은 직접적 서비스 외에도 자기결정, 자원의 활용과 자립생활에 영향을 미칠 수 있는 각종 정책과 제도에 대한 정보가 필요하다. 의뢰지원은 자립생활을 달성하기 위하여 대리인이나 기관의 참여가 필요하다. 정보제공과 의뢰는 다른 서비스 기관과 지역사회에 장애에 대한 인식을 제고시키고, 장애인이 다른 서비스 기관으로부터 제공받을 수 있는 자원의 공유 기능을 갖는다.

정보제공은 다른 기관으로부터의 의뢰, 수화통역, 대독 등의 서비스를 제공하는 것이다. 장애인복지 정책에 대한 상담, 공공부조, 연금, 의료보호 등 각종 수혜에 대한 정보는 신속하게 최신 정보로 안내한다.

우리나라는 보건복지부 상담전화와 같은 네트워크를 활용하지만 자립생활을 위한 종합상담 기관은 없다. 이에 비해 영국은 정보제공에 대한 각종 사례를 살펴볼 수 있다.

2. 정보제공의 사례

1) 자립생활센터의 정보제공

서튼자립생활센터(Sutton Centre for Independent Living and Learning: SCILL)는 자유, 공평, 비밀보장의 원칙에 의해 정보제공과 의뢰가 이루어지는 곳이다. 이곳은 의료적 상담을 제외한 생활상의 다양한 영역, 즉 고용, 휴가, 교육, 수당, 레크리에이션, 자조집단, 복지기관, 이동, 교통, 편의시설 등을 제공한다. 이곳에서는 장애인의 질문을 중심으로 상담하지만, 친구, 가족, 전문가로부터의 질문에도 응하고 있다. 상담은 전화, 우편, FAX, 방문 등에 의해 제공되며, 시각장애인을 위한 확대문자나 오디오 테이프도 제공한다. 청각장애인을 위한 서비스도 제공한다. 정보제공 시간은 월요일부터 목요일, 오전 10시부터 오후 4시까지 운영된다.

SCILL는 직업적·교육적·사회적 활동 및 레크리에이션 등을 통해 자립과 역량강화를 촉진할 목적으로 운영되고 있다. 이용대상은 16~65세의 장애인이며, 장애인의 다양한 욕구 중심으로 운영된다. 상담센터의 편의시설로는 체육관, 주방, 컴퓨터 교실 등이 있으며, 취업에 필요한 자신감을 기르기 위해 장애능력개발 프로그램, 편마비자 키보드 조작훈련, 시각장애인용 음성출력장치, 경영 프로그램, 스포츠 활동에 필요한 각종 운동기구 사용법, 구급, 레크리에이션 등의 프로그램이 운영된다.

이 프로그램은 안전위생, 샐러드·샌드위치·음료 등의 준비, 메뉴의 주문 및 가격 부착, 음식물·음료·스낵류의 판매, 기초적인 메뉴 만들기, 금전관리, 금전등록기를 사용한 회계 등 식단지원 프로그램이나 학습 프로그램, 원예 프로그램이 운영된다. 이러한 프로그램은 모두 취사와 결부되는 것은 아니며, 장애인에게 자신감을 갖게 하는 대인관계 기술 및 팀워크를 중심으로 한 프로그램을 제공한다.

프로그램을 수료한 사람은 기술의 난이도에 따라 자격을 취득하고 수료증이 부여된다. SCILL의 소장은 시각장애인인데, 매우 활동적인 사람이다. 소장은 장애인이 한걸음 앞으로 나아갈 수 있는 마음을 갖게 하는 것이 이 센터의 역할이라고 강조한다.

SCILL의 안내문에는 다음과 같은 메시지가 있다. "당신은 자신을 어떻게 느끼고 있습니까? 표식을 붙이고 있습니까? 우편함에 넣어지도록 분류되고 있습니까? 우표처럼 버려지고 있지는 않습니까? 당신 자신에게 좀 더 기회를 주세요."

2) 정보안내센터

글로스터서 로얄병원(Gloucestershire Royal Hospital)의 출입구에는 노란색 바탕에 푸른 글씨로 "Guide Information Service"라고 쓰인 팻말이 눈에 띈다. 자동문을 들어서면 왼편에 이 기관이 위치해 있다. 다양한 리플릿과 작은 책자가 서가에 빽빽이 진열되어 있어 지나가던 사람들도 부지중에 걸음을 멈추게 된다. 병원을 이용하는 환자는 물론 가족이나 병문안을 온 사람, 지인 등 누구라도 부담 없이 들러 이용할 수 있는 곳에 위치해 있다.

이 정보안내센터는 1991년 7월에 신체장애인 및 노인, 지적장애인, 정신장애인 그리고 활동지원자, 자원봉사자, 요양보호사 등 서비스를 제공하는 사람들에 대해서 다양한 정보를 제공하는 기관으로 설립되었다. 이곳은 의료, 복지 그리고 생활 전반에 걸친 폭넓은 분야의 리플릿, 주소록, 자료, 기관지를 수집하여, 그 분야의 정보를 제공하는 기관으로 컴퓨터에 입력된 국가 및 지방의 서비스들에 관한 최신 정보를 제공한다. 이러한 정보는 사회서비스, 민간단체, 도서관 등에 플로피 디스크로 제공되며, 건강보호 기관에 대해서도 네트워크를 통해 정보가 제공된다. 또한 데이터베이스에 접근하고 싶은 이용자를 위해 사용방법을 가르친다.

이용료는 무료이며, 이용자에 관한 개인정보는 취급하지 않을 정도로 개인적 비밀 존중에 철저하다. 전화나 우편에 대한 문의와 방문 서비스를 제공하고 있으며, 사전 예약을 할 필요 없이 개방 시간대에 수시 상담을 응하고 있다. 또한 이용자에게 편리함과 신뢰감을 가지고 유익한 정보를 제공한다는 정신으로 '이용자 주체 서비스'를 실천하고 있다. 이 기관에서는 글로스터셔 지역사회서비스부에서 나온 정보를 얻을 수 있다. 또한 지역 장애인단체가 스스로 지역의 정보센터를 만들고자 할 경우 조언을 구할 수도 있으며, 방문상담도 가능하다.

토요일에는 관공서를 거의 이용할 수 없는 경우가 대부분이지만, 이곳은 월요일부터 일요일까지 개방되어 있다. 물론 요일마다 개방 시간대가 조금 다르긴 하지만, 개방 시간에는 편리하게 이용할 수 있다. 전화 문의는 9시 30분부터 오후 5시까지, 그밖의 시간에는 부재중 전화로 확인한다.

모든 전화 문의에 관해서는 비밀을 유지하고 있으며, 의뢰자의 전화번호도 기록에 남지 않도록 되어 있다. 청각장애인이나 시각장애인을 위한 서비스로 확대문자나 점자서비스를 시행하고 있으며, 특히 급여나 수당에 대한 상담시간은 월 2회 설정하고 예약 없이 상담을 받을 수 있다.

정보제공의 주된 내용들은 글로스터셔(Gloucestershire) 및 주변 지역에 대한 관련된 정보들, 즉 시설의 접근, 약물의 사용, 급부, 수당, 장례와 제사, 주간보호센터, 복지기기, 보건, 위생, 인간면역결핍 바이러스(HIV), 보호자 휴식보호, 가정보호, 지역단체, 전국 단체, 양호시설, 장애인 주택, 스포츠, 레저, 교통, 이동 등이다. 이 중 문의가 가장 많은 것은 '장애수당'에 관한 내용이다.

이 정보안내센터는 장애인 중심의 서비스를 실현하고, 사회서비스가 지역에서 충분한 보호를 제공할 수 있도록 정보 측면에서 지원하는 기관이다. 이 기관은 보건사회서비스부에서 제공되는 자금으로 운영되며, 장애 관련 정보에 관한 프로젝트 지원을 받는다.

정보제공의 직원은 사회복지사도 케어 매니저도 아니므로, 그 사람의 문제를 해결해 주거나 상담을 할 수 있는 곳은 아니다. 단지 필요한 정보를 정확하게 연결해 주는 곳이다. 이곳의 직원들은 단순히 사무적으로 정보제공을 하는 것이 아니라 상대방의 일을 이해하고, 맞춤형 정보를 제공한다. 한번에 많은 정보를 제공받는 것은 오히려 혼란을 겪게 되므로, 여러 차례 반복해서 이용하도록 권장한다. 정보란 수신과 발신이며 네트워크가 전제가 된다. 따라서 끊임없이 이용 가치가 있는 정보를 얻을 수 있도록, 관계 기관과 밀접하게 연계하여 정보를 수집 · 제공한다.

정보를 제공하는 것은 이용 가치가 있는 정보를 선택할 수 있도록 선택의 폭을 넓혀 갈 것을 고려할 필요가 있다. 수집된 자료, 안내문 등의 문장에서 적당치 않은 표현이 발견될 경우, 대체할 만한 문구를 소개하거나 삭제를 요구하는 것까지 세심한 관심이 필요하다.

3) 장애인상담센터

　장애인상담센터(Disability Advice Centre: DAC)는 빈센트 주간보호소(Vincent Day Center) 내에 위치해 있다. 상담영역은 정보안내센터의 내용과 동일하다. ① 권익옹호, ② 복지기기, ③ 장애인용 의류, ④ 운전 평가와 수업, ⑤ 경제, ⑥ 휴가와 여행, ⑦ 주택, ⑧ 보험, ⑨ 의료, 건강관리, ⑩ 주차 스티커, ⑪ 성(性), ⑫ 스포츠와 레저, ⑬ 교통과 이동, ⑭ 재판, ⑮ 복지 수당, ⑯ 휠체어 등에 대해 정보를 제공한다.

　DAC 서비스의 내용 중 가장 최우선으로 하는 것은 '권익옹호'다. 실제 곤경에 직면해 있는 사람은 자신의 문제를 제대로 주장할 수 없으며, 어떻게 하는 것이 좋을지 모르거나, 어느 정도 요구할 수 있는지 판단치 못하는 경우가 많다. 때로 공적 기관의 대응에 맡겨 버리는 경우도 종종 있다. 따라서 이곳에서는 그런 입장에 처한 사람들 편에 서서 어떻게 주장하고, 어디까지 요구할 수 있는지를 안내해 주거나 실제적인 원조를 제공한다. 또한 장애수당을 받기 위해 신청서를 써야 하는데, 그것을 제대로 쓸 수 없다거나 하나의 항목이라도 갖추어지지 않으면 받아주지 않으므로 기재방법을 지원하는 경우가 많다. 수당에 관한 신청서는 2권의 책으로 되어 있으며, 각각 12개 항목과 28개 항목에 걸쳐서 신청자에 관한 기본사항과 이동 및 생활에 관해 상세하게 기술하도록 되어 있다. 문의가 가장 많은 것은 휠체어 취득 방법이나 수당에 관한 것이다. 상담은 전화, 우편, 방문의 방법으로 이루어지며, 여러 가지 사정으로 센터를 방문할 수 없는 경우 가정방문 서비스를 하고 있다.

4) 척수장애협회의 상담센터

　척수손상을 가진 사람들은 어디에서나 활동적이고 진취적이며, 영국에서도 상당히 강력한 형태로 나타나고 있다. 매년 6월에는 척수장애협회의 척수장애인에 대한 이해를 촉구하는 캠페인 주간도 있다.

척수장애인 회원들에게는 'Media Information Park' 파일이 배부된다. 이 파일 속에는 언론을 통해 척수장애인들을 소개하는 노하우가 들어 있다. 척수손상자의 상황 설명, 포스터 게시 의뢰, 척수손상협회(Spinal Injuries Association: SIA)의 소개와 포스터, 리플릿 등이 동봉된 파일이다.

SIA는 척수손상 및 경추손상을 가진 사람이나 그 가족을 위한 자조단체로, 장애인들 스스로 조직해 운영하고 있다. 목적은 장애를 입은 이후 최대한 이전의 생활로 돌아갈 수 있도록 원조하는 것이며, 정보제공, 복지서비스, 활동지원 서비스 등을 포함한 필수적인 프로그램을 제공하고 있다. 그리고 휴가를 위한 이용시설을 운영하거나 출판물을 발행하고 있다. 이곳에서는 정보서비스를 매우 중요시하여 새롭고 정확한 정보를 제시한다. 현재 그리고 미래의 생활설계에 대해서, 또한 일상의 사소한 문제 해결에 대한 정보에 대해서도 중요시한다. 척수장애인에게 다양한 생활정보를 제공하며, 어쩌다 생길 수 있는 아주 사소한 문제에 대한 문의가 들어오더라도 응답해 줄 수 있도록 방대한 정보수집을 위해 노력하고 있다.

대부분 회원인 척수장애인의 경험을 기반으로 하고 있는 것이 정보의 특징이다. 예를 들어, 상담 내용은 ① 수동휠체어는 어떤 유형이 적당합니까? ② 새 쿠션이 필요한데 최신 제품을 소개해 주세요. ③ 어떤 보험회사가 장애인에 대해 자동차보험을 제공하고 있나요? ④ 파리에 가고 싶은데 접근 가능한 호텔이 있습니까? ⑤ 미국에 가고 싶은데 어떻게 하면 좋을까요? 등이 있다. 그리고 이런 질문에는 곧바로 답해 줄 수 있지만, 그렇지 못할 경우라면 조사한 후에 답을 주도록 되어 있다. 이 단체에서 응답을 할 수 없는 경우라면 다른 기관에 의뢰해 준다.

장애분야에 관한 국가 수준의 정보 및 세계 여러 나라의 정보를 조사하고 있다는 것은 SIA의 파일을 보면 알 수 있다. 서비스의 주된 활동 중 하나로는 격월간 뉴스를 발행하는 것이다. 여기에는 회원들의 아이디어나 경험, 생활을 잘 꾸려 가고 있는 사례 등이 게재된다. 또한 척수장애인에게 유익한 17종류의 자료를 무료로 제공하며, 16종류의 출판물을 발행하였다. 특히 '전진(Moving Forward)'이라는 제목이 붙여진 척수장애인 생활가이드는 장애인 입장에서 잘 다듬어진 생활 매뉴얼이다.

SIA에서 이루어지는 상담으로 전화 및 편지는 연간 1,500건에 달하고 있다. 이는 최근 10년간 확대되고 있으며, 전화상담 서비스, 자립생활을 위한 권리옹호에 대한 내용을 상담으로 한다.

SIA의 '링크' 정보 시스템은 자조단체가 아니고서는 할 수 없는 생활지원 방법이라고 생각된다. 전문가들이 이론적 지식·기술을 제공하면, '링크'는 장애인 및 그 가족이 자신들의 경험에서 도출된 실천적 지식·기술을 제공한다. '링크'에는 수백 명의 회원이 등록되어 있고, 상담을 희망하는 사람과 그것에 대해 적절한 정보를 제공할 사람을 연결시켜 준다.

척수장애를 가진 사람들은 교통사고 등에 의해 중도장애를 갖게 되었는데, 이들은 일상생활이나 사회생활에서 혼란을 겪으며, 정신적으로도 충격과 혼란을 겪게 된다. 이럴 때 심리적 지지나 정보나 조언이 필수적이다. 갑작스럽게 장애를 가지게 된 경우에 앞으로의 생활을 어떻게 해야 할지, 어떻게 해야 일터로 돌아갈 수 있을지, 차를 운전할 수는 있을지, 배설 문제는 어떻게 해야 할지 등의 걱정거리가 산더미처럼 쌓인다. 그리고 이러한 문제들은 병원에서 재활을 통해 그중 몇 가지는 배우겠지만, 대다수는 시행착오를 겪으면서 체득한다.

SIA는 "만일 당신이 척수손상인 사람이나 그 가족과 이야기하고 싶다거나, 방문하고 싶다면 '링크'를 이용해 보겠습니까?"라고 호소하고 있다. 이 '링크'의 회원은 전문적 훈련을 받은 상담사가 아니다. 또한 사회보장이나 법률에 관한 전문기관도 아니다. 그러나 당사자는 실제 개인적인 경험에 근거하여 척수손상에 관해 다양한 방면에 정통해 있다. 어떤 회원은 척수손상이나 경추손상으로 수년간 상담 경력이 있으며, 전문가가 가지고 있지 못한 지식과 기술을 가지고 있다.

SIA는 "내가 부모의 집에서 독립하여 생활하려고 결심했을 때, 이미 그런 생활을 하고 있는 사람과 의논했던 것이 내게 큰 자신감을 갖게 해 주었다."고 소개한다. '링크'는 보다 효과적이고 활발하게 기능하기 위해서 가능한 한 많은 회원을 축적하고, 거기 모인 모든 정보를 기록하여 공유한다. 그래서 "당신에게는 사소하다고 생각되는 어떤 정보나 경험이라 할지라도 어떤 사람은 찾아 헤매고 있는 그런 정보일 수 있다."는 메시지를 보내고 있다. 상담내용에 관한 등록 항목은 대략 다음과 같다. 이 항목은 다른 정보제공 기관이 사용하고 있는 항목과는 약간 다른 의료적 내용이 보다 강조된다.

상담안내 목록은 ① 주택, ② 자립생활, ③ 방광관리, ④ 배설관리, ⑤ 출산·육아, ⑥ 성, ⑦ 의료, ⑧ 척수손상 의료, ⑨ 일반적 건강, ⑩ 이학요법의 적합성, ⑪ 고용과 교육, ⑫ 취미, ⑬ 여행과 이동 등이다.

'링크'에 등록되어 있는 대부분의 사람은 그들의 생활을 지원해 주고 감정이나 경험을 기꺼이 나눌 수 있는 가족이 있는 경우가 많다. 따라서 새롭게 '가족링크'를 발족시키고 있는데, 가족은 개별적 지원 욕구를 정확히 알 수 있으며, SIA의 프로그램을 충실하게 만들어 갈 단서를 가족링크에서 찾고 있다. '가족링크'의 등록 항목은 척수손상을 입은 가족은 누구인가, 신변 케어는 누가 하는가, 척수손상을 가진 가족과 어떤 경과를 거쳐 왔는가, 척수손상이 가족생활에 미친 영향(사회생활, 경력, 경제상황, 건강)은 무엇인가 등으로 구성되어 있다.

'링크' '가족링크'의 개인정보는 엄격하게 비밀로 보장되고 있다. 전화번호, 주소, 개인정보를 전할 경우는 본인의 허가를 받아야 이용할 수 있으며, 연락을 취하는 것이 적당하다고 생각되는 사람의 경우, 정보를 가지고 있는 사람에게 먼저 연락을 취하고, 그후 전화 접촉으로 안내한다.

5) 공공정보제공 연구

전국장애정보 프로젝트(National Disability Information Project: NDIP)는 장애인 및 그 보호를 받는 사람 또는 서비스 제공자를 위한 정보 서비스를 향상시킬 방법을 연구하기 위해 1991년에 설립되었다. NDIP는 정치학연구소의 정보정책그룹에서 구성되었는데, 독립된 조사 연구기관으로 정당이나 단체, 상업단체와 연계되지 않은 연구기관이다. 이 프로젝트에는 최초 3년간 보건국의 공적 자금이 제공되었다.

프로젝트의 목적은 전국 정보제공 기관의 유효성을 높이고 연계 및 제휴를 보다 촉진하는 것이며, 각 지역에 있어서는 효과적인 정보제공의 발전을 진전시키는 것이었다. 12개의 예비 프로젝트를 지원하며, 그 이외의 기관에 대해서 정보와 안내를 제공하고 있다. 이 프로젝트에서는 이용자의 욕구에 맞춘, 질 높은 서비스를 계획·운영·관리하기 위한 방법을 연구해 왔다.

영국의 장애인단체는 '정보'를 매우 중요시하며, 그 정보가 개인적 생활의 풍요로움으로 이어질 수 있도록 정보를 검토하고 실행에 옮긴다. NDIP는 서비스를 보다 향상시키기 위해 이용자에게 회신용 봉투를 보내어 정보의 내용, 직원의 대응 등을 포함한 모두 17항목의 설문조사를 한다. 이처럼 이용자 주체인 정보제공을 위해 노력하고 있으며, 설문조사를 업무 평가방법으로 도입하였다.

NDIP 연구가 종결된 뒤, 1995년 장애에 관한 정보제공연맹(Alliance of Disability Advice and Information Providers)이 재결성되었다. 이 연맹은 지방의 정보제공 및 상담 서비스를 전담하고 있는 기관의 설립 및 발전을 지원하는 목적을 가지고 있다. 또한 이 연맹은 네트워크를 구성함으로써 정보교환이 광범위해질 수 있다는 것을 고려하여 지방의 상담방식을 전국적 수준으로 조정하고 정책결정 자문 근거를 마련한다.

제13장
장애인 활동지원 정책

1. 장애인 활동지원의 개념

자립생활에서 주장하는 철학은 장애인의 '선택권과 결정권'의 주도이며, 그 결정에 대한 위험 요인의 감수다. 인간은 관계 속에서 살아가는 존재로 기계적 장치에 의해 생명을 연명하는 기능적 존재가 아니라 의사소통은 물론 정서적으로 교감하며 살아가는 존재다. 이러한 측면에서 대인서비스가 왜 필요한지를 인식해야 한다.

자립생활운동의 논리는 장애를 가지고 있는 개인이 불이익을 받는 이유가 그들 자신이 가지고 있는 장애가 아니라 사회적 환경 때문이라고 본다. 따라서 그러한 장벽들이 사라진다면 장애인은 사회에서 정상적으로 그들의 역할을 수행할 수 있다고 본다. 그리고 이러한 장벽을 없애기 위한 특별한 서비스가 필요한데, 자립생활에서 필수적인 장애인 활동지원 서비스가 그것이다(Dejong, 1981; Livak, Heumann, & Zukas, 1987).

김경미(2005: 254)는 Verbrugge와 Sevak(2002)의 문헌에서 "활동지원이란 목욕하기, 옷 입기, 식사하기, 약 먹기와 식품 구입하기, 식사 준비하기, 집안일하기, 침대나 의자에서 이동하기, 화장실 가기 등의 일상생활기술(ADL) 같은 신체유지 및 수단적 일상생활 기술(Instrumental Activities of Daily Living: IADL)과 지역사회 내에서의 생활에 필수적인 활동과 개인에게 제공되는 도움"으로 재정의하였다.

활동지원을 신체의 기능적 측면보다 사회관계적 측면에서 정의하기도 하는데, 그 대표적인 학자가 스웨덴의 Adolf Ratzka다. Ratzka(1998)는 "개별활동지원이란 장애인 당사자가 활동지원인에게 일상생활의 보조를 받음으로써 신체적·심리적 역량이 강화되는 행위로, 스스로 할 수 없는 일상생활의 행위를 통하여 자립을 성취하는 서비스 행위다. 장애가 없는 사람은 누구든지 노력하면 원하는 행위를 할 수 있지만, 장애가 있는 사람이 장애로 인하여 그 행위가 극히 제한된다면 그것은 사회적 평등에서 벗어난 것이며, 평등을 회복하기 위하여 개별활동지원 서비스가 필요하다."고 하였다.

정종화(2005)는 "장애인 활동지원 서비스란 장애가 없었다면 당연히 행할 수 있었던 일상생활상의 행위가 장애로 인하여 할 수 없게 되었을 때, 그 신체적 보호와 심리적·사회적 생활을 보조하기 위하여 동반되는 인적지원 서비스로 자립생활의 철학에 근거하여 출발한 개념이며, 기존 홈헬퍼 서비스나 자원봉사와는 차별성을 갖는 사회서비스다."라고 하였다.

개별활동지원 서비스는 자립생활 철학에서 생성된 것으로 기존 노인을 대상으로 이루어져 왔던 홈헬퍼 서비스나 장기요양보호의 의료적 모형과는 차별화된 특성을 잘 반영한 대인지원 서비스 체계다.

'세계장애인문제연구소'에서는 장애인의 자립생활을 위한 일상생활 원조에 관한 용어로 'personnel assistance' 또는 'attendant care service'를 채택하였다. 이러한 용어를 의도적으로 강조하고 있는 것은 종래의 'care'라는 용어가 의료적 모형에서 사용되어 왔기 때문에, 사회적 모형에서는 개별적인 지원이라는 의미의 장애인 개별활동 서비스(personal assistance system: PAS)를 사용한다고 한다.

활동지원 서비스는 자립생활의 이슈 중 매우 중요한 부분을 차지한다. 특히 자립생활에서 타인의 도움 없이는 생활이 불가능한 중증장애인의 경우 이 서비스는 더욱 필요하다. 종전까지 중증장애인의 돌봄문제는 가족이나 시설의 몫이었으나, 자립생활 운동이 제도화되고 '지역사회 서비스'로 정착되어 왔다.

개별활동지원은 한 가지 또는 복수의 생활에 있어 스스로 신변처리가 불가능한 장애인을 대상으로 서비스를 제공하고 최대한 자기관리권을 부여하여, 장애인의 자립생활을 통한 가치실현을 추구하는 지역사회 서비스다. 또한 장애 정도에 따라 직접지원 또는 간접지원을 병행하는 서비스로 대표적 항목들은 〈표 13-1〉과 같다.

〈표 13-1〉 활동지원 서비스

항목	서비스 내용
일상생활 행위	목욕, 배설, 옷 갈아입기, 세면, 식사보조 등
가사지원	장보기, 청소, 요리보조
장애인 부부의 양육보조	아동 돌보기, 아동의 배설, 목욕, 보육보조 등
일상생활에 관한 조언	금전관리, 시간관리, 일정관리 등의 보조
커뮤니케이션 보조	수화통역, 점자통역, 낭독보조, 대필보조
긴급지원 서비스	긴급연락, 복지긴급콜, 우애방문
이동의 활동지원	안내보조(가이드 헬퍼), 대리운전(시각장애인) 등

출처: Livak et al.(1987: 10-12).

개별활동지원 서비스에서 정하고 있는 영역은 '최대한 장애인 당사자의 관리권을 보장해 주고 선택과 결정을 보장해 주는 제도'다. 지역에서 생활하는 중증장애인에게 필요한 활동지원 서비스는 자립생활에 필요한 사회권이라고 볼 수 있다. 또한 이러한 사회적 기본권은 장애유무에 관계없이 국민 누구에게나 보장되어야 하는 생활권이다.

비공식적인 자원으로서의 관리서비스는 가족이나 동료 자원봉사자 등의 도움으로 생활을 유지하여야 하지만, 결국 이러한 비공식적 자원은 지속성, 자기가치 실현, 전문성이라는 측면에서 이용자의 만족도를 높이지 못한다. 공식화된 서비스에서는 홈헬퍼 서비스 혹은 메디케어처럼 정형화된 서비스, 지속적인 서비스, 전문화된 서비스를 받을 수 있으나, 규정과 지침에 의한 서비스를 받게 됨으로써 이용자는 자기관리 측면에서 통제되고 제약을 받게 된다. 이러한 문제를 해결하기 위하여 이용자 만족도를 높이고 선택권을 보장하는 계약제 활동지원 서비스가 등장하게 되었다. 이는 공식화된 서비스의 단점을 보완하고 사회서비스를 구축하기 위하여 소비자 입장에서 서비스를 이용할 수 있는 방안인 활동지원 서비스다.

종래의 가정봉사원 제도나 홈헬퍼 서비스는 공적 기관에서 파견이 이루어지고, 일정한 연수의 과정을 거친 후 이용자에게 파견되며, 규정에 정해진 업무 외에는 행하지 못하는 제한된 서비스였다. 예를 들면, 가사지원 서비스에서 목욕 등의 신변관리를 행하지 않는 등의 문제다. 그러나 활동지원 서비스는 계약에 의하여 고용된 사람이 행하는 것이며, 재원은 공공기관이 지급을 원칙으로 한다.

스웨덴의 경우 사회보험청에서 활동지원 서비스 제공자 급여를 지급하고, 일본은 지원비 제도로 시·정·촌에서 지원비를 청구하여 서비스 제공자에게 지급한다. 미국은 주정부 예산에서 활동지원 서비스 예산이 지원되고 있다. 하지만 미국의 경우는 주정부에 따라 다양한 지급 형태를 보이고, 직접 지급방식과 간접 지급방식을 혼용하고 있다.

전통적 장애인관은 병자나 능력부족, 기능상실의 모습이었으나, 현대적 장애인관은 기능중심, 능력중심, 사회중심, 참여중심, 관계중심의 사고로 전환되고 있는 것이 특징이다. 이러한 변화는 장애인복지가 재활에서 자립생활로 전환되고, 그 정책이 반영되고 있기 때문이다. 이러한 측면에서 중증장애인의 지역사회 참여활동을 중심으로 자립생활 모형을 정착시키는 것은 국가의 의지에 달려 있다. 이러한 정착과정을 이루기 위하여 복지 시스템은 '보호에서 권리'로의 전환을 추구하는 것이다. 이 같은 변화는 WHO의 국제장애분류(ICF)[1]에서 잘 나타나 있다.

---

1) 구조·기능: 신체계의 생리적 기능을 포함하는 구조기능의 손실을 말하며, 신체의 해부학적 기능손실을 말한다.

활동: 문제 또는 행위에 대한 개인의 수행 정도, 개인의 생활전반에 걸친 활동의 어려움을 말한다.

사회참여: 인간의 사회생활 전반에 걸친 참여활동의 제한, 여기서 참여의 제한이란 환경적인 요인과 개인적인 요인에 의하여 발생하는 생활 전반의 어려움을 말한다.

2. 장애인 활동지원 제도

우리나라 자립생활 운동 초기에 가장 먼저 장애인 활동지원 서비스 도입이 제기되었다. 이는 2005년 자립생활센터 시범사업을 통하여 당시 보건복지가족부가 처음 지원하기 시작하였으며, 2007년부터 활동지원 서비스 시범사업이 전국으로 확대되었고, 2008년에는 공식적으로 국가가 예산을 지원하기 시작했다. 2011년에는 「장애인 활동 지원에 관한 법」이 제도화되었다.

2015년 기준 장애인 활동지원사업 서비스 제공기관은 한국장애인복지관협회, 한국장애인자립생활센터총연합회, 한국장애인자립생활센터협의회, 한국지역자활센터협회의 소속 700개소이며, 이용자 5만 7,550명에게 장애인 활동지원 서비스가 제공되고 있다. 최중증독거장애인 서비스 총량은 1일 평균 최대 13시간으로, 월 109시간이다. 보건복지부의 지원 예산은 2015년 기준 4,470억 원이며, 책정 서비스 제공시간당 단가는 8,810원이다. 공휴일 활동지원 급여는 평일의 50%를 가산한 1만 3,210원으로 활동지원인 월평균 보수는 약 85만 4,263원에 해당한다.

장애인 활동지원 정책은 「장애인복지법」 제55조를 근거로 "국가와 지방자치단체는 중증장애인의 자기결정에 의한 독립생활을 위하여 활동지원인의 파견 등 활동지원 서비스 또는 장애인 보조기구의 제공, 그 밖의 각종 편의 및 정보제공 등 필요한 시책을 강구"하도록 규정하고 있다. 활동지원 서비스는 이러한 법 규정을 통하여 법적 근거를 가지게 되었으며, 국가와 지방자치단체는 중증장애인의 자립생활 지원을 위하여 활동지원 서비스를 제공하도록 노력하여야 할 의무를 가지게 되었다. 그동안 활동지원 서비스에는 구체적 이념이나 철학이 부족했던 것이 사실이다. 또한 간병요양제도와 활동지원은 논란이 되어 왔다. 이 제도는 중증장애인의 자립생활을 촉진하고 사회참여를 확대한다는 이념에 입각하여 국가와 지방자치단체는 책무성을 지니게 되었지만, 예산 수립에 대하여는 추가적 연구가 필요하다. 장애인 활동지원 사업의 주요 재원은 국고와 지방비에서 충당하고 있으며 조세방식을 채택하고 있다.

활동지원 서비스 대상은 1급에서 3급까지의 중증장애인으로 하고, 만 6세 이상 만

65세 이하의 장애인에 한하여 서비스를 제공한다.

장애등급 판정체계에서 1급에서 3급까지 중중장애인은 일반항목 6개(장애유형, 가구유형, 동거 · 취업 여부, 소득수준 및 건강보험)와 신체 · 정신 기능 조사 항목(20개)을 평가항목으로 하여 등급을 판정한다. 지원대상자 등급 구분은 모두 4단계로 구분한다.

장애인 활동지원 서비스 제공기관의 중계사업은 지역사회 연계에 있어서 충분한 연계가 이루어지고 있다고 판단하기 어려우며, 이를 극복하기 위해 복지관이나 지역사회 유효자원의 공식적 자원과 비공식적 자원을 공평하게 연계하여 이용해야 할 것이다. 그리고 이를 평가에 반영하여 서비스 중계기관은 사례관리를 강화함으로써 보다 효율적 서비스 전달체계를 확립할 수 있다.

장애인 활동지원인은 총 40시간의 기본 교육을 이수하도록 하고 있으며, 현재 활동지원 종사자의 경우 보수교육 20시간을 추가로 이수하도록 하고 있다. 또한 활동지원 경력이 1년 이상인 자 또는 가사 · 간병도우미 등 유사 서비스 제공 활동 경력이 1년 이상인 자의 경우에도 보수교육 20시간을 이수하도록 규정하고 있다. 현행 제도에서 장애인 활동지원인은 서비스 중계기관에 소속되어 있으며, 각종 사회보험과 퇴직금이 지원된다.

유럽의 장애인 활동지원 서비스는 장애인 활동지원인의 자기추천 고용제를 선택하고 있으며, 일본에서도 자기추천제를 권장하고 있다. 이러한 점을 감안한다면, 우리나라의 활동지원 서비스도 향후 자기추천 제도의 검토가 필요하다.

지난 15년간 우리나라의 자립생활운동은 매우 성공적이라 평가된다. 자립생활운동으로 인해 장애인 이동권 보장은 물론 자립생활센터의 설립, 활동지원 서비스의 제도화, 「장애인차별금지 및 권리구제 등에 관한 법률」의 제정 등이 가속화되었다. 그럼에도 향후 활동지원 서비스 개선을 위해 다음과 같은 논의 과정이 필요하다. 먼저, 장기요양보험과 장애인 활동지원 서비스의 격차다. 현행 서비스에서도 단가 차이가 현저한 것이 문제로 지적되고 있으며, 이러한 격차를 줄이는 것이 이 제도의 과제로 지적된다. 또한 사회보험 방식과 조세방식의 차이를 놓고 일부에서 논의가 되고 있는데, 선진국의 활동지원 서비스 제도는 대부분 조세방식으로 운용되고 있다.

3. 장애인 활동지원의 사례

이 장에서는 외국의 활동지원 서비스 사례로 미국, 영국, 캐나다, 스웨덴, 일본을 차례로 살펴볼 것이다. 이 국가들은 중증장애인의 활동지원 서비스가 발달된 국가이며, 자립생활 역사 또한 오래되었다.

1) 미 국

미국 캘리포니아 주의 재가복지 서비스(IHSS) 매뉴얼에서는 개별활동지원 서비스(PAS) 지원 대상자 선정기준을 다음과 같이 정하고 있다.

첫째, 1차적으로 중증장애인 당사자의 요청에 의하여 활동지원 서비스의 내용과 사용 분량을 평가받는다. 평가는 당사자 상태가 가장 안 좋을 경우에 이루어지고, 그 평가결과가 서비스의 총량으로 결정된다.

둘째, 집 안의 형태, 구조, 가정 내부의 편의시설, 개조 가능성의 검토, 관리에 필요한 보장구의 유무 등을 종합적으로 고려하여 판단한다. 예를 들면, 간이 리프트가 있는지 여부 등이 그것이다.

셋째, 활동지원 서비스를 대신해 줄 수 있는 친척이나 가족의 자원을 고려하여 활동지원 서비스의 총량을 결정한다. 자원봉사자의 활용이나 이웃의 도움이 정기적으로 있는 경우는 본인의 동의하에 조정이 이루어진다.

넷째, 행정기관에서 지원받고 있는 서비스의 총량을 고려하여 개별활동지원 서비스 지원 정도를 결정한다.

다섯째, 중증장애인 당사자의 활동지원인 관리능력을 고려한다. 개별활동지원 서비스는 개인 계약형이어서 계약관계를 충분히 수행할 수 없는 경우에는 당사자의 불만 요인이 되므로 사전에 이러한 문제를 해결하고자 하는 것이다.

여섯째, 중증장애인 당사자가 활동지원 서비스의 일정을 조정하고, 지원인을 훈련시킬 수 있는 관계를 가질 수 있는지가 중요한 변수로 작용한다.

이와 같은 내용을 고려하여 개별활동지원 서비스의 총량을 결정하되, 개별활동지원 서비스를 이용하는 경우에는 연속성이나 선택권을 중요시하고, 공적 서비스인 홈헬퍼 서비스 등의 메디케어 서비스[2]의 경우에는 안정성, 계속성, 서비스의 질적 보장 등이 변수로 작용한다.

(1) 개별활동지원 서비스 급여의 사례 연구

① 인공호흡기를 사용하는 환자의 PAS

인공호흡기 이용자의 개별활동지원 서비스는 1980년에 개시되었다. 이는 장애의 사회복귀를 돕고 자택에서 생활할 수 있도록 하고 있다. 이 제도에서는 비용 효과가 높고 효율적인 시스템을 구축하는 데 중점을 둔 결과, 저렴한 개인간병 서비스를 제공하고 이용자 자신이 케어해 줄 사람을 선택, 훈련 및 관리할 수 있게 하였다.

1992년 「간호실무법(Nurse Practice Act)」의 개정에 따라 이전에는 면허·허가를 얻은 간병인만이 할 수 있었던 특정의 간병서비스를 면허 없이도 할 수 있게 되었다. 간병인의 급여는 면허·등록이 있는 간호사의 약 1/5이다. 특히 면허·등록이 있는 간호사는 시급 20~30달러를 받지만, 개인간병인은 시급 6.35달러를 받는다. 그 외에 재택간병인은 낮은 가격으로 인공호흡기의 도움을 받는 환자를 간병하는 등의 간병 서비스를 제공한다(〈표 13-2〉 참조).

---

2) 미국의 재가복지 서비스의 하나로, 노인에 대한 의료보험제도의 형태로 운영되며, 병원에서 퇴원 후 집에서 일상생활활동(ADL) 수행에 어려움을 겪는 65세 이상의 노인을 주된 대상으로 하여 연방정부가 인가한 기관에 소속된 간호보조원으로부터 재가의료 서비스와 물리치료를 받을 수 있도록 하고 있다.

〈표 13-2〉 인공호흡기 사용자의 PAS

구분	내용
사업시행 목적	인공호흡기를 이용하는 환자의 사회복귀를 돕고, 자택에서 생활할 수 있도록 함
수급 대상자	인공호흡기를 이용하는 환자
사업시행 주체	뉴욕 주
사업비 지급 형태	면허·등록이 있는 간호사의 1/5로 시급 6.35달러(면허·등록이 있는 간호사는 20~30달러)
특징	값이 저렴한 개인개호 서비스를 제공, 이용자 자신이 케어해 줄 사람을 선택·훈련·관리

② 오하이오 주 PAS

오하이오 주의 개별활동지원 서비스제도는 1981년에 개설되고 중증의 신체장애인의 독립생활과 고용을 지원하는 것을 목적으로 하고 있다. 이 제도는 중증의 신체장애인만을 대상으로 하고 있고 퇴역군인(최고 2,700달러) 및 노동자 포상(주 차원에서 연간 평균 450~2,500달러)에 근거하여 제공된다. 또한 오하이오 주의 18세 이상의 중증장애인을 대상으로 하고 있다. 오하이오 재활 서비스(Ohio Rehabilitation Services Commission) 또는 그 밖의 주나 정부의 서비스를 받고 있는 경우에는 개별활동지원 서비스를 중복하여 받을 수 없으며, 그 외에 2주간으로 70시간 이내의 간병을 필요로 하는 경우만이 이 서비스를 받을 수 있다. 또한 과세 대상이 되는 연 수입이 4만 달러 미만으로 간병인을 관리할 수 있어야만 한다.

지급금은 이 제도에 규정된 4개의 우선순위에 따라 각 개인에게 필요한 금액이 지불된다. 가장 우선순위가 높은 것은 현재 일하고 있고 개별활동지원 서비스를 필요로 하는 사람이다. 그 외에는 아래의 중요도에 따라 지급금이 부여된다.

- 일하는 의지가 있어도 개별활동지원 서비스의 지원 없이는 취직이 불가능한 사람
- 직업훈련을 받고 싶다는 생각하고 있으나 개별활동지원 서비스의 지원 없이는

불가능한 사람
　• 자립하고 싶은 생각을 가지고 있는 사람

　　이 제도에서 실시되는 서비스에는 옷 갈아입기, 배설, 몸 갖추기, 입욕, 식사, 약 복용, 보행 등의 간병이 있다. 간병의 시간 수와 지급금액은 PAS 담당직원이 결정하며, 담당직원과 서비스를 받을 장애인이 서로 상담하여 정하는 것은 아니다. 그러나 서비스를 받을 가족은 청구가 인정된 경우에 한해 지출비에 대한 환불을 받을 수 있다. 이 제도의 대상은 중증의 신체장애인으로 간병인의 심사, 면접, 선발, 지시, 감독 및 임금의 지급과 부수하는 사무처리 의무가 있다. 간병인에게 드는 비용은 연간 6,000달러이며, 서비스 이용자의 24%가 간병인의 임금 일부를 부담하지 않으면 안 된다. 활동지원인이 되려면 연령 등 몇 가지 제한이 있다.

〈표 13-3〉 오하이오 주 PAS

구분	내용
사업시행 목적	1981년에 개설된 개인간병인 제도는 중증의 신체장애인의 독립생활과 취직을 지원
수급 대상자	오하이오 주에 거주하는 18세 이상 중증장애인으로 신체장애인만을 대상으로 하며, 2주간 70시간 이내 간병을 필요로 하는 장애인
사업시행 주체	오하이오 주 개인 간병 프로그램
사업비 지급 형태	1~4순위로 정해졌으며, 1순위의 현재 일을 하고 있으며 개인간병이 필요로 하는 경우부터 4순위의 자립하고 싶어 하는 생각을 가지고 있는 사람까지 중요도에 따라 급여액이 다르고, 간병의 시간과 금액은 담당직원이 결정
서비스 내용	옷 갈아입기, 배설, 입욕, 식사, 약의 복용, 보행 등의 간병
특징	서비스 대상자인 중증장애인은 간병인의 심사, 면접, 선발, 지시 및 임금의 지급과 부수하는 사무처리를 할 의무가 있음. 연간 간병인에게 드는 비용은 6,000달러이며, 이용자의 24%가 간병인 임금의 일부를 부담

③ 펜실베이니아 주 재택간병 제도

　　공공복지국(Department of Public Welfare)이 재택간병 서비스에 주목하게 된 것은

1984년 9월이었다. 이 제도는 이용자에게는 받을 서비스를 직접 선택할 권리가 있다는 생각에 근거하여 3년간 사행적으로 실시되었다. 1987년 후반까지는 펜실베이니아 주의 모든 군에서 실시되었으며, 16~60세의 신체에 장애가 있으나 지적장애는 없는 사람을 대상으로 하였다. 이 제도는 이용자가 다음의 목표를 달성할 수 있게 하는 것을 목적으로 하고 있다.

- 가장 제한이 적은 환경에서 가능한 자립하여 생활할 수 있게 될 것
- 가정에서의 생활을 유지하고 시설에의 부적절한 수용을 방지할 것
- 취직활동을 하거나 현재의 일을 계속할 것

이 제도의 신청자는 18세 이상이어야 하고, 또 다음과 같은 조건을 갖추어야만 한다.

- 정신적으로는 문제가 없고 신체에 장애가 있을 것
- 완치될 때까지 1년 이상이 걸린다는 의사의 예측 진단이 있을 것
- 간병인을 선택 및 감독할 수 있을 것
- 금전적·법적인 사무 처리의 관리를 할 수 있을 것
- 일상생활에서 신변의 도움을 주거나 밖에 나가 활동하기 위한 도움을 줄 수 있는 간병인을 필요로 할 것

이 제도에 의한 서비스를 받을 수 있는 수입 제한은 없다. 그러나 가정 전체의 월 수입이 정부 빈곤가정에 관한 지침(US, Federal Income Guideline) 규정 금액의 125%를 초과할 경우 서비스 신청자는 공공복지국이 설정한 자부담 비용을 지불할 필요가 있다. 이 제도는 최종적 수단으로 고려할 문제이며, 타 서비스를 이용할 수 없는 경우에 재택간병 서비스를 받을 수 있다. 서비스는 연중무휴로 제공된다. 1주간(7일) 평균 40시간을 초과하는 서비스를 받을 수는 없으나, 제공되는 서비스의 합계 시간에 관한 제한은 없다. 또 장애인의 가족이 이 제도의 재택간병인이 될 수 없다. 기본

적인 서비스는 다음과 같다.

- 침대, 의자, 자동차에 의한 이동
- 일상생활의 간병, 이하의 추가 서비스
- 장보기, 세탁, 청소, 계절마다 하지 않으면 안 되는 가사
- 외출 시의 간병, 편지의 읽기 및 쓰기 등 옆에서 돌봐 주는 간병 서비스

이 제도는 다음 세 가지에서 필요한 서비스를 선택하여 받을 수 있다.

- 기관의 선택지: 기관은 간병인을 모집, 심사 및 고용하고, 장애인에 대한 서비스를 제공하기 위한 간병인의 훈련 및 관리를 행해야 하는 책임이 있다.
- 소비자의 선택지: 간병 서비스를 받을 장애인은 스스로 간병인을 완전히 관리할 책임이 있다.
- 계약자 선택지: 서비스를 받을 장애인이 서비스 제공 과정에 있어 어느 부분을 완전히 스스로 관리하고 어느 부분을 자기 관리하에 위탁할 것인가를 선택한다.

펜실베이니아 주의 공공복지국은 이용자에게 재택간병 서비스를 제공하는 기관을 지정하며, 일부 지역에서는 계약자가 재택간병을 다른 기관 또는 조직에 위탁한다. 이들의 계약자는 이 제도의 신청자를 심사하여 결정해야 하는 책임이 있다. 또한 계약자는 이용자의 파트너로서 간병 프로그램의 입안 · 실시 · 제공 및 통속적인 관리를 해야 한다.

계약자는 간병담당위원회를 설치할 의무가 있고, 위원회의 51%는 이용자 또는 이용자 단체여야 한다. 이 위원회의 역할은 계약자에게 이 제도의 방침, 운용 및 지역과의 관계와 관련된 충고를 행하는 것이다. 계약자는 공공위생국(Public Health Department)으로부터 지급금을 받고 있다. 계약자는 이용자의 양해가 있으면 지급금의 관리를 대행할 수 있으며, 한편으로 공공위생국에서 지급금을 얻은 계약자는 지급금을 이용자에게 직접 배분해야 한다. 계약자는 지급금에 관하여 공공위생국에 대

〈표 13-4〉 펜실베이니아 주 재택간병 제도

구분	내용
사업시행 목적	간병인을 선택 및 감독함으로써 금전적 · 법적 사무 처리의 관리를 할 수 있고, 일상생활에서 신변과 외부 활동하기에 도움을 줄 수 있는 간병인을 필요로 할 것
수급 대상자	16~60세의 신체장애만 있는 장애인으로 수입의 제한은 없으나 월수입이 관련 정부빈곤가정에 관한 지침 규정의 125%를 초과할 경우 공공복지국의 규정된 비용을 지불
사업시행 주체	주의 공공복지국이 이용자에게 재택간병 서비스를 제공하는 다른 기관 또는 조직(= 계약자)
서비스 내용	연중무휴, 1주간(7일)에 평균 40시간 이하로 일상생활간병, 이동, 가사, 금전관리 제공
특징	간병인의 모집 · 훈련 · 관리까지 책임질 기관, 장애인 당사자, 위탁한 계약자의 3가지 옵션 중 선택이 가능하며, 위탁한 계약자는 공공위생국으로부터 지급금을 얻고 이용자의 양해가 있으면 관리를 대행할 수 있으며, 이용자에게 직접 배분할 수 있고, 지급금에 관하여 계약자는 공공위생국에 대한 책임을 짐

한 책임을 진다.

④ 유타 주 재택간병 제도

개인간병지원 제도는 신체적 장애가 있는 성인에 대한 간병 서비스의 비용을 지급한다. 유타 주의 재택간병 제도의 목적은 간병인을 고용함으로써 가족이 함께 생활할 수 있게 하는 데 있다. 이 제도는 복지시설 또는 그 밖의 가족과 떨어진 장소에서 생활하지 않으면 안 될 가능성이 있거나 또는 이미 그러한 상황에 놓여 있는 신체에 장애가 있는 성인을 대상으로 하고 있다.

이 제도는 손발에 기능장애가 두 가지 이상 있는 18세 이상의 중도신체장애자만을 대상으로 한다. 이 서비스의 이용자는 간병인 및 자기 자신에 관한 사항을 관리할 수 있어야 한다. 필요한 간병의 범위는 서면으로 정할 필요가 있다. 더욱 이 서비스를 받으려면 주당에 40시간 이상의 간병을 필요로 하거나 야간에 간병을 필요로 하는 것이 조건이다. 이 제도에서 제공되는 서비스는 중증신체장애인이 자립하여 생활하는 데 필요한 것으로 여겨지는 것이다. 서비스의 내용은 다음과 같다.

- 이동(침대에서 휠체어로의 이동 등)
- 일상생활에서 신변의 돌봄
- 옷 갈아입기
- 신체를 청결하게 유지하고 위생 면에서의 관리
- 식료품의 구입, 식사준비 및 식사간병

이 제도는 장애인 서비스국에 의해 관리된다. 서비스의 이용자는 각각 간병인의 고용·해고·관리를 할 의무가 있다. 필요한 서비스를 받기 위한 지급금은 매월 이용자에게 직접 지급된다. 이 지급금을 받으려면 청구서를 매월 작성하고 장애인 서비스국에 제출할 필요가 있다. 서비스 순번은 대기자가 많아 오래 기다려야 한다.

〈표 13-5〉 유타 주 재택간병 제도

구분	내용
목적	간병인을 고용함으로써 가족이 함께 생활하도록 도와주는 것이 목표
수급 대상자	2개 이상의 손발 장애가 있는 18세 이상 중증신체장애인
사업시행 주체	장애인 서비스국
사업비 지급 형태	서비스를 받을 수 있는 지급금은 이용자에게 매월 직접 지급되며, 이용자는 청구서를 매월 작성하여 장애인 서비스국에 제출
서비스 내용	이동, 신변 돌보기, 옷 갈아입기, 위생관리, 식료품 구입, 식사준비 및 식사간병
특징	이용자 자기 자신에 관한 사항을 관리할 수 있고 서면으로 제출할 필요가 있으며, 주 40시간 이상 간병을 필요로 하거나 야간간병을 필요로 해야 함

⑤ 버몬트 주 간병 서비스 프로그램

이 간병 서비스 프로그램의 목적은 서비스가 없는 지역에서 생활하고 있는 버몬트

주의 시민에게 간병 서비스를 제공하고 자립을 지원하는 것이다. 또 이 제도는 간병 서비스의 관리와 규정에 관하여 이용자가 결정권을 가지게 하는 것을 목적으로 하고 있다. 대상자는 복지시설에 들어가지 않고 자력으로 생활하기 위해 간병을 필요로 하는 19세 이상의 버몬트 주의 시민이다. 버몬트 주의 간병 서비스 프로그램에는 장애의 정도와 그에 동반하여 필요로 하는 간병에 의해 다른 세 가지의 제도가 부수되어 있다. 단, 이들 중 복수의 제도를 동시에 받을 수 없다.

- 개별서비스 프로그램: 메디케이드를 받을 수 있는 장애인을 대상으로 하고 있다.
- 참가자 지향의 개인간병 프로그램: 회복이 불가능한 장애 또는 중증장애가 있고 자립을 위해서 일상생활에서 복수생활의 간병 서비스를 필요로 하는 이용자를 대상으로 하고 있다.
- 그룹 지향의 간병 서비스 프로그램: 상기 조건에 첨가하여 다음의 조건을 갖춘 사람을 대상으로 하고 있다.
  - 매일 4시간 이상의 간병 서비스를 필요로 할 것
  - 고령장애부가 승인한 서비스

하루에 최고 13시간까지의 간병 서비스에 대해 지원금이 지급된다. 이 제도에서 단체생활이란 이용자 8명이 각각 침실이 2개 있는 방에서 생활하고 있는 상황을 말한다. 이 단체생활의 장에서 간병인은 매일 4시간 이상의 간병을 행한다. 간병 프로그램에는 1차 및 2차 서비스가 있다. 1차 서비스에는 몸단장, 옷 갈아입기, 배설, 약 투여 또는 건강을 유지하기 위한 운동기구 사용, 이동, 보행, 식사 및 식사준비 등의 간병이 포함된다. 또 2차 서비스에는 가사(청소와 세탁), 집 유지관리(제설이나 정원 가꾸기), 쇼핑, 이동, 유아와 어린이 돌보기, 동물 돌보기, 복지기기의 보수 및 세척이 포함된다.

서비스 이용자는 간병 프로그램에 관한 관리를 행할 책임이 있고, 간병인의 고용·훈련·관리를 행할 필요가 있다. 또한 이와 같은 작업을 행하고 싶지 않을 경우에는 지명한 대리인에게 위탁할 수도 있다. 고령장애부에 급여를 청구하면 지불이 행해진다.

〈표 13-6〉 버몬트 주 간병 서비스 프로그램

구분	내용
사업시행 목적	서비스가 없는 지역에 생활하고 있는 주 시민에게 간병 서비스 제공 및 자립지원, 관리, 규정에 관하여 이용자가 결정권을 가지게 되는 것
수급 대상자	복지시설에 들어가지 않고 자력으로 생활하기 위해 간병을 필요로 하는 19세 이상의 주 시민
사업시행 주체	독립생활 권리옹호 서비스 조정국, 고령장애부, 홈서비스청
사업비 지급 형태	고령장애부에 급여를 청구하면 지불됨
서비스 내용	• 1차: 몸단장, 옷 갈아입기, 배설, 약 투여, 건강유지 운동기구 사용, 이동, 식사 및 식사준비 • 2차: 가사(청소/세탁), 집 유지관리, 쇼핑, 이동, 유아와 어린이 돌보기, 동물 돌보기, 복지기기의 보수 및 세척
특징	• 개별서비스 프로그램: 메디케이드를 받을 수 있는 장애인 • 참가자 지향의 개인간병 프로그램: 회복 불가능한 장애 또는 중증장애가 있고 자립을 위해서 일상생활 간병 서비스를 필요로 하는 이용자 • 집단 지향의 간병 서비스 프로그램: 고령장애부가 승인한 서비스 수급 자격이 있는 개인이 모인 단체생활의 장에서 매일 4시간 이상의 간병 서비스가 필요한 자 ※ 단, 이들 서비스를 중복적으로 동시에 받을 수 없음

⑥ 텍사스 주 재택간병 프로그램과 자기관리형 간병 서비스

텍사스 주 재택간병 프로그램과 자기관리형 간병 서비스는 다음 〈표 13-7〉과 같다.

〈표 13-7〉 텍사스 주 재택간병 프로그램과 자기관리형 간병 서비스

구분	재택간병 프로그램	자기관리형 간병서비스
사업시행 목적	지역사회에서 시설 이외에 방법이 없다고 생각되는 사람들에게 서비스 지원	신체적 장애를 가진 이용자에 대한 개별 간병 서비스 제도
수급 대상자	수입이 74% 이하이며, 공식적·비공식적으로 어떠한 서비스도 받을 수 없는 자	정신적·감정적으로 건강하고, 간병인에게 스스로 지시할 수 있으며, 장애 정도가 6개월 이상 진행이 예측이 되는 18세 이상 장애인
사업시행 주체	지구공공의료시설국(DHS)이 인가한 기관	개별 간병 서비스의 면허가 가능한 계약업자
사업비 지급 형태	해당 기관에 기관이 직접 지급하되 기준은 지역사전심사간호국에 의하여 지급금이 결정	시간 단가로 지급

서비스 내용	초등(Primary)재택간병 프로그램은 사적 시스템으로 지구공공의료시설국(DHS)이 인가한 기관을 통해 간병서비스를 받을 수 있으며, 시간은 1인당 주 30시간을 초과할 수 없음	계약업자의 판단에 의해 이용자의 간병 서비스 수준을 판단하고, 간병인이 될 수 있는 사람들을 파악하며, 긴급 시 지원체제를 준비 혹은 시행
특징	서비스 신청자는 3개의 전문가 단체에서 심사 ① 지역 케이스 매니저: 수입의 조건 ② 간호사 감독자: 의학적 자세한 심사 후 각 장애에 맞는 간병 내용 ③ 지역사전심사 간호사: ①, ②에 심사 후 적당한 서비스 선택	서비스 상한은 계약상의 시간단위에 따라 다르며, 지불액은 간병시설 가중평균 가격을 상회할 수 없고, 지방공공단체, 가정·지역지원 서비스단체, 독립생활센터는(서비스 제공자) 경쟁 입찰방식으로 진행되며, 자격심사는 휴스턴 시에서 감사함

(2) 현금보조 제도

① 발달장애가 있는 장애인에 대한 지원금 제도

이 제도의 첫 번째 목적은 가족 구성원 중 발달장애가 있는 경우 지역사회에서 지원해 주기 위함이다. 가족지원에는 다음 세 가지 종류가 있다.

- 물건이나 서비스 비용의 일부로서 직접 현금이나 쿠폰으로 지급하는 현금보조 프로그램
- 주가 특정 서비스를 제공할 수 있게 지정 또는 계약한 기관을 통해 서비스나 물품을 제공하는 지원서비스 프로그램
- 현금보조와 지원서비스 양쪽을 제공하는 혼합 프로그램

② 노인 및 장애인을 위한 현금보조 프로그램

이 프로그램의 목적은 재택간병 서비스를 받지 않고는 자택에서 생활할 수 없는 노인, 시각장애인 또는 신체장애인에게 서비스를 제공하는 것이다. 대상자의 평균 연령은 70세다. 이 제도는 현금 혹은 지원서비스 양쪽 어느 것이나 선택할 수 있다.

〈표 13-8〉 현금보조 제도

구분	발달장애인에 대한 지원 제도	재택간병 서비스 제도
대상	발달장애가 있는 장애인	신체장애인 및 노인
명칭	가족지원 제도	재택간병 서비스 및 재택간병 수당 프로그램
목적	가족구성원 중 발달장애인이 있는 경우 지역사회에서 지원해 주는 서비스	재택간병 서비스를 받지 않고는 생활할 수 없는 노인, 시각 및 신체 장애인에 대한 지원서비스

종류	① 현금보조 프로그램
	  (현금 또는 쿠폰)
	② 물품 및 서비스지원 프로그램(지정 또는 계약된 기관)
	③ 혼합 프로그램
	  (현금보조＋지원서비스)
		현금 또는 지원서비스 중 선택 가능

2) 영 국

영국에서는 개별활동지원 서비스를 '지역에서 자립생활을 하고 있는 장애인 당사자에 의하여 고용된 개인'[3]이라고 규정하고 있다. 자립생활(ILA)에서는 옷 갈아입히기, 식사보조, 목욕보조, 배설보조 등을 구체적인 활동지원 서비스 내용으로 하여 일상적인 활동지원 서비스를 지원하고 있다. 영국의 개별활동지원 서비스는 장애인의 개별성을 중요시하여 무엇이 필요한지를 가장 잘 알고 있는 것은 장애인 당사자라는 원칙을 기본 철학으로 제시하고 있으며, 이러한 철학이 단지 신변보조뿐만 아니라 전반적 활동지원 서비스로 확대되고 있다. 개별활동지원 서비스는 초기 1개월은 인턴기간으로 채용되고, 비용은 시급으로 지급된다. 일의 분량에 따라 급여가 지원되고 있고, 총체적인 결정권은 행정기관 당국의 전문가가 장애인 당사자와의 평가를 통하여 결정한다.

---

3) 영국에서는 척수장애인협회에서 주로 개별활동지원 서비스를 이용하고 있으며, ILA를 통하여 활동지원인을 파견하고 있다.

활동지원자의 노동원칙은 일주일에 2일의 휴일과 1일 8시간 노동에서 2시간 휴식시간이다. 또한 4개월을 일하면 일주일의 유급휴가가 주어지고, 노동시간 중 활동지원자의 식사대금은 별도로 고용자가 활동지원인에게 지급한다.

영국의 개별활동지원 서비스에서는 다음과 같은 평가결과가 제시되고 있다. 활동지원자의 경우 평균 2년 근무하고 퇴직하며, 1~4월, 9~11월에 고용이 쉽고, 아동을 양육하는 장애인 부모는 아동을 양육하기 위하여 활동지원인을 사용하는 경우가 있다.

영국에서 1988년 독립생활기금이 조성되어 이 기금에 의하여 개별활동지원 서비스 지원이 이루어졌으며, 1990년 「국민보건서비스와 지역사회보호법(The NHS and Community Care Act)」이 제정될 때까지 이 기금에 의한 지원이 이루어졌다. 이 기금을 받기 위하여 필요한 조건은 신변 케어를 필요로 할 것이며, 독립세대를 구성하고 있고, 동거 중인 자가 고령자 또는 장애인일 경우다. 또한 활동지원 수당을 받고 있어야 하며, 저축이 6,000파운드 이상 되지 않아야 한다. 이 기금을 수령할 수 있는 장애인은 16세 이상 65세 이하의 재가장애인으로 중증장애 수당 수급자이며, 6개월 이상 신청 지역에 거주해야만 지원대상이 될 수 있다.

기금에 의한 개별활동지원 서비스 사업은 1996년 7월 관리서비스 비용의 「직접지급법(Community Care Direct Payment Act)」이 제정될 때까지 기금에 의한 지원이 계속되었으며, 이후는 현금지급에 의한 개별활동지원 서비스 비용의 직접지급이 가능해졌다. 영국에서는 중증장애인의 개별활동지원 서비스를 직접지급에 의한 지원방법으로 전환할 수 있는 법적인 근거를 마련하였고, 이러한 성과는 장애인의 자립생활과 역량강화에 높게 평가되고 있다.

3) 스웨덴

스웨덴의 활동보조 서비스의 역사는 이용인이 스톡홀름자립생활조합(Stockholm Cooperative for Independent Living)을 통제했던 1986년으로 돌아가 볼 수 있다 (Gough, 1994). 지자체(municipality)로부터 경제적 원조를 받음으로써 이용인들은 자신의 보조인을 스스로 채용하여 자신들의 도움에 대한 욕구를 충족시켜 줄 지급능력 (responsibility)을 갖추게 되었다. 그 이후 두 개의 특별법, 즉 특정 장애인을 위한 지 원 및 서비스 관련법(The act concerning support and service to certain group of disabled people: LSS), 보조수당에 관한 법률(The act concerning assistance compensation: LASS) 이 활동보조인 서비스가 서비스의 자격요건을 갖춘 이용인들에게 개인의 권리로서 생겨나는 등 1994년에 제도에 있어서 획기적인 발전이 이루어졌다.

1994년에 제정된 「중증기능장애인활동보조인파견법(LASS)」으로 직접 지급방식에 의한 중증장애인 중심의 서비스 체계가 전국적으로 구축하게 된다. 거의 1만 5,000여 명의 사람들이 21세기 초반에 활동보조 서비스를 받게 되었다. 이 법의 적용을 받는 대상은 일주일에 20시간 이상 신체적 케어가 필요한 중증의 기능 장애인이며, 재원은 정부의 사회보험기금에서 충당하고 있다. 활동보조인 서비스에 필요한 요금 설정은 1시간당 150크로네(한화로 약 19,000원) 정도이며, 이 금액에는 사회보험비와 세금 등 이 포함되어 있다. 다시 말하면 공적인 자금이 개인에게 지급되는 것이지만 장애인 당사자는 소비자이기 때문에 지급된 돈은 수입이 되고, 수입에 대하여는 국가에 세 금을 내는 것이다. 이 제도는 처음에는 직접 지불(direct payment)의 특성을 가지고 있 었다. 특정 장애인을 위한 지원 및 서비스 관련법(LSS)에 의한 활동보조 서비스는 서 비스와 직접 지불 모두로 받을 수 있었던 반면, 보조수당에 관한 법률(LASS) 이용인 들은 직접 지불 형태로만 수당을 받았다.

STIL은 독립생활 운동의 중심적 이념인 선택권과 관리권을 당사자에게 부여하므 로 중증장애인이라도 사회참여가 가능하도록 서비스를 현물지급 방식에서 현금지급 방식으로 전환하는 데 기여했다. 그리고 1987년에 22명의 중증장애인을 대상으로 현 금지급 서비스 모형 사업을 실시하였다. 22명에게 독립생활에 필요한 서비스의 평가 를 실시하고, 그 평가 정도에 따라 현금을 개인에게 지급하며, 장애인 개인은 지급된 현금을 통하여 서비스를 직접 구입하게 된다. 즉, 개인계약 관계가 성립하게 되는 것 이다.

4) 일 본

일본에서는 2003년 4월에 지원비 제도를 도입함으로써 행정기관이 장애인 활동지원 서비스 이용기관이나 내용을 결정하던 행정 중심의 서비스 전달방식에서 서비스 이용자인 장애 이용자 당사자가 자기결정권과 자기통제권을 발휘하고 서비스 이용기관이나 내용을 결정할 수 있도록 제도를 전면 수정하였다.

장애인 활동지원 서비스의 종류와 관련해서 일본에서는 인정조사 결과 장애지원 구분 1~6에 해당되는 장애인에게 여러 종류의 활동지원 서비스를 제공한다. 구체적으로 거택보호를 비롯해 총 11개의 서비스를 제공하며, 청각 및 발달장애와 같이 장애 유형이나 장애 정도에 따라 특화된 서비스는 물론 시설이나 병원 등에서 제공받을 수 있는 서비스까지 다양한 활동지원 서비스를 제공한다. 장애인 활동지원 서비스 종류는 '장애인상담지원사업'을 통해 본인의 일상생활 중 필요한 서비스와 이용의향, 본인 및 가족의 상태 등을 기초로 장애인이 직접 작성하거나 지정 상담 지원사업소의 무료상담을 통해 작성한 '서비스 등 이용계획안'을 토대로 결정된다. 특히 최종 결정된 서비스의 양을 기초로 본인이 직접 작성하거나 지정 상담지원 사업소와 무료상담을 통해 서비스 등 이용계획을 수립하고 자유롭게 서비스 제공사업소를 선택해 계약을 체결한 후 서비스를 이용하도록 하고 있다. 일본에서는 장애인 활동지원 서비스 신청에서부터 장애지원 구분을 위한 1~2차 인정조사, 서비스 의향 조사, 지급결정 등의 장애인 활동지원 제도에 관한 전체적인 서비스 전달과정을 시·정·촌이 담당하고 있다.

일본에서는 장애 이용자의 상황에 따라서 최대 하루 24시간까지 활동지원 서비스의 이용이 가능하며, 장애인 활동지원을 24시간 요청하는 경우에는 장애 정도 구분이 6에 해당하고, 독거나 장애인만 구성된 가구 또는 장애인과 어린 아이나 움직일 수 없는 고령자 세대로 구성되어 수입이 월 18만 엔 이하이며 자산이 없는 경우로 제한하고 있다. 특히 자산에 대해서도 집은 있으나 너무 좁거나 자산으로 보기 어려운 경우 또는 부모나 형제로부터 소액을 지원 받는 경우도 24시간 서비스를 이용할 수 있도록 하고 있다. 이처럼 일본 정부 차원에서는 장애인에게 지급되는 지원한도를

〈표 13-9〉 일본의 장애인 개호서비스 제도

서비스구분	파견 대상	파견 내용	파견 횟수	비용 부담
심신장애아 흠헬퍼 서비스	중도심신장애아	가사 원조 및 개호	상황에 따라	무료
전신성장애인 개호인 파견 서비스	전신성장애인	신변개호	1일 8시간	소득제한 있음
중증뇌성마비인 개호인 파견	중증뇌성마비인	신변개호	월 12회	무료
중도 시각장애자 가이드헬퍼 파견	재택생활자 신체장애인	외출 시 곁에서 시중	제한 없음	경우에 따라 부담
맹농자 수화통역인 파견	시청각·언어 장애를 갖고 있는 자	수화통역	내용에 따라 제한	무료

※ 위에 표시된 기준은 도쿄 도의 경우이며, 서비스의 총량은 각 시·정·촌에 따라 다를 수 있으나 2004년 지원비 지급 방식에 의하여 장애인에게 선택권과 서비스 결정권은 주어졌지만, 서비스 총량은 케어매니지먼트의 실시로 이전에 비하여 적어지고 있다고 보고되고 있다.

별도로 규정해 놓고 있지 않지만, 일부 지방자치단체에서 서비스별로 한도를 정해 놓은 지역도 있다. 이외에도 일본은 2012년에 제정된 「장애인종합법」을 통해 장애인 지원구분이 지적장애나 정신장애의 특성을 반영하도록 재검증 작업을 실시함으로써 장애인의 자기결정권을 최대한 보장하도록 노력하고 있다. 또한 모든 장애유형은 물론 난치병 환자까지 활동지원 서비스의 대상자로 포괄하고 있어 장애인뿐만 아니라 질병으로 활동지원 서비스가 필요한 국민을 대상으로 폭넓은 선택의 기회를 제공하고 있다.

장애인 활동지원 서비스와 관련된 정보제공에 있어서 일본은 보건·복지·의료에 관한 종합정보 사이트인 'WAM NET(http://www.wam.go.jp)'을 통해 장애인 활동지원 서비스를 종합적으로 소개하고 있다. 'WAM NET'에서는 장애인 활동지원 제도 사업의 목적과 도입 의의, 서비스 대상자 및 신청자격, 이용절차, 추진체계 등 제도에 대한 전반적인 설명과 서비스 제공기관과 신청기관을 지역별로 검색할 수 있도록 함으로써 장애 이용자의 이용편의를 증대하고 있다.

5) 국가별 장애인 활동지원 정책

국가별 장애인 활동지원 정책과제는 〈표 13-11〉에서 나타나는 바와 같이 제도를 운영하는 데서 오는 예산 확보다. 그러나 개별활동지원 서비스가 기존의 홈헬퍼 제도나 장기요양보호와 의료적 모형에서 탈피하여 사회적 모델형으로의 전환을 제시하고 있다는 데서 장애인의 사회참여에 큰 효과를 가져왔다.

국가별 개별활동지원 서비스 제도에 대하여 특징을 요약하면 다음과 같다.

첫째, 개별활동지원 서비스의 대상자는 대부분 중증장애인이며, 개별활동지원 서비스는 유료 도우미나 장기요양보호와 달리, 사회참여와 활동을 지원하는 측면에서 설계되었다.

둘째, 개별활동지원 서비스의 비용지급에 있어서 일본을 제외한 나머지 국가에서는 직접 지급방식을 채택하고 있다. 회계관리 등 본인이 관리하기 어려운 부분은 중계기관이나 자립생활센터에 의뢰하여 운영하는 것이 사실이며, 자립생활센터의 역할은 활동지원인을 모집하여 소개하고 사무관리를 대변해 주는 역할, 상담지원 역할 등을 주로 하고 있다. 권리대변이나 자립생활 프로그램 지원 등을 통하여 장애인을 지원하고 있는 것이 공통적 특징이다. 그러나 일본의 경우는 기존의 자립생활센터의 역할보다는 활동지원인 중계에 치중하여 운영하고 있으며, 개호보험 제도나 장애인 자립지원 제도에서 활동지원사업 파견기관으로 지정받아 사업을 수행하는 것이 일반적이다.

서구의 자립생활센터가 재정자립이 궁핍하다는 비판인 데 비해, 일본에서는 사업으로 전개함으로써 어느 정도 한계를 극복했다고 평가되고 있다. 기존의 자립생활센터가 사업모형에 치중하면 현재의 복지관이 직면하고 있는 프로그램과 사회교육 중심의 복지관으로 변형되고, 장애인의 대변자로서의 권리옹호 기관의 역할은 미약해질 수밖에 없다.

셋째, 대부분의 국가는 독립된 재정구조를 가지고 있고 사회보험 방식이 아닌 조세 방식으로 운영되고 있다. 이는 장애인 활동지원 서비스가 공적 서비스 지원 측면이 강하다는 것을 입증하는 것이다. 연금이나 수당, 생활보장이 충분하지 않은 비용

〈표 13-10〉 국가별 PAS의 장점과 단점

구분	PAS 장점	PAS 단점
미국	독립생활의 철학을 바탕으로 하는 제도 시행으로 인한 장애인의 역량강화, 사업자를 통하는 것보다 비용 절감, 효율성 높음, 만족도 높음, 본인이 원하는 활동지원인 모집 및 관리가 용이, 장애인 당사자의 권한 극대화(고용 및 해고의 자율성), 당사자 주체의 당위성 확보	중증신체장애인이 주요 대상으로 자기관리 능력이 없는 사람은 대상에서 제외되고 있음, 사회적 서비스로서의 체계 미흡, 보편적 서비스로서의 국가 책임 미흡, 주정부 비용부담 증가(메디케어와 메디케이드의 지방정부 부담 증가), 주정부에 따라 격차 많음
영국	중계 기관을 통한 사회적 함의 도출, 평가 및 책임성 강화, 중증장애인의 사회참여 극대화, 비용 절감, 효율성 극대화, 활동지원인의 신분보장(중계 기관 이용의 경우)	궁극적으로는 현금지급이나 당사자의 통장에 입금되는 주체가 정부가 아닌 제3자 기관이므로 권리에 기반을 둔 제도운영의 과제가 남아 있음, 활동지원인의 개별관리와 회계관리를 본인이 할 경우 비용은 절약되나 이것으로 소진되는 경우가 많음, 자기관리의 대안 모색 필요
캐나다	독립생활의 철학에 기초한 제도의 설계, 셀프 매니저로서의 위상 확립, 자기선택 기회의 확대, 사회참여 기회의 확대, 자기결정 기회의 증대로 역량강화 증대	시설입소자에게는 기본적으로 자격이 주어지지 않음, 지역생활자에게 자격 부여, 상한선을 초과할 경우 결국 지자체에 따른 격차 발생, 「노동법」 적용이 까다로워 활동지원인의 해고가 어려움, 문제 발생 시 대처 시스템의 미흡
스웨덴	독립생활의 철학에 기반을 둔 제도의 설계, 중증장애인의 사회참여 확대, 활동지원인의 신분보장, 최중증장애인도 지역사회에서 독립생활 가능, 장애인의 역량강화 입증	연도 말 이원제도, 상한선이 없으므로 서비스 비용의 남용 예상, 자기관리 능력이 없는 지적장애인 등의 대책이 미흡, 사무적 절차가 복잡하여 본인관리보다는 STIL에게 위임하는 경우가 많음
일본	전체 장애인을 대상으로 제도 설계, 보편적 사회보험 방식에 가까운 공적 사회보험＋조세방식의 복합방식 채용, 서비스 판정의 공정성(객관적 기준 적용) 확보, 전국 균일적 서비스 시스템 구축	본인부담(10%)으로 생계 압박, 전임 활동지원인 확보 곤란(저비용), 활동지원인 고용환경의 열악함, 장애인 당사자의 자기관리 능력 부족, CIL의 사업 모형 전환으로 상담이나 독립생활 프로그램 시행이 미흡, 시장경제 원리가 PAS에 침투하여 질적 저하 초래(저단가 원인)

부담 문제는 자립생활 지원이 아니라 자립생활 억제요인이 된다는 결과를 보여 주고 있다.

넷째, 대상자에 있어서 서구 대부분의 국가는 자기관리가 가능한 지체장애인이 대상자이지만 일본의 경우는 모든 장애인 영역을 포함하여 서비스를 지원하고 있으며,

〈표 13-11〉 PAS의 정책과제

구분	전달체계
미국	장애종별 및 지역격차 문제, 지방자치단체의 재원 확보의 곤란, 경제요인으로 인한 연방정부의 보조금 저하
영국	노인과 장애인의 케어 문제의 통합 문제, 사회보장 문제(각종 수당 문제)와 PAS 문제의 구분에 관한 정책과제, 사회보험 방식 도입, 현재 PAS 수급자는 5만 명이나 증가할 것이 예상되며 향후 그에 따른 예산 확보가 과제
캐나다	독립생활기금에서 일반재원으로 전환해 가는 과정, 영구적이고 안정적으로 운영하기 위한 방법, 재원 문제
스웨덴	1998년부터 2002년까지 경제요인으로 PAS가 축소되는 움직임이 있었으나 현재는 안정적으로 운영, 이용자 증가
일본	본인 10% 부담으로 가계 경제의 압박요인 발생, 사회참여의 저해요인, 지방자치단체 간의 격차 증가, PAS의 재원 확보

자립지원 제도가 개별활동지원 서비스만이 아니라 모든 장애인복지 서비스에 적용되고 있다.

4. 장애인 활동지원의 실천

1) 장애유형의 특징

(1) 뇌병변장애

뇌성마비는 뇌가 미성숙한 시기에 뇌의 운동신경 손상이나 발육 이상으로 주로 운동기능에 장애가 생긴 것으로, 출산 전 태아 상태에서의 뇌손상(산모의 바이러스 감염, 약물중독, 연탄가스 중독, 혈액형 부조화 등)과 출산 시 아기의 외상으로 인한 뇌출혈, 산소결핍, 조산, 난산 등을 원인으로 하고 있으며, 출산 후에도 아기의 뇌출혈, 뇌막염, 고열, 납 중독 등의 원인으로 장애가 발생한다. 언어장애를 동반하는 경우가 많으며, 드물게 청각장애, 지능장애 등이 동반되기도 하지만 유전되지 않는다. 중도에 뇌출혈, 뇌졸중, 뇌경색 등으로 편마비 등을 동반하는 경우까지 통틀어 뇌병변장애라고한다. 뇌성마비는 경직, 경련, 이완, 마비 등이 나타나며, 때에 따라서는 중복되어 나타나기도 한다. 근육의 경직 등이 안면과 외모에 나타나기 때문에 지능이 낮을 것으로 오해하는 사람이 많고, 또한 나이에 비해 어려 보이는 경우가 많아 처음 보는 사람이 하대하는 것을 매우 싫어한다. 불안하거나 긴장하면 경직이 더욱 심해지고, 언어장애가 있는 경우 알아듣기가 힘들 수도 있다. 활동지원 시에 잘 알아듣지 못하고도이해한 척 행동하지 말고 인내심을 가지고 당사자의 의견을 명확히 확인하는 것이중요하며, 언어장애가 심해 도저히 알아듣지 못할 경우 필담을 사용하는 것도 좋은방법이다.

(2) 소아마비

소아마비는 바이러스 균으로 인하여 생겨나며, 주로 소아기에 발병하나 드물게 청년기에 발병하는 경우도 있다. 우리나라의 경우 1970년대 백신이 보급되어 현재는거의 발병하지 않아 소아마비 장애인들은 대부분 40대 이상의 성인이 많다. 대부분마비가 상반신보다는 하반신에 나타나 양손이 자유로운 사람이 많으나, 마비가 심한경우 척추에 변형이 생겨 진행성으로 척추측만증을 동반한다.

(3) 척수장애

척수장애와 척추장애를 혼동하는 사람이 간혹 있다. 척추장애는 척추(뼈)에 장애가 있는 것으로서 흔히들 말하는 척추측만증을 말하고, 척수장애는 사고, 재해, 질병등으로 인해 척추 안을 통과하는 신경(척수)이 손상을 입어 운동감각에 마비가 오는것을 말한다. 척추를 이루는 경추, 흉추, 요추 중에 손상 부위가 경추로 올라갈수록사지마비가 많고, 요추 쪽으로 내려갈수록 하반신마비가 많다. 손상 상태에 따라 마비의 정도와 동작능력 등이 사람마다 다르기 때문에 장애 특성을 당사자에게서 파악하는 것이 중요하다. 교감신경과 부교감신경의 마비로 체온과 땀을 자율적으로 조절하지 못해 온도 변화에 민감하고, 방광 및 항문의 근육에 감각이 없어 물리적인 방법으로 용변을 보는 경우와 항시 소변 주머니를 착용하는 경우가 있다. 용변 시 용변 도구의 위생이 중요하다. 대부분이 중도에 사고 등으로 장애를 입기 때문에 물질적·정신적으로 장애에 적응하는 데 전문적인 지지가 필요하다.

(4) 근육디스트로피

근육디스트로피는 진행성으로 근육세포가 새로이 생성되지 못하고 조금씩 약해지는 병이다. 초기에는 자주 넘어지는 현상을 보이다가 점차 뛰고 걷기가 힘들어지며 나중에는 앉아 있기조차 어려워진다. 원인은 모성유전으로 알려져 있으며, 진행상태에 따라 약간의 보행이 가능한 장애인도 있으나 심한 사람은 휠체어에 앉은 채 허리와 목도 가누지 못하며, 때문에 휠체어를 뒤로 젖힐 때 활동지원인이 배나 가슴으로 받쳐 주어야 한다. 장애가 경한 경우에는 외관상으로 장애가 쉽게 눈에 띄지 않기 때문에 무심코 실수를 하는 경우도 있다.

(5) 류마티스 관절염

원인은 밝혀지지 않고 있으며, 주로 관절이 붓고 아프며 골절이 잘 생긴다. 심한 사람은 사지가 뻣뻣하게 굳어 침대형 휠체어를 타야 하는 사람이 많다. 침대형 휠체어 탑승 시 등받이 각도를 당사자가 편하도록 조절해 주는 것이 중요하다. 관절에 심한 통증을 느끼고 뼈가 약하기 때문에 휠체어나 차량에 승하차 시 모서리 등에 부딪히지 않게 조심해야 한다.

(6) 골형성 부전증

유전에 의한 것으로 확인되었으나, 명확한 원인은 밝혀지지 않고 있다. 뼈의 조직 생성과 발육이 미진하여 다리에 장애가 오며, 상체의 뼈 형성도 불균형을 보인다. 심한 경우 척추가 휘어 있거나 체내의 장기가 눌려 있는 경우도 있다. 류마티스 관절염과 마찬가지로 뼈가 매우 약하여 이동 시 부딪히거나 떨어지거나 넘어지지 않도록 조심해야 한다.

(7) 절단장애

대부분 사고나 외상, 질병 등으로 인해 신체 중 일부가 절단된 경우이며, 절단 부위가 무릎 위인 경우 휠체어를 사용하는 경우가 많다. 척수장애와 마찬가지로 중도장애인인 경우가 많아 장애적응에 물질적·정신적 어려움을 겪는다.

2) 장애인 활동지원과 휠체어 사용

(1) 수동휠체어

휠체어는 중증장애인의 이동을 돕는 가장 대표적 보장구로서 장애인의 신체의 일부나 마찬가지다. 때문에 휠체어를 가지고 장난을 치거나 함부로 다루거나 방치해서는 안 된다. 수동휠체어는 기본적으로 [그림 13-1]과 같이 구성되어 있으나, 뒷바퀴가 분해되는 것, 발판 지지대가 분해되는 것, 손잡이가 뒤로 젖혀지는 것, 침대형으로 등받이가 뒤로 젖혀지는 것 등 장애의 특성과 용도에 따라 여러 가지가 있기 때문에 이동하기 전에 미리 휠체어의 특성을 이해하는 것이 좋다. 휠체어를 접을 때는 발판을 젖혀서 세운 후 안장(바닥천)의 가운데 양쪽 끝을 들어 올린다. 반대로 펼 때는

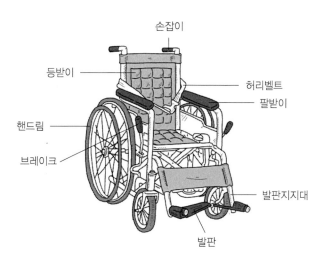

[그림 13-1] 수동휠체어

접기: 좌석의 가운데를 들어 올린다.　　펴기: 좌석의 가운데를 누르고 편다.

[그림 13-2] 수동휠체어 접고 펴기

한쪽 바퀴를 들고 반대쪽 안장 모서리를 누른다. 침대형 휠체어의 경우 먼저 목받이 부분을 분해하고 양쪽 손잡이 사이에 지지대도 분해한 후 일반 휠체어와 같은 방법으로 하면 된다. 그 밖에 스포츠형 휠체어 중 뒷바퀴 분해만 되고 접히지 않는 휠체어 등이 있다.

(2) 전동휠체어

전동휠체어는 양팔이 부자유한 장애인도 스스로의 의지로 이동하고자 하는 곳으로 갈 수 있게 해 주는 필수 보장구다. 전동휠체어는 제조 회사와 장애의 특성에 따라 여러 가지가 있으며, 대부분 분해를 안 하면 승용차에 탑재하기가 어렵다. 때문에 전동휠체어를 타고 장거리 이동을 할 때에는 주로 리프트 차량이나 편의시설이 갖춰진 대중교통을 이용해야 한다. 때에 따라 전동을 수동으로 전환하여 직접 밀어야 할 때도 많기 때문에 전동·수동 전환장치 레버의 위치를 알아야 한다. 전동·수동 전환장치는 기본형 전동휠체어의 경우 배터리 부분 양쪽 끝에 레버로 장착된 것, 뒷바퀴 앞쪽 모터 부분에 레버로 장착된 것, [그림 13-3]과 같이 뒷바퀴 안쪽에 레버로 장착된 것, 뒷바퀴 휠 부분에 다이얼식으로 장착된 것, 오른쪽이나 왼쪽의 한쪽 프레임

[그림 13-3] 전동휠체어

부분에 버튼과 레버식으로 장착된 것 등 제조 회사마다 종류가 다르기 때문에 장애인 당사자에게 물어보거나 처음 보는 전동휠체어를 대할 때마다 전동·수동 전환장치를 눈여겨봐 두는 것이 좋다.

전동휠체어는 별도의 브레이크가 없고 전동모드일 때 조이스틱을 건드리지 않으면 자동적으로 브레이크 상태가 된다. 때문에 수동모드에서 활동지원인이 밀다가 정지 시에는 항상 전동으로 전환하는 것을 습관화해야 한다. 전동휠체어의 조이스틱에는 전원, 방향전환 스틱, 속도조절 장치(버튼식, 다이얼식), 경적, 배터리 잔량 표시등 등이 있으며, 옵션에 따라서 방향 표시등이 장착된 것도 있다. 이 밖에도 수동휠체어에 전동 모터와 배터리가 탈부착식으로 장착되어 있는 것(승용차 탑재가 용이함), 전동으로 신체 기립형, 계단을 오르내릴 수 있는 것 등 다양한 전동휠체어가 있다.

(3) 장애인 활동지원 시 알아 두어야 할 보장구

보조공학이 발달함에 따라 장애인이 직접 사용하는 보장구들도 다양하게 개발되지만 활동지원을 도와주는 보조기구들도 많이 개발되고 있다. 이런 보조기구들에는 천장 고정 레일식 리프트(전동으로 상하·수평 이동을 하는 것과, 수직만 전동이고 수평은 수동으로 이동하는 것이 있음), 배터리 충전식으로 전동으로 수직 이동을 시킨 뒤 수동

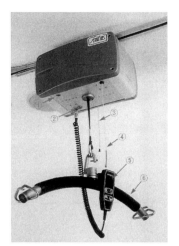

① 리모컨 감응창　② 충전램프
③ 응급수동하강장치　④ 응급정지장치
⑤ 조작 스위치　⑥ 리프팅 행어

[그림 13-4] 천장 고정 레일식 리프트

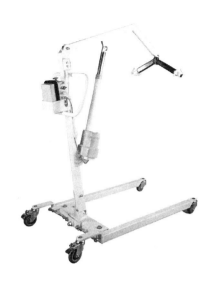

[그림 13-5] 수동형 리프트

으로 이동의 제한이 적은 전동·수동형 리프트, 각종 승합차에 장착되는 리프트, 용변 후 신변을 자동으로 처리해 주는 기구, 목욕 보조기구, 이동식 경사대 등이 있지만, 이러한 것들이 실생활에 쓰이기에는 아직 고가인데다 정부의 보조도 적어 특별한 경우를 제외한 대부분의 장애인 가정에서는 직접 활동지원인이 신체적으로 지원해야 한다. 이 밖에도 장애인이 직접 사용하는 보장구들로 숟가락, 펜, 전화기 등 손으로 집는 것을 돕는 각종 홀더와 각종 컴퓨터 액세서리 등이 있다.

3) 휠체어 이동지원 요령

(1) 방바닥이나 침대에서 휠체어로 옮길 때

이동 처치 시 가능하면 2인 이상이 하면 좋으나 어쩔 수 없이 1인이 해야 할 때도 많다. 그러나 장애인의 체중이 무거울 경우엔 무리하지 말고 주변에 도움을 청하는 것이 좋다. 2인이 옮길 경우엔 휠체어를 적당한 위치로 옮겨 브레이크를 잠그고(전동 휠체어의 경우 전원 끄기), 장애인의 상체를 일으켜 세운 후 한 사람은 등 뒤에서 겨드랑이 사이에 팔을 넣어 팔목을 잡고, 한 사람은 앞쪽에서 자신의 무릎을 세운 후 양팔로 무릎 안쪽을 잡고 들어서 옮긴다. 휠체어에 앉은 후에는 뒷사람이 들을 때와 마찬가지 방법으로 장애인이 편하게 자세를 취하도록 교정시켜 준다.

[그림 13-6]과 같이 1인이 옮길 경우 중 침대에서 휠체어로 옮길 때는 정면에서 안는 것이 지원인의 허리에 무리가 덜 간다. 휠체어를 침대 가까이 적당한 위치로 옮긴 뒤 브레이크를 잠그고 발판을 세운다. 장애인의 상체를 일으켜 세운 후 침대 바깥 방향으로 앉혀 다리를 침대 밑으로 내리고 적당히 벌린다. 그리고 상대방의 다리 사이로 한 발을 깊이 넣은 후 양팔을 겨드랑이 사이로 안는데, 이때 상대방의 중심을 최대한 자신 쪽으로 밀착시킨다. 휠체어 방향으로 안아 돌린 후 상대방 다리 사이에 있는 자신의 발을 휠체어 발판 사이에 위치시킨 후 앉힌다. 마지막으로 앞과 같은 방법과 마찬가지로 자세를 교정시킨다. 상대방이 이성일 경우에는 반드시 상의하여 처치한다.

바닥에서 옮기는 경우엔 안아서 옮기는 방법과 업어서 옮기는 방법이 있다. 먼저 상대방에게 어느 쪽을 선호하는지 물어보는 것이 좋다. 안아서 옮길 때에는 한쪽 무릎을 세우고 상대방 가까이 앉은 후 상대방의 등 뒤로 손을 넣어 허리띠를 잡는다. 상대방의 양팔로 자신의 목을 감싸게 하고 반대 팔로 무릎 안쪽을 받친 후 다리 힘으로 높이 들어 올린다(허리에 무리가 가지 않게 한다).

바닥에서 업어 옮길 때에는 [그림 13-7]과 같이 상대방의 상체를 일으켜 세운 후

[그림 13-6] 들어 옮길 때의 자세

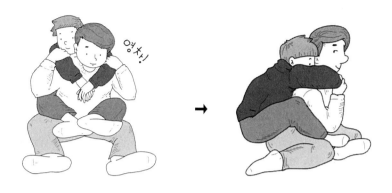

[그림 13-7] 바닥에서 업고 내리는 과정

다리를 벌리고 앉게 한다. 그리고 상대방의 다리 사이에 등을 돌리고 가까이 양반다리로 앉는다. 상대방의 양팔로 자신의 목을 감게 하고(이때 스스로 잡지 못하는 사람은 양팔을 포개어 자신의 한쪽 팔로 잡는다) 상대방의 양다리를 자신의 다리 위에 감아 포갠다. 허리를 숙여 중심을 자신에게 실은 후 한쪽 다리부터 세워 가며 일어난다(이때 상대방의 중심이 한쪽으로 쏠리지 않게 조심한다).

휠체어에서 업어 옮길 때는 상대방의 다리를 발판지지대 밖으로 벌리고, 일어설 때는 발판지지대를 잡는 것보다 팔받이를 잡는 게 힘을 주기가 쉽다(그림 13-8 참조). 반대로 휠체어에 내려놓을 때는 휠체어 발판 사이로 들어가 양손으로 발판지지

[그림 13-8] 휠체어에서 업을 때   [그림 13-9] 자세를 바르게 할 때

대를 잡은 후 안장의 중간 지점에 내려놓고 밖으로 나와 자세를 교정시킨다. [그림 13-9]와 같이 겨드랑이에 팔을 끼워 손목을 잡고 자세를 조정하면 된다.

(2) 수동휠체어를 밀고 이동할 때

활동지원 시에는 안전이 우선이다. 휠체어를 밀고 이동을 하다가 잠시라도 멈추고 손을 놓을 때는 브레이크 잠그는 것을 습관화해야 한다. 자력으로 휠체어를 제어하지 못하는 장애인의 경우 활동지원인이 평지인 줄 알고 브레이크를 안 잠근 채 다른 데 신경 쓰다가 심한 사고를 당하는 사례가 적지 않다. 이동 중에는 가능한 한 바닥이 고른 길을 택하고, 턱과 모서리, 패인 곳을 조심하며, 속도를 내는 것은 금물이다. 휠체어의 앞바퀴는 충격 흡수가 안 되어 조그마한 턱이라도 승차한 장애인에게는 큰 충격이 올 수 있으며, 심한 경우 앞으로 넘어질 수도 있다. 낮은 턱들은 뒷발판을 밟아 앞바퀴를 살짝 들어 통과한다. 높은 턱은 뒷바퀴를 먼저 모서리에 댄 뒤 휠체어 중심을 뒤로 젖혀 당겨서 올린다. 경사진 길을 오를 때는 가급적 낮은 자세로 밀어 올리며, 경사가 급하거나 긴 경우 휴식을 취할 땐 휠체어를 비스듬히 놓고 브레이크를 잠근 후 휴식을 취한다. 경사도로의 폭이 넓을 경우엔 지그재그로 오르는 것도 요령이다.

경사진 곳을 내려갈 때 [그림 13-10]과 같이 휠체어를 뒤로 잡고 앞을 보고 내려가는 방법이 있으며, 경사가 급하거나 힘에 부칠 경우 휠체어를 뒤로 돌린 채 자세를 낮추고 뒷걸음질로 내려간다. 브레이크를 중간에 놓아 바퀴에 마찰을 주는 것도 요령이다. 경사진 곳이나 계단을 오르내릴 때 손잡이 덮개가 빠질 위험이 있나 확인하는 것과 활동지원인의 신발 바닥이 미끄러지는지 확인하는 것도 중요한 점검 사항이다.

계단을 오르내릴 때 [그림 13-11]과 같이 혼자서도 할 수는 있지만 위험하고 고난도의 기술이 필요하므로 무리하지 말고 주위에 도움을 요청하여 2인 이상이 이동하는 것이 좋다. 부득이 혼자 계단을 오를 때는 높은 턱을 오르는 요령과 마찬가지로 휠체어의 중심을 뒤로 젖힌 뒤 한 계단 한 계단 올라간다. 내려올 때는 반대로 하는데, 브레이크를 중간에 놓고 바퀴에 마찰을 주는 것이 좋으며 올라갈 때나 내려갈 때 힘을 집중할 때와 풀 때 타이밍을 맞추는 것이 중요하다. 2인 이상이 이동할 때는 손잡이와 발판지지대 양쪽(발판지지대가 분해되는 경우는 파손될 염려가 있어 팔받이에서 밑으로

내려오는 기둥 부분을 잡는다)을 잡고 번쩍 들어 휠체어 등받이를 낮은 쪽을 향하도록
이동을 한다. 상대방의 몸무게가 무거울 때나 활동지원인이 힘에 부칠 때 뒷바퀴를
계단 모서리에 대고 혼자 할 때와 같이 타이밍을 맞춰 이동시키는 방법도 있으나, 손
잡이 쪽 활동지원인의 허리에 무리가 많이 가며 휠체어에 탑승한 장애인이 불안하기
때문에 지양하는 것이 좋다. 비장애인도 장애체험 삼아 사지를 휠체어에 묶어 놓고
높은 계단 끝에 아래를 보고 서 있으면 그것만으로도 심한 위험을 느낄 것이다.

경사로가 휘어 있는 경우 휠체어를 뒤로 잡고 내려간다.

[그림 13-10] 경사로에서 휠체어 다루기

[그림 13-11] 계단을 오르고 내릴 때

(3) 휠체어에서 차량 승하차 시

전동휠체어와 리프트 차량 이용이 늘어 전동휠체어로 리프트 차량에 탑승하는 경우도 많지만 수동휠체어를 이용하는 장애인이나 당사자의 의사에 따라 또는 승용차를 이용하는 경우 등이 있어 차량을 승하차하는 방법을 숙지해야 한다. 마찬가지로 활동지원인이 혼자 할 자신이 없는 경우 타인의 도움을 청해 2인이 옮겨 주는 것이 좋다.

부득이 혼자서 옮길 때 장애인의 장애가 경한 경우와 체중이 가벼울 경우는 [그림 13-12]처럼 정면에서 안는 방법을 사용하는데, 먼저 차의 문을 열어 두고 휠체어를 차량 가까이 비스듬하게 위치시킨 뒤 브레이크를 잠근다. 그다음 상대의 무릎을 당겨 엉덩이를 조금 끌어낸 후 다리를 발판 밖으로 벌리고 한쪽 발을 다리 사이에 깊숙이 넣어 딛는다. 그리고 두 팔을 겨드랑이 밑으로 끼워 허리띠를 잡고 들어 올린 후 엉덩이를 차량 좌석에 걸터앉힌다. 이때 머리가 부딪치지 않도록 주의한다. 마지막으로 두 다리를 들어 안으로 옮긴다.

[그림 13-12] 휠체어에서 들어 옮기기

혼자서 옆으로 안아 옮기는 경우([그림 13-13] 참조) 휠체어로 앉히는 방법의 역방향과 대동소이하며 상대방의 머리가 먼저 안으로 들어가도록 하고 엉덩이를 앉힌다. 들어 올릴 때 상대와 밀착된 상태에서 허리를 똑바로 펴고 다리 힘으로 들어 올려야 허리에 무리가 안 간다.

[그림 13-13] 여성을 안아 옮기기

2인이 옮기는 경우 [그림 13-14]처럼 한 사람은 등 뒤에서 겨드랑이 사이에 팔을 넣어 팔목을 잡고, 한 사람은 앞쪽에서 무릎을 세운 후 양팔로 무릎 안쪽을 잡고 들어서 옮긴다. 장애인의 머리부터 차 안으로 들어가는 것이 좋다.

[그림 13-14] 2인이 옮기는 경우

(4) 식사보조

중증의 장애인이라도 많은 사람은 혼자서 식사가 가능하나, 경직이나 경련이 심한 뇌성마비, 사지마비, 근이양증 등의 장애인은 활동지원인이 식사를 떠먹여 줘야 하는 경우가 있다. 혼자 식사가 가능한 장애인 중에도 가까이에 있는 밥과 반찬만 가능할 수 있으므로 반찬을 숟가락에 떠 줘야 한다. 또 팔 사용은 가능하나 손가락 사용을 못하는 장애인은 숟가락 홀더를 끼워 주는 경우도 있다. 식사를 떠먹여 줄 때엔 소량의 밥과 반찬이라도 젓가락보다는 숟가락에 덜어 먹여 주는 것이 좋다. 같이 식사를 하지 않고 장애인만 먹여 준다면 장애인이 미안한 마음에 급히 먹는 경우가 있어 여유 있게 한 숟가락씩 같이 먹는 것이 좋다.

(5) 용변보조

좌변기에 앉혀만 주거나 남자인 경우 소변통으로 해결이 되나, 아주 심한 중증장애인들은 누워서 대소변을 보는 경우, 아니면 소변 주머니를 차고 다니는 경우도 있다. 누워서 대변을 보는 경우 보통 간이 변기통을 많이 사용하고, 좌변기에 앉을 수 있으나 신변 처리를 못 하는 경우 활동지원인이 닦아 줘야 한다. 용변보조는 장애인이 제일 민감하게 부담을 느끼는 경우라 충분한 대화로 친숙해지거나 유머와 재치로 분위기를 바꾸는 것이 좋다. 이성 장애인과 외출 시 화장실에 갈 때는 화장실 앞까지 가서 동성의 도움을 구해야 한다. 앞서 말한 바와 같이, 자신의 장애특성은 장애인 당사자가 가장 잘 알기 때문에 용변보조 시에도 장애인에게 충분히 묻는 것이 좋다.

(6) 목욕보조

중증장애인의 목욕을 보조하기 위해서는 충분한 사전 지식과 기술이 필요하며, 특히 혈압이나 체온 유지가 용이치 않은 사람, 건강상태가 좋지 않은 사람 등은 전문가의 사전 허락이 필요하다. 목욕을 하기 전에 상태를 충분히 물어보는 것이 중요하다. 목욕을 할 때는 지원인이나 장애인 모두의 미끄럼에 대해 충분히 조심해야 하며, 욕실 바닥에 물기를 닦고 수건을 깔아 두는 것도 좋다. 몸을 가누지 못하는 장애인을 안고 탕에 들어갈 때는 탕 속에서 계속 안고 있어야 하며 맨살끼리는 미끄러지기 쉬우므로 지원인이 면티셔츠를 입고 보조해 주는 것도 좋다. 목욕용 의자와 물이 스며들지 않는 베개 등을 사용하면 편리하다.

(7) 기타

장애인과 대화 시에는 가능한 눈높이를 맞추는 것이 좋으나 무리하게 장시간 무릎을 굽히고 앉으면 장애인도 불편해한다. 따라서 적당한 거리를 두어 장애인의 시선이 편하도록 하는 것이 좋다. 외출 시에는 필요한 용품(용변도구, 빨대, 포크 등)을 당사자에게 물어보고 사전에 준비해 가는 것이 좋으며, 전동휠체어의 경우 배터리 잔량과 기타 고장 여부를 확인하는 것이 좋다. 여성의 경우 외출복 코디와 화장을 해 주면서 친밀도를 높이는 것도 좋다. 엘리베이터를 탈 때엔 뒤로 들어가 출구 쪽을 향하는 것이 수월하다.

제14장
보조기구

1. 보조기술의 응용과 발전

1) 보조기구의 개념

보조기구란 장애인, 노인 등 신체기능이 손상된 사람들이 일상생활 전반에서 발생하는 다양한 어려움을 해결하는 데 도움을 주는 기구다.

오래전 외신에 따르면, 전쟁으로 팔·다리를 잃은 수단의 한 어린이가 기적 같은 일로 다시 일어났다. 이는 미국 캘리포니아 주 비영리단체인 '낫 임파서블 랩스(Not Impossible Labs)' 사의 창업자 믹 에블링이 남수단 내전 중 팔을 잃은 피해 아동들에게 3D 프린터로 팔을 되찾아 준 사연이다. 최근 3D 프린트는 여러 분야에서 실험되고 있으며, 과학의 혁신으로 받아들여지고 있다. 몇 년 전 영국의 『인디펜던트(The Independent)』는 올 들어서도 내전의 여파가 계속되는 남수단에 사는 대니얼 오마가

3D 프린터 의수 덕분에 새 삶을 찾았다고 전했다. 가족과 소를 키우며 살던 대니얼은 2년 전 마을을 덮친 폭격에 양쪽 팔을 잃었다. 이날의 사고는 대니얼을 절망의 수렁으로 내몰았다. 두 팔이 없는 자신은 가족에게 짐만될 뿐이니 차라리 죽는 게 낫다는 생각뿐이었다. 대니얼의 이야기가 타임지를 통해 미국에 전해지면서 낫 임파서블 재단의 창업자인 믹 에블링의 마음을 움직였다. 에블링은 대니얼에 대한 기사를 읽은 후 '대니얼 프로젝트'라는 의수 제작지원 사업에 뛰어들었다. 그는 남아프리카 로봇 핸드 발명가와 호주 출신의 신경과학자 등과 팀을 구성하여 3D 프린터와 노트북만을 챙겨 남수단으로 출발했다. 사고 후 숨어 살던 대니얼은 처음에 에블링에게 쉽게 다가서지 못했다. 그러나 플라스틱 의수를 선물받고 나서 그는 웃음을 되찾았다. 에블링의 낫 임파서블 랩스 재단이 고안한 3D 프린터 의수는 남아 있는 팔 근육을 이용해 손가락을 움직이는 원리로 작동한다. 의수족은 일반적인 제작비가 수백만 원이 넘어 내전 피해로 팔을 잃은 청소년이 5만여 명에 달하는 남수단에선 꿈만 같은 이야기였다. 그러나 3D 프린터 의수는 제작비용이 100달러 정도에 불과해 이들에게 희망을 주고 있다.

　에블링은 남수단에 세계 최초로 3D 프린터 2대를 갖춘 의수 제작 작업실을 만들어 주민들이 직접 프린터를 이용하도록 가르치고 있다. 대니얼도 이 작업실에서 인공 팔을 프린트하는 일을 돕고 있다. 작업실에선 매주 한 개의 의수가 만들어지고 있다. 3D 프린팅 의수의 보급이 늘면서 처음에는 피부색과 비슷한 의수만 찾던 청소년들의 기호도 분홍색, 청록색 등으로 다양해지고 있다.

　보조기술(Assistive Technology)은 과학의 응용과 적용으로 많은 사람에게 새로운 삶을 제공해 주고 취업기회를 발휘하게 한다. 특히 컴퓨터 기술은 인지장애 및 발달장애에 있어 삶의 질과 폭을 확대해 왔다.

　보조기술은 미국의 우주산업이 가져온 부산물이다. 우주개발에 대한 각종 발명품들은 산업사회에 등장하면서 보건 · 의료 기기와 보조기구에 적용되었다. 우주산업은 인간의 행복을 위해 재생산되는데, 예컨대 군인이 총을 들고 보초를 서면서 담뱃불을 붙이려면 성냥을 사용해야 했고, 성냥에 불을 붙이려면 반드시 두 손을 사용해야만 했다. 그러나 이로 인한 불편은 '라이터'라는 발명품으로 해소하였다. 또한 면도를 할 때에 원래는 날이 선 칼로 면도를 하였지만, 보다 안전한 면도를 위해 부담 없이 단시간에 면도를 할 수 있는 안전면도기가 탄생하였다. 그리고 자동차는 클러치를 잘못 밟아 시동이 꺼져 버리는 불편을 오토메틱 미션으로 해소했다.

새로운 발명과 하이테크기술은 보통 사람은 물론 장애인의 장애로 인한 불편을 경감하는 데 그 초점을 맞추어 왔다. 미국항공우주국(NASA)은 우주산업의 부산물을 상품으로 생산하는 데 기여하였는데 이와 같은 다수의 상품은 의료기기, 장애인용품 혹은 노인과 환자들에게 적용되고 있다. 우주산업은 결과적으로 인간공학을 발전시켜 온 것이다. 그리고 이를 장애인이나 노인들에게 접목하면서 효과를 가져오게 되었다. 최근에는 이를 발전시켜 하나의 산업으로 분류하는데, 실버산업 혹은 의료기기 산업, 생체공학, 의용공학, 보조기술 등으로 분류되면서 우주과학의 결실은 장애인과 노인에게 전달되고 있다.

보조기술은 장비, 장치, 기술, 서비스의 성공적 지원에 힘입어 장애인의 일상생활과 독립적인 삶에 희망을 주게 되었다. 또한 보조기술은 의사소통은 물론 직업획득, 환경적 장벽 제거와 같은 자유를 누리게 한다. 보조기술은 장애인의 기능을 복구하고, 삶의 질을 높이며, 장애를 가진 사람의 신체적인 장벽과 사람들의 인식 변화를 가져오게 하는 효과적인 도구다. 또한 물리적 장벽에 대한 환경적 접근성과 사회통합에 강력한 힘을 발휘한다. 대부분의 장애인은 미고용 상태이거나 상당수가 자립생활을 영위하지 못하고, 가족이나 국가에 의존 상태로 있다.

과거에는 수술이나 약물, 즉 의학적인 처치로 장애를 경감하고자 노력하였으나, 최근에는 과학기술의 발전으로 의료적 지원뿐만 아니라 과학기술을 응용한 기술에 의해 사회통합이 이루어지고 있다. 즉, 통신, 환경제어, 로봇, 레이저, 컴퓨터, 자동차 등의 산업발전에 힘입어 이를 응용한 각종 보조기술들이 장애를 경감하고, 일상생활을 가능하게 하였다.

외신은 음성인식 기술, 광학식 문자인식 기술, 포인팅 선택 프로그램, 통신기술과 교통수단, 환경제어에 있어 매일 새로운 기술들이 의료와 재활 분야에 응용되는 소식을 전하고 있다.

보조기술은 스마트폰뿐만 아니라 컴퓨터기술과 로봇기술이 함께 적용되고 있으며, 증폭기와 장비의 접목으로 각종 휴먼 테크놀로지 인터페이스가 장애의 장벽을 제거하는 데 기여하고 있다. 보조기술은 각종 기능성 장비들이 만족, 독립성, 선택에 있어 통합을 이끌어 내며, 교육의 참여, 직업유지에서 자기실현을 완성하고 삶에 대한 자신감을 갖게 한다.

보조기술은 로우테크기술과 하이테크기술로 갖가지 장비를 생산해 왔다. 로우테크기술로 만들어진 보조기구로는 팔을 뻗는 데 어려움이 있는 사람, 회전식 책상이나 청력에 문제가 되는 사람을 위한 음성증폭 장치와 스피커폰을 들 수 있다. 하이테크기술로 만들어진 보조기구로는 사지마비 장애인을 위한 특수 키보드를 갖춘 컴퓨터나 전동식 휠체어가 이에 속한다.

21세기는 구체적으로 장애인의 사회적 욕구가 보다 현실적으로 대두되었다(Star, 2001). 장애를 조금이라도 경감시키기 위한 여러 가지 형태의 사회, 직업 그리고 일상생활에서 요구되는 보조기구는 보다 다양한 방법으로 생산되고 있다. 이런 산업은 보조기술, 보장구, 보조장비, 복지기자재 등 다양한 용어로 표현되고 있다.

장애인의 고용이나 직업적으로 사용되는 각종 기기를 보조공학(Assistive Technology)이라 하고, 일상생활과 각종 교육에 응용되는 기기를 재활공학(Rehabilitation Technology)으로 분류하고 있다. 각종 보조장비와 장치를 구매하는 데 있어 제조업자에게 얼마의 대금을 지급해야 하는지 판단하기 위해서는 이런 기술들에 대한 배경지식이 필수적이다(Alliance for Technology Access, 2000).

보조기술은 일상생활은 물론 교육, 재활, 고용, 운동, 자립생활, 여가의 욕구를 충족시키고 장애에 직면한 신체적 한계를 해결하기 위한 기술이다. 따라서 보조기술의 목적은 장애인의 재활을 위해 기술을 적절히 사용하는 데 있다. ① 보조기술에 접근하는 데 얼마만큼의 힘을 쓸 것인가, ② 보조기술을 사용함으로써 목표를 달성하려는 개인의 능력을 어떻게 증진시킬 것인가, ③ 기술과 개인의 선호도, 가치, 신념을 어떻게 조화시킬 것인가, ④ 기술 장치나 장비를 가동하고 유치하는 데 환경자원을 어떻게 활용할 것인가에 대한 문제다(Scherer, 2002). 우리나라에서는 신체에 부착하거나 착용하는 경우 법적 용어로 보장구라 부른다. 예를 들어, 보조기, 의족, 의수, 의안, 의귀 등으로 불리며, 포괄적 의미에서 보조기구에 속한다.

2) 보조기술의 응용

장애인에 대한 보조기술이나 서비스가 정확하게 적용되었을 때는 장애의 경감이나 재활의 가능성이 증진되고, 사회통합이 용이해진다. 또한 신체적인 자유는 물론 경제적 활동을 높임으로써 재활의 목표를 달성할 수 있게 한다. 보조기술의 적절한 연결과 결합, 훈련은 보조기술이나 의료산업으로 연결되고, 소비산업으로 연결된다. 생산자는 이를 소비자에게 효과적으로 알리기 위해 매년 전시회를 개최하여 발전을 꾀하고 있다.

보조기술의 전시는 미국이 가장 대표적이다. 미국은 각 주에서 보조기술과 관련된 장비와 기기를 전시하고 있으며, 가장 규모가 큰 독일의 'REHA' 국제전시, 일본의 '복지기기전시' 등에서 보조기술에 대한 정보를 제공하고 있다. 또한 북유럽의 국가들은 매년 'REHAB SCANDINAVIA'를 개최하고 있으며, 이 전시는 재활전문가, 보조기구 컨설턴트, 치료사, 장애인 및 보호자 등에게 다양한 정보를 제공한다.

참가 업체들은 이동보조기구, 보행보조기구, 일상생활용품, 운전보조장치, 운동보조기구 등의 신제품을 매년 홍보하고 있으며, 참가업체 정보는 전시 관련 홈페이지(health-rehab.com/www.rehabgroup.dk)를 통해 소개된다.

국제전시에 출품되는 보조기술은 ① 휴먼테크놀로지 인터페이스, ② 시각장애 보조기술, ③ 청각장애 보조기술, ④ 의사소통기술, ⑤ 이동을 돕는 기술, ⑥ 일상생활 환경통제기술 등이 있다.

미국의 레이건 행정부는 복지비 삭감을 심각하게 검토하여 의료보험 등 정부가 지원하는 복지사업에 대한 비용 삭감을 호소하였다. 이에 따라 미국의 노인과 장애인 등에 대한 복지비용은 대폭 축소되었지만, 반면에 테크놀로지에 대한 투자는 더욱 확대되었다. 중증장애인의 지역사회 활동은 활동지원인의 지원을 받거나 아니면 전동휠체어 등 각종 보조기구를 활용하여 외출을 시도할 수 있다. 활동지원 서비스가 국가 차원의 인적지원 서비스라면, 보조기구는 테크놀로지의 지원이다. 따라서 장애인에게 고가의 보조기구 지원을 확대할 수 있게 되어 적은 예산으로도 효과를 볼 수 있다는 결론에 도달하였다.

오늘날 일반화된 보조기구는 스마트폰으로, 청각장애인이 유용하게 사용하는 문자메시지는 청각장애인이 음성통화 대신 일반인과 의사소통할 수 있는 것은 물론 당사자끼리 가장 효과적인 의사전달 매체로 활용되고 있다. 스마트폰은 보통 사람이 보편적으로 이용하는 데에는 보조기구 개념이 없으나, 오늘날 테크놀로지가 장애인의 불편을 최소화하고 있는 것은 분명하다.

자립생활운동이 확산되면서 활동지원 서비스와 보조기구 지원에 대한 욕구가 끊임없이 이어져 오고 있다. 2001년부터 사회복지공동모금회 기획사업으로 3년여에 걸쳐 약 30억 원의 재원을 지원, 중증장애인들의 이동보조기구인 전동휠체어 2만 대 공급에 사용해 왔다. 그 결과 수많은 장애인이 전동휠체어와 스쿠터를 구입함으로써 2년 동안에 수백억 원의 의료보험료가 사용되었다.

하지만 전동휠체어를 보급하고 나니 또 다른 문제가 발생되었다. 전동휠체어의 조달을 수입에만 의존하다 보니 타이어 파손, 배터리 방전 등의 문제로 서비스를 받고자 하나 전부 수입품이라 부품이 부족하고, 서비스가 원활치 못하는 등 부작용을 초래하였다. 전동휠체어에 부착된 배터리는 교환 시기가 6개월에서 1년 정도인데 배터리 가격이 30~50만 원 정도로 비싸서 수리를 포기하고 전동휠체어를 집 안에 모셔 놓는 풍경이 발생했다. 현재는 의료보험으로 전동휠체어 배터리 교환사업이 지원되고 있다.

또한 '경기도재활공학서비스연구지원센터'가 2004년부터 설치되었으며, 서울시의 경우 3개의 보장구수리센터가 권역별로 운영되고 있고, 부산시의 경우 3개소가 설치·운영되고 있다. 보장구수리센터에서 무상 또는 실비로 전동휠체어 소모품인 타이어와 배터리 교체를 받을 수 있으며, 예약 수리 서비스를 받을 수 있게 되었다. 자립생활 서비스 지원은 짧은 기간임에도 많은 제도적 변화를 가져왔다. 예를 들어, 의료보험으로 전동휠체어 구입이 가능해졌고, 지하철 엘리베이터 설치, 리프트 밴 장애인 콜택시 등장, 저상버스의 도입 같은 일련의 과정도 짧은 기간에 이루어졌다.

2003년에 자립생활 활동가들의 전동휠체어 보급운동과 2007년 서울시의 저상버스 등장까지 약 4년에 걸쳐 자립생활 장애인들이 추구하는 기본적인 이동권이 마련되었다. 심지어 2007년에는 자립생활 인적지원 서비스인 활동지원인 제도가 도입되었고, 2008년에는 「장애인차별금지법」이 시행되면서 대중교통, 공공시설의 이용에 이르기까지 자립생활에 수반되는 각종 정책과 지원이 동시에 개선되고 있다.

2008년 발효된 '국제장애인권리 협약' 중 특히 제4조 1(g)항에 "장애인에게 적합한 정보통신기술, 이동보조기구, 보장구, 보조기술을 포함한 신기술의 이용가능성 및 사용의 촉진과 연구·개발을 수행하고 촉진할 것과 적정 가격의 이러한 기술에 우선순위를 부여한다"고 명시하여 장애인의 생활에 테크놀로지가 적극적으로 활용되고 그 협약에 서명한 국가들이 의무를 다하도록 구체적으로 규정하고 있다. 우리나라도 「장애인차별금지법」의 내용을 살펴보면 '정당한 편의제공'과 관련된 조항들이 많이 있는데, 정당한 편의제공 가능성의 정도는 테크놀로지의 기술 수준에 의해 좌우된다.

현재 우리나라의 「장애인복지법」에서 고시된 보조기구 품목 수는 277종이며, 실수요자에게 지급되고 있는 경우는 약 220여 품목 정도로 건강보험에서 지급되는 77가지와 보건복지부에서 교부되고 있는 5개 품목, 다른 부처에서 제공하고 있는 약 100여 가지의 보조기구를 포함한다. 우리나라는 미국과 같은 보조기술 관련 법률은 존재하지 않지만 '한국장애인고용촉진공단 보조기술센터' '산재의료원 보조기술연구소' '보훈병원 의지창' '경기도재활공학서비스연구지원센터' '동해병원보조기술센터' '인천국립재활원' '보조기술연구소' '연세대학교의용공학연구소' 등에서 서비스를 제공하고 있다.

우리나라의 장애유형별 보조기구 보유 여부를 살펴보면, 전체 장애인 중 44.2%가 보조기구를 보유하고 있다. 특히 장애 유형별로는 장루·요루 장애인의 69.7%, 뇌병변장애인의 62.8%, 청각장애인의 62.5%, 시각장애인의 60.0%가 보유하고 있다. 장애 정도에 따라 남자가 여자보다 보유율이 높고, 중증장애인이 경증장애인보다 보조기구 소지 비율이 더욱 높다. 활동지원 서비스를 이용하는 장애인의 경우 81.1%가 보장구를 사용하고 있는 반면, 활동지원 서비스를 이용하지 않는 장애인은 34.0%만 보조기구를 사용하고 있다.

3) 보조기술의 발전

미국의 「재활법」(공법 93-112, 1973, 1998) 508조는 모든 근로자가 사무실의 전자장비와 전자정보 서비스에 접근할 수 있도록 의무화했다. 이 재활기술(Rehabilitation Technology)은 장애인에 대한 하나의 서비스로 정의되었으며, 개별화된 재활계획(IWRPs)에 포함되었다(Cook & Hussey, 2002). ① 보조기술, ② 보조기술 장치, ③ 서비스는 재활기술로 정의되었다. 1982년에는 「장애인통신법(TDA)」, 1988년에는 「통신접근증진법(TAEA)」, 1986년의 「재활법」은 장애인의 재활, 고용, 운동, 자립생활, 여가생활에 필요한 보조장비의 개발과 지원을 하였다.

1988년에 제정된 「장애를 가진 사람들을 위한 관련 보조기술법(The Technology-Related Assistance for Individuals with Disability Act)」(공법 100-407)은 많은 사람이 장애를 극복하는 데 필요한 성공적인 모델 개발에 동기를 부여하였다. '기술법'으로 불리는 이 법은 보조기술과 보조기술의 범위를 확대시킴으로써 보조기술 장치의 설계, 적용 및 구성될 수 있는 모든 기술이 포함되도록 하였다. 또한 교육, 재활, 직업, 교통, 자립생활, 레크리에이션 등의 분야에 체계적인 기술을 적용하였고, 엔지니어링 방법, 과학적인 원리와 서비스를 통해 장애인의 재활을 충족시키고자 「재활법」을 적극적으로 활용하였다. 특히 이 법은 각 연방 주에서 기술센터를 설립할 수 있도록 지원하였고, 전국 네트워크를 결성하는 데 필요한 재원의 확보와 종사자 훈련, 연구 자금을 제공하였다(Cook, 2002).

1975년 「장애아동특수교육지원법(Individuals with Disability Education Act: IDEA)」 (공법 105-17)에서는 통합교육 근거를 제시하고 개별화교육계획(IEP), 무상공교육 서비스, 연방재정 지원, 16세 이후의 성인 장애인 대책, 모든 장애 유형에 대한 교육지원 서비스 강화를 지원하였다. 이 법은 장애아동에 대하여 보조기기 서비스를 받을 수 있도록 명시하였고, 개별화교육계획(IEP)에 필요에 각종 보조장치나 서비스를 요청하면 지방교육청이 이를 지원하였다.

1998년 「노동력투자법(Workforce Investment Act: WIA)」(공법 106-220)의 보조기술에 관련된 조항을 각 주에서 개별재활계획(IWRP)에 적극적으로 반영하게 되었고, 개정 「재활법」에서는 IWRP에서 IEP로 개별재활계획서가 변화되었으며, 전환고용, 사회보장 서비스의 강화, 자영업, 재택근무, 특수교육의 보조기술 지원, 권한강화, 전문 인력 양성과 같은 내용이 반영되었다.

1990년 「미국장애인법(ADA)」(공법 101-336)은 장애인의 시민권을 인정하였다. 인종, 성별, 출신국, 종교에 바탕을 둔 장애시민권을 보장한 것이다. 특히 고용에서의 차별금지, 공공서비스, 교통, 대중이용시설, 통신서비스 등에 대한 균등한 기회보장을 천명하였다. 특히 종업원을 15인 이상 고용하는 업체는 장애인 고용차별을 금지하였고, 청각장애와 언어장애를 가진 사람들을 위해 통신서비스(TDA)를 제공하였으며, 취업, 공공시설과 민간시설, 운송과 교통 등 모든 분야에 보조기술이 적용될 수 있도록 사회적 차별을 금하였다(Cook & Hussey, 2002).

1992년의 개정 「재활법」(공법 102-569)에서는 재활기술들에 대하여 제시하고 보조기술 및 보조기술 장치와 서비스 평가가 제시되었다. 또한 IWRP의 중장기적 목표 실천을 위해 보조기술의 주된 재원조달이 중요함을 직시하였다(Alliance for Technology Access, 2000). 보조기술은 장애인이 당면한 직업적 문제를 해소하기 위한 작업도구, 작업대, 도구, 교육훈련 장비, 실습에 이르기까지 작업 환경의 개선을 의미한다. 예를 들어, 특수교육공학(Special Education Technology)은 보통 사람들이 사용하는 컴퓨터나 각종 학습도구들이 장애학생의 학습에 특별히 지원되도록 조치하였다.

미국의 보조기술 전문가 양성기관은 공과대학, 기술, 특수교육으로 나눌 수 있으며, 1992년 보조기술 학과가 개설된 대학은 재활엔지니어링 분야 7개, 생체의공학과 및 공과대학이 4개, 특수교육공학이 5개 등으로 각 대학에서 매년 전공자를 육성하고 있다. 그리고 '보조기술학회'는 보조기술사(Assistive Technology Practitioner: ATP) 자격증을 발급하고 있으며, 그 대상자는 엔지니어, 작업치료사, 물리치료사, 언어치료사, 특수교사, 직업재활상담사 등이며, 재료공학, 생체공학, 전자공학, 의용공학, 제어공학, 정보처리공학을 이수한 자들이다. 그리고 '의료장비공급자협회'에서도 보조기술사(Rehabilitation Technology Suppliers: RTS) 자격증을 발급한다.

4) 보조기술의 분류

보조기술(Assistive Technology) 종사 기관들은 장애의 예방과 재활·보완적 기능 향상에 전력하고 있다. 그 결과 의지, 보조기, 보조기구, 이동기기, 각종 편의시설들이 장애인의 접근성을 향상시키고 있다. 이러한 보조기술 영역은 모두 10가지 영역으로 구분하고 있다. 즉, ① 일상생활(aid for daily living), ② 의사소통(augmentative communication), ③ 컴퓨터 적용(computer applications), ④ 환경조정 장치(environmental control system), ⑤ 작업장 개조의 변화(work site modification), ⑥ 보철구 및 보장구(prosthetics/orthotics), ⑦ 앉은 자세와 교정(seating/positioning), ⑧ 손상된 시력, 청력 보조기구(aids forvision/hearing), ⑨ 이동보조기구(mobility aids), ⑩ 수송 수단의 수정(vehicle modification)이 응용된다.

보조기술 응용은 디자인 방식의 변화, 스위치 시스템, 자동제어, 컴퓨터 입력장치와 출력장치, 입력선택장치, 음성합성, 이동장비, 증폭장치와 진동 등으로, 응용기술은 장애인 고용 분야에서 두드러지게 나타나고 있으며, 작업장이나 직무환경의 개선에 그 기회를 제공하고 있다.

손가락 하나밖에 움직일 수 없는 Stephen Hawking 박사는 보조기술로 석학의 자리를 유지하고 있다. 그는 전동휠체어에 탑재된 컴퓨터 음성합성기술로 대중을 상대로 강의를 한다. 의사인 재미교포 이승복 박사 또한 보조기술의 산증인이다. 장애인이 보조기술을 사용할 때 선택 장비에 효율성, 신뢰성, 용이성, 편안함, 친화성, 서비스, 시험사용 등과 같은 다양한 요인이 있으면, 이런 복합적 요인에 의해 선택이 변화한다(Riemer-Reiss & Wacker, 2003). 보조기술 서비스는 특별한 판정체계를 필요로 하지 않는다. 다수의 국가는 장애등록이나 장애판정이나 등급에 관계없이 신체가 불편한 것만 확인되면 보조기술 서비스를 제공한다. 우리나라도 보조기술 서비스가 실현되고 있다. '보조기술지원센터'는 다음과 같은 서비스를 개발하거나 지원하고 있는데, ① 회원의 국내외 보조기술 정보제공, ② 저소득 장애인에게 재활보조용품(복지용구) 지원, ③ 보조기술 홍보, ④ 장애인에게 보조기구 보급을 위한 모금, ⑤ 중증장애인 학습보조구 개발, ⑥ 전문전시장 운영, ⑦ 보조기구 개발, ⑧ 장애인자동차이지무브(easymove) 개발, ⑨ 재활용기구 지속사용 신체 안전성 검사 및 시뮬레이션, ⑩ 보조기구 생산자와 소비자 연결 웹 개발, ⑪ 우수용품 소비자 인증, ⑫ 보조기구 산업디자인 및 전시회 개최, ⑬ 장애인 및 고령친화 용품 개발 보급, ⑭ 국내외 학술 및 전시 참가 등의 구성이 그것이다.

2. 정보통신기술의 응용

보조기술의 인터페이스에는 음성인식 기술, 광학식 문자인식 기술, 초점선별장치 등이 사용된다.

음성인식 기술은 목소리로 임무나 장치를 조정할 수 있게 해 주는 기술이다. 이 기술은 환경 조절, 휠체어 조정, 목소리로 컴퓨터를 타이핑하는 데 사용된다. 음성인식에는 고도의 인지능력과 주의, 기억, 발음의 명료도, 배경 잡음의 통제가 필요하다.

광학식 문자인식 기술은 프린트된 것을 의사소통 형식으로 변환시켜 주는 컴퓨터 소프트웨어다. 광학식 문자인식 장치는 책자를 카메라로 스캔하고 그것을 변환하거나 확대하여 이미지로 사용한다. 이 시스템에는 이미지를 음성으로 변환시켜 주거나 촉각으로 이미지를 출력하여 점자로 변환하는 장치가 들어 있다.

초점선별장치는 헤드스틱과 마우스로 레이저빔 포인터를 통해 타이핑하거나 음성 출력을 가능하게 하는 장치로 사용된다. 눈동자를 움직이거나 고개를 저어 레이저빔을 이동하여 컴퓨터를 작용하는 원리다. 장애인에 대한 보조기술의 결정체는 스마트폰과 컴퓨터로 다양한 장애인의 불편을 현실적으로 해소하고 있다. 시각장애, 청각장애, 언어장애, 뇌성마비, 척수손상자를 위한 컴퓨터 프로그램과 주변 기기들은 재활을 더욱 용이하게 하며, 정보를 제공하고, 각종 방법으로 입력과 출력을 통해 장애에 맞는 환경을 제공하고 있다.

1) 시각장애 지원기술

시각장애인을 위한 감각기술은 정보를 제공하고, 쓰기를 통해 의사소통을 증진하는 방법이다. 시각은 환경으로부터 감각정보를 전달해 주는 전기 인터페이스 형태로 카메라, 마이크, 전자점자 같은 자료를 입력하여 출력을 변환시키는 소프트웨어다.

스크린 리드는 텍스트를 음성으로 변환시키는 프로그램으로 노트북, 점자라이터, 프린터는 보조 장치로 활용된다. 또한 시각장애인을 위한 전통적 기술은 오디오 방식의 녹음을 통해 각종 미디어 기록물로 제공된다. 그리고 광원에 의한 손 확대경과 컴퓨터 스크린 확대기가 사용된다. 비광학적 보조장치는 글자의 확대, 고강도의 램프, 일상생활 보조와 고도 명암 식별장치들이 포함된다. 텔레비전, 슬라이드 프로젝트, 불투명 투영기, 마이크로 필름, 카드 리더기 등이 있다. 시각장애에 응용된 전자기술은 환경인터페이스, 정보프로세스, 디스플레이, 즉 출력장치가 필요하다. 최근 위치정보를 통해 이동 보조기술로 적용하고 있다.

시각장애 보조기구는 무지점자 단말기, 독서확대기, 휴대용 독서확대기(트레블러, 리버티 솔로), 점필 및 점판, 흰지팡이, 라이팅 가이드, 화면확대 프로그램 매직, 스크린 리드 프로그램이 있다.

점자도서는 시각장애인이 학습하는 데 반드시 필요한 서비스로 지역마다 점자도서관이 있기 때문에 상호 협조체계를 구축하여 학습기회를 보장받도록 지원하는 서비스다. 점자도서는 일반도서를 한글문서(HWP)로 작업한 후 텍스트 문서로 변환하는 프로그램을 통해 일반문서로 재편집 과정을 거쳐 점자 프린트기로 최종 출력하여 제공한다. 따라서 일반도서를 점자도서로 제작하여 열람, 대출, 출판 서비스를 할 수 있다.

음성도서는 책을 읽기 어려운 시각장애인을 위해 책의 내용을 녹음자료 또는 전자파일로 제공하는 서비스를 말한다. 음성도서란 일반도서를 녹음하여 만든 음성 매체다. 서비스 이용 안내로 음성도서 및 자료의 목록을 제공하고, 교재, 참고서, 시험 자료, 강의 내용, 일반 교양서적 등에 대한 교수 또는 시각장애학생들의 욕구를 조사하여 CD나 테이프로 제작한다. 음성도서 대출은 음성도서를 복사해 주는 서비스다. 이처럼 시각장애인은 점자뿐만 아니라 전자, 음성 등을 통해 정보에 접근하고 있다.

2) 청각장애 지원기술

청각장애용 학습지원 기자재로는 보청기, 노트북, 빔 프로젝터, 문자인식 프로그램 등이 있다. 청각장애를 위한 보조기술은 의사소통에 초점을 두고 있다. 예전에는 전자통신 장비를 통하여 '전화중계 서비스'를 제공하였으며, 현재는 스마트폰이 모든 기능을 대신하고 있다. 보청기, 인공와우 이식 수술, 오디오 루프 등 청각장애 보조기술은 스피커, 마이크, 증폭장치, 적외선 신호 장치를 통해 FM 라디오 신호, 골도 전화기, 비디오폰 등으로 의사소통에 적용하고, 스마트폰의 문자서비스와 화상통화는 청각장애인의 재활을 효과적으로 지원한다.

청각장애인 통역서비스는 수화통역과 실시간 자막으로 컴퓨터 화면 또는 스크린에 통역서비스를 제공하는 시스템이다. 수화나 문자 서비스, 노트북을 가지고 활동지원인이 옆에서 실시간으로 화면을 공유하는 것 또한 청각장애인 정보를 지원하는 방법 중 하나다. 문자통역은 많은 장비가 소요되므로 강의실에서는 노트북으로 대신하고, 큰 행사나 세미나, 각종 대중적인 행사에서는 문자통역 서비스가 필요하다.

언어장애를 가진 뇌성마비, 후천성 뇌성마비, 뇌졸중, 고도 척수손상, 근위축성 경화증과 같은 중증장애인은 의사소통에 장애를 가진다. 이를 위해 보조기술은 정보전달과 의사표현에 초점을 두고 매뉴얼 표식의 개발, 의사소통, 그래픽 심볼, 장치를 활용하거나 지화, 수화, 판토마임 등이 적용된다. 의사소통의 성공은 컴퓨터나 스마트폰을 활용하여 레이저빔 포인트를 통해 글씨를 입력하거나 기호나 그림으로 전달하며, 문자로 상대방에게 의사를 전달한다.

손쉬운 방법으로 기호를 개발하여 매뉴얼을 사용한 간단한 의사소통도 가능하다.

3) 컴퓨터 응용기술

컴퓨터는 의사소통뿐만 아니라 직업을 유지하게 하며, 인터넷을 사용할 수 있어 삶의 질을 높여 준다. 인터넷의 만족에 대하여 장애를 가지지 않는 사람은 48%만 만족하고 있으나 장애를 가진 사람은 무려 88%의 만족을 보이고 있어 인터넷은 또 하나의 장애인문화로 집결된다. 최근 급격히 보급되고 있는 아이폰은 시각장애인의 인터넷 서핑을 가능하게 한다. 웹 접근성을 높이고 음성인식을 통해 각종 정보를 입력하며 음성인식으로 전화를 걸거나 문자를 발송한다. 컴퓨터 사용 보조기구는 헤드포인터, 손가락 지지용 타이핑 막대, 바닥 지지용 타이핑 막대, 마우스 스틱, 키즈볼 마우스, 한손 사용자 키보드, 마우스 스틱 키보드, 헤드마스터, 매직터치 스크린 등이 있다.

국내 스마트폰의 경우 아이폰과 달리 기본적 인터페이스에 장애인의 접근 프로그램이 없어 시각장애인이 문자를 보내거나 각종 프로그램을 사용하는 데 장애를 겪게 한다. 어떤 제품을 개발하고 상품화할 경우 이미 오래전부터 많은 사람은 제품과 환경에 보편적 설계에 의한 '보편적 디자인'을 적용하도록 하고 있다. 장애인의 제품은 일반인이 사용하는 데 장애가 없어야 하며, 물론 장애를 가진 사람들도 컴퓨터나 스마트폰 등 제품을 무리 없이 사용할 수 있도록 배려하여야 한다. 보편적 설계에는 이를 반영하기 위해 7가지 요소인 ① 모든 제품에 공평한 사용, ② 제품의 유연성, ③ 간편하고 직관적인 사용, ④ 사용하기 쉬운 제품의 해설, ⑤ 오류 저항, ⑥ 적은 힘으로도 가능한 작동 가능성, ⑦ 사용하는 데 적당한 크기와 공간을 각종 제품들에 적용해야 한다.

아이폰은 미국의 「ADA」 차별금지조항 때문에 출고 시부터 장애인 접근성 프로그램을 기본적으로 탑재하고 있다. 그러나 우리나라의 전자제품 생산품들은 단가를 염두에 두고 장애인의 접근성을 고려하지 않은 채 제품을 생산·판매하고 있다. 이러한 웹 접근성이 스마트폰에만 국한되는 것은 아니다.

텔레비전의 경우 수출품에는 수화방송 및 해설방송에 필요한 장치 및 프로그램을 기본으로 탑재하고 있으나, 국내 판매 텔레비전은 부가적으로 이 장치를 설치하여야 한다.

4) 이동지원 기술

이동을 돕는 기술은 대표적으로 오래 걸을 수 없는 장애인을 위한 전동스쿠터, 전동휠체어 등이 있는데, 이는 자기동력 장치로 배터리를 사용하여 컴퓨터 제어장치로 이동하는 보조기구다. 그리고 자동차 기술이 장애인에게 효과적으로 사용되는데, 개인의 인지, 지각, 판단력, 운동신경, 손상과 필요성에 따라 심사와 자격이 부여된다.

일상생활과 환경 조정을 보조하는 기술은 소근육 활동과 상지의 장애를 가진 사람의 운동신경을 보조하는 기술들이다. 대부분의 직업은 손과 손가락을 통해 유지되고 의사소통, 컴퓨터, 먹고 마시는 활동, 심지어 대소변을 처리하는 데도 팔이나 손의 역할이 중요하다. 일상생활의 보조장치는 특수손잡이, 드레싱 보조장치, 잠금장치, 스타킹 에이드, 드레싱 스틱, 높낮이 회전책상, 그립 가위나 그립 펜, 수저 등이 해당되며, 이 외에도 음식섭취 조절장치, 독서대 등 수많은 보조기구가 있다. 환경제어 장치들로는 적외선, 무선주파수, 환경제어 보조장치, 전화기를 활용한 다양한 컨트롤러, 견인기 등이 실내에서 활용된다.

지체장애인 학습지원 기자재는 높낮이 조절 책상, 책상형 팔 받침대, 발 받침대, 침대형 휠체어, 보행기, 클러치 등이 있다. 향후 로봇 공학을 활용하여 모터, 관절, 제어, 센서들이 연결된 로봇 장치를 통해 간병 혹은 일상생활을 지원하는 각종 소형 로봇이 등장하게 될 것이다. 전자제품으로 자동진공청소기는 우리 생활에 성큼 다가와 있다. 이처럼 로봇이 이동과 간병, 일상생활을 지원하는 연구가 선진국에서 진행 중이다.

제4부
자립생활 조직의 성과

제15장
자립생활 조직의 운영

1. 자립생활과 성과 평가

정부 보조금을 지원받는 민간단체에 대하여 정부는 성과 평가를 중요시하고 있다. 정부가 성과주의를 선호하는 것은 보조금의 집행 후 사업의 불확실성을 조금이나마 감소하고 효율성을 증대하는 데 있다. 그리고 사업의 효과성을 통해 서비스 대상자의 변화를 측정하고, 사업에 대한 국가의 책무성을 높이며, 종사자의 전문성을 강조하는 데 있다.

장애인복지가 성과주의 평가를 요구받는 것은 기존의 장애인복지가 서비스 중심으로 급격히 전환되고 있기 때문이다. 즉, 시설보호 서비스에서 지역사회 통합서비스로 전환되고 있으며, 서비스의 다양성, 이용자 중심의 서비스 증대, 장애인 욕구의 다변화, 소비자 중심의 프로그램으로 전환되고 있기 때문이다.

장애인복지는 정부가 직접 개입하는 것보다 민간단체에 수탁 운영하는 사업들이 점차 늘어나고 있다. 정부 보조금을 지원받는 단체에 대해 예산을 중심으로 회계의 투명을 확보하기 위하여 수시로 감사를 시행하지만, 사업의 효과성은 감사에서 평가되지 않고 있다. 따라서 결과를 중시하는 성과주의는 이용자 중심 서비스를 채택하게 된다. 그리고 당초 사업과 예산을 계획하고 예산 집행 후 측정을 통해 차기 사업을 이어가게 된다. 성과주의는 목표 달성, 기대의 변화, 서비스의 효과성, 서비스 수준이나 가치의 산출, 이용자 만족도를 포괄하는 지표로 특정 사업에 대한 효율적 관점에서 평가되는 것이다.

평가는 노력성, 효율성, 효과성, 영향력, 품질, 과정, 형평성을 중심으로 설계되고, 어떤 사업에 대하여 측정 가능한 총량, 표준화척도, 기능척도, 이용자 만족도를 통하여 그 결과를 산출한다. 서비스의 질적 측정은 이용자 만족도, 프로그램 실행과정과 투자 시간의 단축, 재원의 증가, 지역사회 이미지 개선, 비용의 감소 등으로 측정된다.

자립생활센터의 성과 측정은 예산의 효과성을 측정하기 위한 것인데, 어떤 서비스에 대한 투입 대 결과의 관점, 목표달성, 다변화, 성과책임, 문제해결, 환경의 변화를 통해 프로그램의 효율성을 조명하게 된다.

미국은 자립생활센터들에 표준화 평가기준을 적용하고 있다. 이제 막 자립생활센터를 설립·운영하기 시작한 우리나라는 이 제도를 그대로 수용할 수는 없지만, 미국의 평가기준은 우리에게 연구의 방향성을 제시한다. 우리나라는 아직 자립생활센터 평가 사례가 충분치 않고, 경험이 부족한 상태여서 대체로 보편화하기는 어렵지만, 평가에 대한 수행 의지는 필요하다.

미국도 약 10년에 걸쳐 자립생활센터의 평가기준을 연구하여 구체적 항목을 검증하는 데 성공하였다. 우리나라도 매년 수십 개의 자립생활센터가 자생적으로 생겨나고 있어 객관화된 평가기준을 제시하는 논의가 필요하다. 그러나 모든 연구자가 자립생활센터 평가에서 반드시 제고하여야 할 사항은 자립생활 철학과 권익옹호에 대한 인식이다. 자립생활 철학은 서비스의 방향과 직접적으로 연결된다. 이러한 관점은 미국, 일본 등 선진국들이 가지고 있는 경험으로부터 참고할 수 있다.

향후 자립생활센터 평가의 방향은 다음과 같다. 첫째, 자립생활센터 서비스 제공에 있어 장애인의 통제 권한을 보장하는 것이다. 둘째, 권익옹호를 포함한 광범위하고 다양한 지역사회 서비스를 제공하는 것이다. 평가기준이란 형태와 내용을 담보해 내야 하는데, 그것을 산출해 내지 못하는 측정이라면 평가기준은 무용지물에 불과하다. 자립생활 초기 단계는 설정 가능한 조직 운영과 서비스의 방향성을 제시할 필요가 있다.

2. 자립생활 서비스의 적합성

　자립생활 이념과 철학에서 강조된 점은 '자기결정과 선택'이다. 이 원칙은 개인의 삶과 연결되기도 하지만 조직과 서비스를 이용하는 소비자 입장과 관계된다. 자립생활센터 조직은 '참여'의 철학이 반영된 구조다. 이 원칙은 당사자주의 원칙을 선명하게 규정짓게 된다. 조직 구성의 의사결정기구(governing board member)는 '장애인 과반수 이상 구성'이라는 기준으로 나타난다. 자립생활센터 운영에 있어 장애인의 참여와 의사 결정이 이루어질 수 있도록 근거를 마련한 것이다.

　조직의 특성은 다른 조직과 차별화된다. 우리나라도 원칙을 수용하는 데 이의가 없다. 그러나 대표가 반드시 장애인이어야 하는가의 문제는 논란이 있다. 자립생활 운동가들은 조직의 대표도 장애인이어야 한다는 주장을 하고 있으나, 명문화된 조항은 채택되지 않고 있다. 다만, 의사결정 기구의 과반수가 장애인으로 구성되어 있다면 대표의 권한도 통제범위에 있게 되므로 대표를 장애인으로 정하지 않아도 된다.

　일본의 경우 자립생활센터의 대표는 반드시 장애인이어야 한다고 정하고 있어 실제적 권한을 보다 적극적으로 반영하고 있다(Nakannishi, 2001). 우리나라는 어떤 조직이든 대표의 권한이 강한 편이고, 장애인의 권한과 참여가 미흡하여 장애인의 주도성을 강조해야 할 자립생활운동에서는 보다 확고한 조건을 마련하는 것이 바람직하다. 따라서 자립생활센터의 대표는 장애인으로 기준을 삼아야 한다.

- 자립생활센터 의사결정 기구의 과반수는 장애인으로 구성되어야 한다.
- 자립생활센터의 대표는 장애인이어야 한다.
- 자립생활센터의 직원 중 50%는 중증장애인으로 배치되어야 한다.

3. 자립생활 조직의 운영 원칙

자립생활 프로그램을 어떻게 규정할지에 대한 논란이 있는데, 다음의 원칙은 장애인을 위한 서비스가 얼마나 자립생활에 근접하고 있는지 판단하는 기준이 된다(Nosek, 1988).

① 자립생활 서비스 체계는 거주 형태의 수용과 비수용 사이에서 어디에 위치하는가?
② 자립생활 서비스 전달방법은 직접방식과 간접방식 사이에 어느 정도인가? 또는 어느 정도 조화되어 있는가?
③ 자립생활 서비스 전달 형태는 전문가와 소비자 사이에서 어디에 위치하는가?
④ 장애인 문제를 다루는 데 있어 직업적 측면을 강조하는가?
⑤ 자립생활 목표 지향이 과도기적인 것과 지속적인 것의 어디에 위치하는가?
⑥ 서비스를 받을 수 있는 장애의 형태가 어느 지점에 있는가?

다음의 기준은 다양한 장애유형을 수용하는 원칙이다.

서비스가 자립생활에 근접할수록 거주 공간이 비수용적이고, 서비스 전달방법이 간접적이며, 서비스 전달형태가 소비자 중심이고, 직업적인 서비스는 일시적이며, 목표 지향은 지속적이고, 이용자의 장애유형을 다양하게 수용한다.

미국의 경우 거주형(residential), 전이형(transitional) 프로그램을 자립생활로 볼 수 있는가에 대한 논란이 제기되었다. 자립생활실용연구소(Independent Living Research Utilization: ILRU)는 거주 형태에 관하여 ① 자립생활센터, ② 전이형 독립생활 프로그램, ③ 거주형 자립생활 프로그램으로 구분하였다. Frieden(1979)은 이 세 가지 유형이 "지역사회를 기반으로 하고 있고, 소비자가 참여하며, 중증장애를 가진 사람들의 생활이 증진될 수 있도록 서비스를 제공하고 있다"는 점에서는 거주 형태의 유사성은 인정하나, ① 지속형(ongoing) 서비스를 제공하는가 아니면 전이형(transitional) 서비스를 제공하는가, ② 주거형 서비스를 제공하는가 아니면 비주거형 서비스를 제공하는가, ③ 소비자가 주도하는가 아니면 단지 참여할 수 있는 기회만 제공되는가를 차이로 지적한다.

지역사회 기반의 자립생활 가치는 운동으로부터 생겨난 서비스 전달방식의 특성을 반영해야 한다. 거주 및 전이 구조에서 자립생활 서비스를 제공한다 하더라도 서비스를 받는 장애인의 자립에 도움이 될 수 있다. 반면, 이러한 형태들은 자립생활운동을 통해 미래 지향적이고 혁신적 의도를 반영하지 못하게 된다. 따라서 자립생활센터는 비주거적 형태를 취해야 하고, 효율성을 높이기 위해 전이 주거 프로그램을 실시할 수 있다.

> 자립생활 거주 공간은 반드시 비주거 시설로 규정한다. 단, 자립생활센터는 일시적인
> 주거형 특별 프로그램을 단기간 제공할 수 있다.

자립생활은 상대적 개념으로 개별 장애인의 욕구가 다양하다는 것을 의미하며, 서비스를 특정한 장애유형에 한정하는 것은 무의미하다. 서비스는 지역사회의 모든 장애인에게 열려 있어야 되고 접근성은 책무다. 이는 지역단위의 서비스 전달체계의 효율성을 감안한 것이며, 장애유형 간 협력의 의미도 담겨 있다(장애인독립생활연구소, 1986).

> 자립생활센터 서비스는 특정한 장애유형에 제한을 두지 않아야 한다.

'장애인독립생활문제연구소'가 미국 161개 자립생활센터를 조사한 결과에 따르면, 자립생활 서비스는 무려 33종에 이른다. 가장 많이 실시하고 있는 서비스는 자립

생활 기술훈련, 동료지원, 주택, 활동지원, 이동서비스, 권익옹호, 정보제공, 사회보
장 서비스로 약 10여 가지가 된다. 순위는 바뀌었을지 몰라도 자립생활센터들이 중
점적으로 제공하고 있는 서비스 형태는 현재와 유사하다(김동호 외, 2002).

1970년대 말 진행되었던 자립생활 규정에 따르면, 자립생활센터가 제공하는 최소
의 서비스는 ① 정보제공과 의뢰, ② 독립생활 기술훈련, ③ 권익옹호, ④ 동료상담
으로 제시된다. 이러한 서비스들은 자립생활 철학과 이념을 반영한 것으로 초기 자
원이 취약하였음에도 이 서비스들은 엄격히 지켜져 왔다(Frieden, 1979; Nosek et al.,
1989). 재정적으로 열악한 우리나라 자립생활센터에서도 이러한 서비스들을 적용하
는 데 큰 문제가 없다. 그리고 자립생활 실천 요소인 활동지원 서비스도 필수적으로
제공되어야 한다.

> 자립생활센터는 정보제공과 의뢰, 동료상담, 자립생활 기술훈련, 권익옹호를 기본 서
> 비스로 채택해야 하며, 활동지원 서비스, 주택개조, 이동 서비스, 보장구 수리 및 지원
> 서비스가 함께 제공되도록 노력하여야 한다.

우리나라도 자립생활운동 이후 2015년 말 약 218개의 자립생활센터가 발족되었으
며, 보조금을 지원받거나 지방자치단체에 재정지원을 받는 자립생활센터는 62개소
에 이르고 있다. 이 중 36개 센터는 중앙정부로부터 매년 1억 5천만 원의 보조금을
지원받는 센터로 성장하였다. 서울시는 매년 33개 자립생활센터에 예산을 지원하여
왔으며, 2008년 말 보조금지원 자립생활센터를 대상으로 사업의 모니터링을 실시해
오고 있다. 평가를 실시하는 것에 대하여 다수의 자립생활센터는 목적예산을 집행하
고, 사회복지사업 회계 기준을 잘 충족하고 있다.

초기 자립생활센터 평가 사례는 2008년 서울시 예산을 지원받은 자립생활센터
22개소를 대상으로 삼육대학교에 의뢰하여 모니터링을 수행한 것이다. 지역 자립생
활센터 모니터링 지침은 자립생활센터 유형을 총 4개 군으로 분류하고, 자체 평가를
통해 수집된 결과를 중심으로 평가위원이 실사를 진행하여 실태를 파악하였다.

서울시 자립생활센터 수행실적 평가지침은 ① 서울시의 2008년도 지원사업의 수행 보조금만을 평가대상으로 하고, ② 수행평가 범위는 핵심사업, 특화사업, 기타사업, 이용자 만족도 조사로 구조화하였으며, ③ 서울시 지원사업을 수행하는 자립생활센터 22개소를 평가 및 모니터링 수행에 참여시키고, ④ 사업평가의 틀은 각 센터의 사업계획서를 기준하였다. ⑤ 평가수행 단계는 각 센터의 자체 평가, 수행평가, 이용자 만족도로 구분하였다.

제16장
자립생활 조직과 평가

1. 조직평가의 이해

미국의 자립생활센터는 미연방이나 주정부에서 보조금을 지원받는다. 이러한 수행기관은 예산규모를 불문하고 평가를 요구받게 된다. 자립생활센터는 예산을 지원받기 전에 먼저 평가를 수행하고 기준이 충족되는 센터들만 차기 예산이 집행된다. 미국도 초기에는 자립생활센터들이 직접 예산을 수령하지 못하여 직업재활기금에서 통제를 받고 예산을 재배정받아 사용해 왔다.

이러한 시대적 배경은 보조금 사업의 성과 평가를 자연스럽게 수용하였을 뿐만 아니라 자립생활 조직들이 스스로 참여하여 세부 기준을 연구하고, 그 결과를 「재활법」에 명시하여 일관성 있게 평가하도록 명문화하였다. 정부재정을 지원받는 자립생활 조직의 수가 점차 늘어나고 운영 규모도 확대되면서 연방정부는 평가 기준의 필요성을 제기하였고, 1989년 자립생활센터의 평가조항 711조를 「재활법」에 명문화하였다. 이 규정의 대상자, 서비스, 자원, 재원의 할당, 이용자 성과, 당사자 참여, 지역사회 인식개선, 지역사회 연계, 지역 네트워크 등은 행정부 보고서에 적합한 내용으로 구성되어 있다. 이 기준은 1979년 '자립생활실용연구소'가 자립생활센터의 의견을 반영하여 연구한 결과이지만, 한편으로는 이 연구를 통하여 자립생활센터의 프로그램과 조직의 기여에 대한 개념을 새롭게 하였다. 이 기준에 의거하여 미연방기금이 지원되고, 이 시기에 전체 자립생활센터의 약 55%가 조직화되었다(Nosek et al., 1989).

연방재활청(Rehabilitation Services Administration)은 1978년 개정 「재활법」과 '자립생활실용연구소(ILRU)의 연구' 그리고 1984년의 지침을 종합적으로 검토하여 1986년 「재활법」(Title Ⅶ Part B)에 평가기준을 명시하였다. 이 평가기준은 자립생활 조직의 설립기준을 제시하였을 뿐만 아니라 프로그램의 효과성을 입증하는 지표로 활용되었다. 또한 캔사스 주립대학교 자립생활연구훈련센터(Research & Training Center on Independent Living: RTC/IL), 전미자립생활협의회(National Council on Independent Living: NCIL), 자립생활자원관리기구(Center for Resource Management, Inc.: CRM)가 공동 승인한 지표로 조직 및 프로그램의 역량을 평가하는 데 활용되었다(Lachat, 1988). 세부 평가기준은 총 12개 항목에 221개의 기준이 제시되었다. 이 기준을 NCH 기준이라 하는데 항목은 다음의 여섯 가지로 요약된다. 즉, ① 자립생활 철학, ② 자립생활 대상자, ③ 자립생활 성과 및 영향, ④ 자립생활 서비스, ⑤ 자립생활센터의 관리와 운영, ⑥ 자체평가로 구성되어 있다(Budde, Lachat, Lattimore, Jones, & Stolzman, 1987).

첫째, 자립생활센터 성과 및 영향에 관한 평가기준은 개별 장애인의 자립생활을 증진시키는 데 있다. 주택, 가족구성(living arrangements), 수입과 재정관리, 교통수단, 활동지원, 영양, 가사, 이동, 보건과 건강관리, 보장구, 교육, 고용, 지역사회 활동, 가족생활, 여가, 개인의 성장, 사회생활 기술, 의사소통 기술, 자기관리, 소비자 및 법적 권리 등이 그것이다. 조사원리는 프로그램이 최우선적으로 장애인의 실제적 자립생활에 도움이 되어야 함을 강조한다. 자립생활센터는 이용자가 생산적인 삶을 영위하는 것과 연관된 목표를 이룰 수 있도록 지원해야 할 필요가 있으며, 지역사회에서의 선택의 질을 높이고, 활용 가능성을 증진시켜야 한다. 즉, 주택, 교통수단, 활동지원, 고용, 의사소통, 건축물 및 사회적 장벽 제거, 장애인식 개선, 여가, 소비자와 관련된 시민활동, 신체적·정신적 건강관리 등이다. 또한 장애인의 삶의 질뿐만 아니라 개별적인 변화를 증진시켜야 한다. 따라서 장애인의 평등한 접근과 개인의 독립적인 삶에 대한 능력을 향상시킬 수 있도록 선택의 범위를 확장하고 지역의 장벽을 낮추는 일에 공헌해야 한다. 이처럼 자립생활센터는 장애인에게 영향을 미치는 지역사회의 물리적·사회적·경제적 환경을 개선해야 할 의무를 지닌다.

둘째, 자립생활 대상자에 대한 평가기준은 모든 장애범주를 포함하는 것으로, 명백한 대상을 가지고 있어야 한다. 조사원리는 모든 장애영역의 욕구를 대상으로 서비스를 제공하도록 자금을 지원받고 있으며, 모든 장애인이 활용할 수 있는 공통서비스 지원을 특성으로 하고 있다. 이 기준을 통해 자립생활 프로그램은 여타의 프로그램과 차별성을 갖는다.

셋째, 자립생활 서비스에 대한 기준은 서비스 장애인과 그 가족들에게 권익옹호, 자립생활 기술훈련(건강관리, 재정관리 등), 동료상담 등과 같은 서비스들을 제공하여야 한다. 자립생활센터는 법률서비스, 일반상담(동료지원 외의 가족상담 등), 주택서비스, 보장구 서비스, 이동, 여가, 교육, 지원고용 등을 포함한 직업서비스, 대독이나 통역 등을 포함한 의사소통 서비스, 활동지원 서비스, 전자통신 서비스다.

자립생활센터는 서비스 대상이 아니더라도 원하는 모든 사람에게 정보를 제공하고 의뢰서비스를 실시하여야 한다. 또한 개별 장애인의 욕구에 맞춰 지역사회의 포용력을 높이는 활동들을 수행해야 한다. 즉, 지역사회에서 선택의 범위를 넓히고 지역사회의 장벽을 제거하는 권익옹호, 공공 프로그램에 대한 접근성 창출, 대중교육 및 정보제공(발표회, 보도자료 제공 등), 당사자 및 서비스 제공자들에 대한 아웃리치, 장애인계 내에서의 적극적인 역할 수행이다.

조사원리는 서비스를 제공하고자 하는 권익옹호, 동료상담, 기술훈련, 정보제공 및 의뢰 등과 같은 핵심 서비스들을 제공해야 하며, 지역사회의 변화를 유발할 수 있는 서비스들을 제공하고 수행할 필요성이 강조된다.

넷째, 자립생활 철학을 증진시키고 실천하여야 한다. 실천방법은 자립생활센터 운영과 관리에 있어 당사자 주도, 자립생활 서비스 개발에 대한 당사자의 결정권, 자기옹호, 개개인의 사회에 대한 동등한 접근, 시설에 대한 동등한 접근, 동료관계와 동료역할 모델의 개발, 지역사회의 구체적 자립생활 욕구의 충족, 모든 장애인을 대상으로 하는 서비스의 제공이다.

조사원리는 조직, 운영, 접근성에 있어 철학적 신념을 확고히 실현하는 것이다. 이부분은 여타 프로그램들과 차이를 보여 의미가 깊다. 중증장애를 가진 사람도 자신의 생활을 관리하고 구성원들을 위해 헌신적으로 활동할 수 있음을 강조한다. 서비스 전달체계는 장애인의 존엄성을 존중하고, 서비스의 본질과 특성에 영향을 미칠 수 있는 의사결정에 관여한다. 이러한 철학적 기준이 없다면 여러 서비스 제공자들은 부적절한 자립생활 프로그램을 어디에서나 운영하게 될 것이다.

다섯째, 자립생활센터는 자체평가를 실시하여야 하고, 사업 수행에 필요한 충분한 문헌 기록을 보유하여야 한다. 서비스를 받은 사람들의 인원이나 특성을 기록한 서류, 개인이나 지역사회를 대상으로 수행한 사업의 기록, 개인의 성과에 관한 기록, 지역사회 효과, 이용자의 상담·서비스 계획·진행 기록 등의 서류, 회계·법률·행정·인사 계약을 포함한 경영기록, 프로그램의 질과 적절성을 평가한 기록들이다. 자립생활센터는 투명한 재정관리를 실시하여야 한다. 즉, 예산 감시체계, 현금 유통 관리, 공인회계사에 의한 회계 감사, 목표달성을 위한 자원개발 활동에 대한 비용의 결정을 실시하여야 한다.

조사원리는 평가와 관련된 기준에서 자립생활센터가 서비스와 영향력 수준을 증명할 수 있는 능력을 개발하는 것이다. 조직운영·관리·서비스 전달 등에 관한 기록의 중요성이 강조된다.

여섯째, 자립생활센터의 관리와 운영은 자격을 갖춘 장애인들이 정책관리, 의사결정, 서비스 전달, 운영에 실제적으로 참여하여야 한다. 따라서 이사회의 임원, 관리 및 운영자, 직원으로 선발될 수 있는 우선권이 주어져야 한다. 그리고 장기적 사업 및 계획을 통해 경영의 명백한 우선순위를 설정해야 한다. 목적 및 사명, 사업 실적 및 내용과 관련된 구체적인 목표, 사업의 우선순위, 해결해야 될 욕구, 서비스의 형태 및 전달과 절차가 그것이다.

자립생활운동의 가장 큰 특징은 장애인 당사자의 참여를 강조해 온 것이다. 서비스 전달, 센터의 관리와 운영에 참여시킴으로써 장애인이 센터 운영에 실제적으로 참여할 수 있도록 이사회의 51% 이상을 구성하도록 규정하고 있다. 그리고 자립생활센터는 건전한 조직 및 인사 관리를 실시하여야 한다. 이에 따라 적합한 역할과 책임이 기술되고, 직원의 복무규정, 자원봉사자를 포함하는 직무해설, 지도감독, 결재, 인사고과, 기회평등과 차별 철폐, 직원의 훈련 및 교육이 실시되어야 한다.

2. 조직평가 기준 연구

자립생활센터의 수행평가를 시행하기 전 평가항목에 대한 기준을 학습하고, 토론을 거쳐 완성도를 높이는 과정을 거쳐야 한다. 여러 기관에서 평가기준을 마련하고 공유하게 되면 어떤 사업을 자립생활센터의 핵심사업으로 볼 것인지, 재정을 평가할지, 이용자 만족도를 볼 것인지 다양하게 논의하여야 하며, '자립생활센터 연합조직' 또한 연구에 반드시 참여하여야 한다. 또한 각 센터들은 여러 차례 자체 평가서를 작성해야 하며, 그 결과를 가지고 필요하다면 심층 토론을 해야 한다.

자립생활센터의 평가는 크고 작은 규모의 자립생활센터가 난립하였기 때문에 모니터링 결과를 반영하여 행정적 절차만큼은 평준화되도록 설계되어야 한다.

사업규모는 자립생활센터별로 큰 차이를 보이지 않기 때문에 총량적 비교 평가는 바람직하지 않다. 비교적 센터들이 일관성 있게 권익옹호 사업에 집중하고 있지만, 실제 활동지원 서비스가 가장 많은 성과를 나타내고 있다. 일부 운영자는 조직평가에 대하여 부정적 입장을 고수하지만, 행정 절차와 운영체계를 갖추고, 사업을 진행하도록 하는 행정적 평준화는 조직의 필수요건이다.

조직의 효율성을 연구하고 실행에 옮기도록 운영 규정, 결재, 직원의 역할과 책임에 근거해 센터를 운영하고, 직원들에게 교육의 기회를 제공한다. 또한 투명한 회계를 바탕으로 안정과 성장에 필요한 활동을 수행한다. 이 기준은 예산 편성, 회계, 감사 등이 이루어지도록 요구하고 있으며, 자원개발 활동을 수행하도록 하고 있다. 자립생활센터의 대표는 경영활동으로 재정의 운영과 책임에 초점을 두고 있다.

미국의 자립생활센터 평가의 세부지표는 조직의 역할과 기능, 서비스의 차별화 기준을 제시한다. 자립생활센터들은 자체 평가도구를 활용하고 있으며, 연방정부 기준이나 조건에 얼마나 합당한지 점검하는 데 이용된다. 이 기준을 통해 서비스의 효과성을 증명하고 프로그램이 어떻게 운영되어야 하는지 체크하게 된다. 그리고 이를 통해 사업의 진행과 성과를 검증해 볼 수 있다. 또한 평가 시스템을 통해 이용자, 서비스, 자립생활센터 조직이 어떻게 운영되어야 하는지 가늠할 수 있다.

〈표 16-1〉 자립생활 평가기준

평가 항목	평가 내용
1. 자립생활 철학	철학의 일반기준
	자립생활 서비스 목표와 내용에 장애인 당사자 주도
	자립생활센터 운영과 관리에 장애인 당사자 주도
	자조와 자기옹호
	지역사회에서 동등한 사회적 · 물리적 접근
	프로그램과 물리적 설비로의 동등한 접근
	동료관계와 동료역할모델의 개발
	서비스 범주의 지역사회 자립생활 요구와의 조화
2. 이용자	모든 장애인을 포괄
3. 장애인 성과	지원서비스
4. 지역사회 성과	지역사회 참여
5. 자립생활 서비스	일반서비스 기준
	권익옹호(장애인 당사자)
	자립생활 기술훈련
	동료상담
	기타 서비스
6. 정보제공과 의뢰 서비스	동료상담
	정보제공
	서비스 연계
7. 지역사회 개발	권익옹호(지역사회)
	기술적 지원(보장구)
	공공정보
	장애인과 서비스 제공자로의 접근과 활용
	장애영역에서 주도적인 행동역할

8. 당사자 참여	이사회
	중간관리자
	직원
	자원봉사자
9. 계획	장기계획
	연간계획
	서비스 대상 개인의 수와 장애종류에 대한 세부 목표
	제시된 우선 서비스와 욕구
	제공되는 서비스 형태와 전달과정
10. 직원관리	방침과 절차
	직무기술(記述)
	감독과 지도의 배열
	직원 평가와 지도
	동등한 기회부여와 긍정적 조치의 방침과 절차
	직원과 이사회의 훈련과 개발
	보험
11. 재정관리	연간 예산
	재정관리
	연간 회계감사
	자원개발
	지출보고
12. 사례관리 등	서비스 대상 장애인의 수와 유형에 대한 기록
	개인과 지역사회에 제공된 서비스의 형태와 단위에 대한 기록
	개별성과에 대한 기록
	지역사회 자립생활 성과에 대한 기록
	이용자 초기면접, 개별 서비스 계획 및 과정기록
	서비스 계획
	이용자 기록
	기밀보장
	종합 도표와 보고서
	재정, 법률, 행정, 직원, 관계당국과의 협의를 포함하는 운영 기록
	자립생활센터 프로그램의 질과 적합성에 대한 이용자의 평가

출처: Lachat(1988).

제5부

중증장애와 소득

제17장 자립생활과 직업재활의 조명

제17장
자립생활과 직업재활의 조명

1. 자립생활의 의미

자립은 사전적으로 남에게 의지하지 않고 홀로 서는 것, 개인이 한 집안을 이루어 완전히 사생활의 권리를 행사하는 것을 의미한다. 예를 들면, "기술을 익힌 후 자립해 나갔다."는 완전히 별도의 일로 다른 사건에 영향을 주지 않는 상태를 의미하는 반면, 자립은 경제적 측면이 특히 부각된다. 이러한 맥락에서 자립의 네 가지 주요 구성요소는 〈표 17-1〉과 같다.

〈표 17-1〉 자립의 구성요소

구성 요소	내용
자신의 삶을 조절하는 인식	• 타인과 효과적인 의사소통을 통해 정보를 얻고, 의사를 표현하고, 요구를 충족할 수 있는 능력 • 자원을 구하고 활용하는 능력 • 결정을 하고 우선순위를 정하는 능력 • 장기적인 목표를 설정하고 결과를 달성할 때까지 노력을 지속하는 능력 • 장기적으로 결과를 달성하기 위해 순차적인 계획을 수립하는 능력 • 위험성을 이해하고, 결과를 예측하며, 사물을 판단할 수 있는 능력 • 응급 의료상황이나 금전상황과 같은 위기관리 능력 • 문제해결 능력
신체적 자율성	• 옷 입고 벗기, 식사생활 • 신체적 · 정신적 기초기능 수행 • 기초적인 생존능력 • 다른 사람들로부터의 지지나 장비의 사용
심리적 자기의존	• 정서적 자율성, 자아완성, 자기신뢰, 주장, 의지의 자각
환경적 자원들	• 가족지지, 지리적 위치, 지형, 경제적 상황, 정책적 분위기, 교육기회, 건 축상의 접근권, 지원서비스, 문화적 가치

출처: Nosek(1998).

　자립생활은 중증장애인이 독립적으로 생각하며 행동하고, 스스로 결정하여 자립적으로 대인관계를 형성하며, 사회에 통합되어 경제적으로 자립하여 살아가는 삶의 한 형태다. 이러한 자립생활 서비스의 이용을 통해 과거에는 시설이나 가정에서 무위하게 누워 지내던 중증장애인이 독립된 주체로서 지역사회의 통합된 장면에서 살아갈 수 있도록 경험과 기회를 제공받는다.

　1971년 뉴욕에서는 Judy Heumann이 장애인 권익보호를 위해 '장애행동의 날(Disabled in Action)'을 정한 것을 비롯하여 지역사회 자조단체들은 기존의 보호서비스 대신 지역사회에 기반한 서비스를 추구하였다. 특히 워싱턴에서는 법률개정을 위한 미국장애시민연합(American Coalition of Citizens with Disabilities)이 결성되었다.

　자조운동, 의료개혁, 탈시설화와 같은 소비자운동은 재활서비스의 제공과 통제에 있어 장애인을 일방적 수혜자로 머물게 하지 않고, 서비스의 계획과 제공에 적극 개입하는 계기를 마련하도록 하였다. 장애인 당사자가 재활욕구에 관해 가장 잘 판단할 수 있다는 인식의 확대는 재활서비스 시장에서 어떤 서비스들이 제공되어야 할 것인가를 결정하는 데 큰 영향을 미쳤고, 서비스의 질적 개선을 가능하게 하였다.

자립생활의 발전은 입법체계 내에서 재활전문가들의 노력에 의해 조성되었다. 1959년 361개 항의 백악관 보고서는 고용이 실제적으로 이루어질 수 없는 장애인에 대해 공공재활 서비스의 범위를 자립생활 서비스까지 확대시킬 수 있도록 하였다(Urban Institute, 1975). 그러나 이 안은 입법화에 실패하였고, 그 후 1961년 전국재활학회(National Rehabilitation Association: NRA)에 의해 새로운 법안이 제출되었지만 실패하였다.

1973년 「재활법」에 따라 시범사업을 실시하게 되었고, 1978년 개정에 이르러서야 직업재활의 대안으로 자립생활 서비스가 장애인에게 제공될 수 있었다.

이전까지 직업재활(Vocational Rehabilitation: VR) 서비스라는 관점에서 포괄적 모양을 갖추게 된 새로운 「재활법」은 수입이나 직업 상태와는 무관하게 주정부가 장애인 활동지원 서비스를 제공할 수 있도록 재량권을 부여하였다. 따라서 자립생활에서 서비스 공급자의 교육과 감독이 강조되고 중증장애인의 자긍심을 높였다. 직업재활은 고용 가능성과 장애를 적격성 기준으로 설정하지만, 자립생활은 장애와 자립이 적격성의 기준이 된다.

재활서비스 대상에 포함되지 않는 경우 연금과 복지로 의뢰되며, 이 경우에 다른 복지 수혜자와 동일한 서비스 기준을 적용받게 된다. 우리나라에서도 서비스 수준을 높이고 장애인 복지를 발전시키는 등 재활과 복지의 구분과 협력 방안에 대한 논의가 전개되어야 한다.

1980년대와 1990년대 미국의 장애인 재활, 복지, 교육은 소비자 주권, 역량강화, 탈시설화, 자립생활, 접근권, 다문화적 배려, 제한적 환경에 대한 태도 변화를 특징으로 한다(Wright, Martinez, Dixon, & Buckner, 1999).

최근 완전한 참여운동(The Full Inclusion Movement)은 능동적이고 자립적인 사회구성원으로의 지역사회 통합이라는 사회의 바람을 담고 있다. 이와 같은 철학과 전략적 토대에서 자립생활은 시민권운동, 소비자 중심주의, 자기원조, 탈의료화와 탈시설화 운동의 부산물이라 할 수 있다(DeJong, 1979b).

자립생활운동 이전 중증장애인에게는 가족의 보호나 수용시설이라는 제한된 삶의 대안들밖에 없었고, 재활과 사회복지 전달체계에 의해 이들이 지역사회에서 자립적으로 살 수 있는 능력이나 이들의 고용능력은 무시되거나 평가절하되었다. 따라서 자립생활운동은 사회에 보다 충분히 참여할 수 있는 지식, 기술, 자신감을 갖게 하며, 필요한 원조를 가능하게 하였고, 이러한 일을 가능하게 하는 자원을 확보할 수 있도록 하였다.

미국의 주 및 연방 직업재활 프로그램은 종합적이고 통합적인 측면을 고려한 고용계획에 기초하여 이루어진다(Brabham, Mandeville, & Koch, 1998). 서비스를 제공하는 재활시설이나 단체는 서비스 공급자와 수요자를 조직적으로 연결해 주는 역할을 한다. 즉, 서비스를 공급자에게서 수요자에게로 전환시켜 주거나 효율적으로 분배하는 등 조직적인 조정체계로서 역할을 하게 된다. 나아가 최근에는 노동부처, 특수학교, 사회기관 간의 동의각서(inter-agency agreement) 작성을 법률로 의무화하였다.

우리나라에서의 자립생활은, 자립생활의 실천은 일본식 자립생활의, 이론은 미국식 모형의 접목이라고 볼 수 있다. 자립생활 정신은 보호보다는 '경험을 권장하는 환경'을 중요시한다. 위험의 노출에도 실수의 경험을 통해 사람이 성숙할 수 있다는 기본 철학은 중증장애인에게 비전과 희망을 제공하게 된다.

자립생활센터에서 일하는 장애인은 나름대로의 경험과 전문성을 노출시키며 다른 중증장애인에게 역할모델을 제공한다. 자립생활센터는 사회생활과 직업재활을 준비하는 인큐베이터의 장소가 됨과 동시에 직업에 대한 지나친 압박을 주지 않는 안전한 보호의 장이 되고 있다.

궁극적으로 자립생활운동은 기존의 제한된 시설중심의 복지 프로그램에서 벗어나 장애인 당사자주의, 자조단체의 육성, 장애인의 역량강화 흐름에 부응한다고 볼 수 있다.

1978년 미국 「재활법」 제7편은 자립생활서비스에 대한 정부예산의 보조와 공공기금의 조성을 가능하게 하였다(오혜경, 1998). 1971년 전국에 52개에 불과하던 영세한 자립생활센터가 오늘날에는 600개소 이상 확대되었으며, 이곳에서 정보와 의뢰서비스, 동료상담, 자립생활 기술훈련 및 개인과 제도에 대한 권익옹호 서비스를 제공하고 있다.

　로스앤젤레스 지역에서는 LILA(Living Independently in Los Angeles)라는 온라인 권익보호 사이트가 지식전문가와 장애인 사이, 지원파트너와 사회기관 사이를 효과적으로 연결시켜 공동체 리더를 양성하는 플랫폼 역할을 하고 있다. LILA 프로젝트는 3년간에 걸친 장애인 스스로의 준비와 50억 원 이상의 대학, 민간, 정부의 자원에 의해 성공할 수 있었다. 최근에는 대규모 의료보호예산(health care budgets)이 자립생활 기관으로 흘러들어 오면서 더욱 활성화되고 있는데, 이는 우리가 배워야 할 교훈이다(이달엽, 이승욱, 박혜전, 노임대, 2004).

　ADA는 장애인에게 서비스를 제공할 때, 다른 전문가와 협력을 요구하고 있다(Davis, 1997). 이를 통해 재활기관이 지닌 자원들의 이용을 극대화시키고 서비스의 조정과 고용 및 전환기 노력의 효과성을 증대시키고자 하는 것이다. 이에 따라 「노동인력법(Workforce Investment Act)」과 개정 「재활법」은 양해 각서(memorandums of understanding)로 알려진 기관 간 각서 작성을 의무화하고 있어 자립생활과 직업재활의 협력 관계를 짐작할 수 있다.

　참여하는 사람들에게는 기관 직원 사이의 강력한 내적 파트너십과 강력한 헌신을 요구하고, 외적으로는 지역사회와 다른 이해 당사자들의 옹호라는 역할을 요구한다. 흔히 기관 직원 사이의 결연으로는 내적결연, 외적결연 및 체계결연을 다루게 된다. 궁극적으로 기관 간 동의가 성공하고 행동으로 실천되기 위해서는 명료하고 구체적인 행동계획들이 필요하며, 직원의 배치, 예산 등의 면에서 협조와 접근성을 보장하여야 한다.

　종합적인 서비스 결과를 예측하면서 장애인 당사자의 경험, 결정, 선택, 욕구에 초점을 맞춘 직업재활 서비스는 내담자와 상담사의 관계에 기초하여 자립생활과 같이 다른 기관들과 보다 더 강한 협조체계를 형성해야만 성공적인 서비스를 제공할 수 있다.

　자립생활 서비스에서 첫째로 강조되는 것이 활동지원인 서비스 제도다. 활동지원인 서비스는 공유제, 분담서비스, 다양하게 세분화된 프로그램에 의하여 실행될 수 있으며, 지역사회 차원에서의 광범위한 협력과 조정이 요구된다.

자립생활 이념은 장애인으로 하여금 자신이 익숙한 지역에서의 생활환경과 인간관계 속에서 일반 사회구성원과 똑같은 생활을 영위하는 것이다. 또한 지역의 여러 가지 서비스 이용자로서 장애인이 다른 구성원들과 동등한 대우를 받고, 자신이 희망하는 주택에 살면서 사생활을 포함한 기본적 인권을 존중받으며 살 수 있도록 하는 것이다. 이러한 이념의 실현을 위해 경제적 안정을 위한 소득보장, 생활하기 편리한 주택보장 및 주택개조, 활동지원인 등의 정책이 선행되어야 가능하다.

자립생활 이념의 실천은 장애인 당사자의 자기결정권 행사를 통해 이루어진다. 그러나 장애인의 일상생활 지원이 대부분 가족이나 자원봉사자에 의해 가능한 현실에서는 사실 장애인의 욕구에 따른 지원은 물론 당사자의 자기결정권 행사가 이루어지기 어렵다.

장애인의 가족과 자원봉사자들이 도와주고 싶어도 생활상에 제약을 갖고 있기 때문에 장애인은 늘 사전에 예약을 하여야 하며, 가족과 자원봉사자의 시간에 맞출 수밖에 없는 것이 현실이다. 그러나 활동지원인 서비스 제도가 활성화된다면 언제든지 필요할 때 일상생활의 지원을 받을 수 있어 장애인의 욕구에 맞는 보다 다양한 서비스가 제공될 수 있으며, 이를 통한 자기결정권이 확대될 수 있다.

자립생활 서비스에서 두 번째로 강조되는 핵심 서비스는 동료상담으로, 장애 관련 지식, 경험 그리고 대처기술들에 관해 조언할 수 있는 또 다른 장애인에 의해 이루어지는 상담이다. 동료상담은 자립생활센터에서 장애를 지닌 직원에 의해 제공되거나, 이동이 불편한 사람들에게는 출장상담으로 행해진다. 어떤 형태의 동료상담은 치료적 상담이기보다는 자신의 활동지원인을 관리하도록 하는 훈련과 같이 교육적 형태를 띤다. 개인적 경험을 나누고 내담자의 자치성을 고무시키는 지역사회 자원들과의 연계를 시도하는 동등한 견해에 토대한 역할모델을 상담사가 내담자에게 제공하는 것이다.

다음으로, 권익옹호 서비스는 장애인의 권리에 초점을 두는 것으로 계약체결, 전문직업적 기능, 운전면허의 획득, 의지와 동기 고무, 결혼, 자녀의 입양 및 양육, 재산보유와 처분, 부동산 임차·소유·사용에 대한 접근보장, 열차·교통·공공건물·도로로의 접근권 확보, 가능한 평균적·제한적 환경 속에서 평등교육을 받을 수 있는 기회, 평등 고용기회, 노동에 상응하는 공정한 임금의 확보, 의료서비스들에 대한 평등 접근, 그리고 정치적 측면에 있어서 능동적 참여와 투표에 대한 권리를 함께 포함한다.

2. 직업재활

1) 복지에서 생산적 복지로

우리 사회의 구성원들이 풍요롭고 자유로운 삶을 살아야 한다는 '정책과제'에는 모두가 공감을 하지만, 목표에 도달하는 수단과 관련하여 다양한 논의가 있을 수 있다. 자본주의와 민주주의 사회 속에서는 개인 사이에 물질적 차이가 엄연히 존재하고, 따라서 빈곤한 조건을 지닌 장애인은 필연적으로 선택의 자유에 엄청난 제한점들을 지니게 된다. 사회는 특수하게 분화된 일련의 역할들이 존재하고 이 역할을 수행하는 데 따르는 과제들을 채울 수 있는 사람들을 필요로 하기 때문에 기본적으로 인간사회는 차별의 속성을 지니게 된다. 신자본주의적 관점에서도 각 개인이 지닌 재능이 동일하다고 이야기하기는 어려울 것이다.

우리 사회에서 궁극적으로 장애가 문제시되는 것은 장애를 지니게 되면 물질적 자원의 확보에 어려움을 겪기 때문이다. 물질적 자원을 더 많이 가지기 위해서 사람들은 서로 경쟁하게 되고, 제로섬(zero-sum)의 법칙은 상대방의 양보 없이는 나 자신이 남보다 더 많이 가질 수 없도록 만든다. 물론 성경 내용에서는 물질적으로 서로 나눌 때 차고 넘친다고 하지만, 순수한 자발성이 전제되지 않을 때 그것은 실현되기 어렵다.

우리나라에서 자립생활은 풀뿌리 자조단체의 권익운동으로 시작되었기보다는 재정 상태가 열악한 장애인 자조단체들이 공공기금이나 국가예산을 확보할 목적으로 급격히 증가된 것이다. 이처럼 장애인계의 최근 화두는 자립생활, 당사자주의, 자조단체 육성, 자기결정권 등이다. 자원이 열악한 장애인 자조단체들은 정부재정 지원을 의식하여 최근에 자립생활 서비스에 많은 관심을 보이고 있는 것이 실정이다. 소수집단의 관점에서는 장애의 책임을 개인이 아니라 사회 속에서 발생하는 여러 가지 측면에서 찾으려고 한다. 주류문화로의 편입, 동화라는 측면이 아니라 국가 권력의 일부를 양보받으려는 노력의 일환으로도 볼 수 있다.

역사적으로 자립생활운동과 직업재활 프로그램을 별개의 것으로 간주할 것인가에 대해 많은 논란이 있어 왔다. 이에 대해 양자는 경쟁적인 객체로서가 아니라 상호보완적인 개념으로 이해해야 한다.

2) 생산적 복지의 이행과 한계

우리 정부가 장애문제에 대해 개입을 시작한 것은 1961년 「생활보호법」의 제정을 통해서다(조흥식, 2004). 이때부터 빈곤장애인, 즉 장애로 인해 근로능력이 결여된 빈곤자에 대한 국가의 보호가 시작되었다. 장애문제에 대해 방치하던 정부가 군사정권이 들어선 1960년대에 전쟁참여자와 군인에 대한 예우차원에서 생활유지 능력이 없는 사람들을 우선으로 생계보호, 의료보호, 해산보호, 상장보호 등을 실시하였다(조흥식, 2004).

또한 민간차원에서 일반장애인을 시설 보호하던 외원기관들이 경제성장과 함께 점차 철수함에 따라 정부는 1970년 「사회복지사업법」을 제정하여 이들 시설운영을 담당하도록 사회복지법인이라는 제도를 만들었다.

그러나 국가 경제력이 커진 1970년대 후반과 1980년대에는 국제연합(UN)이 정한 1981년 '세계장애인의 해'를 기점으로 하여 높아졌다. 중앙정부에 재활과가 생겨났으며, 1981년 6월 제정된 「심신장애자복지법」의 제11조는 장애인 고용촉진을 규정하였다. 1985년 후반에는 노동부 자체 기금 중 전업자 직업훈련 예산의 일부를 민간 비영리 조직인 한국장애자재활협회에 지원하여 장애인에 대한 훈련을 실시하였다. 민간이 주도하던 취약한 장애인 직업재활 프로그램에 정부 개입이 시작된 것이다. 그러나 장애인의 고용을 통한 직업재활을 위한 제도적 노력은 1990년 제정된 「장애인 고용촉진 등에 관한 법률」에 의해 시작되었다고 볼 수 있다(이달엽, 1997). 1985년 세계보건기구(WHO)의 제38차 총회는 회원국들의 훈련과 고용 그리고 물리적·법률적 장벽들을 제거함으로써 장애인의 지역사회 참여기회를 높이도록 촉구하여 우리나라에서는 지역사회재활(Community-Based Rehabilitation: CBR) 프로그램을 정부 주도로 시작하였다.

「장애인 고용촉진 등에 관한 법률」에 근거하여 1990년 장애인고용촉진공단을 설립하고, 장애인 의무고용률을 초과한 사업주에 대하여는 고용지원금을 지급하였으며, 장애인 고용의무가 없는 사업주가 장애인을 고용한 경우 장려금을 지급하도록 하였다. 1995년 185개의 회원국에서 초청된 182명의 각국 정상들이 모인 덴마크 개최 유엔사회개발 정상회의에 참석한 김영삼 대통령은 장애인의 삶의 질과 세계화를 선언하였다.

이처럼 초기의 우리나라의 장애정책은 사회복지의 이념적 바탕에 토대를 두었으나 체계적이지 못하고 통합되어 있지 못하여 재활입법의 형태를 갖추지 못하였다. 재활은 그 동기와 방법의 측면에서 사회복지와는 다소 구분되며, 국가 고용정책과 차이가 있다.

장애인 직업재활이 사회적 관심을 받게 된 것은 사실상 김영삼 정부 후반부에 논의되기 시작한 정책입안자들의 생산적 복지 이념에서 비롯된다. 국민의 정부에서 구체화된 생산적 복지는 민주적 시장경제와 다원주의로 요약되는 신자유주의 경제기조에 기반을 두고 복지지출의 축소를 지향하는 지구경제화 추세를 반영한 것이며, 복지수급자의 권리나 욕구보다는 투입되는 자금의 생산성을 중요시한다.

그러나 생산적 복지의 재정만을 가지고 장애인의 직업문제를 근본적으로 해결하기는 어렵다. 장애인이 노동시장에서 소외되는 문제는 노동정책으로 접근해야 하고, 장애인이 지역사회에서 요구되는 고도의 직업기술을 지니기 위해서는 효과적인 교육과 재활체계가 필요하다. 스웨덴의 집권 사민당은 훌륭한 인적자원을 양성하여 사회에 배출함으로써 궁극적으로 경제성장을 이끌도록 하는 질 높은 생산적 복지전략을 채택하고 있다. 따라서 정책의 우선순위를 생산성 향상에 도움이 되느냐에 초점을 두고 복지제도는 경제성장을 위한 안전망으로 작용하여 왔다.

1990년대 후반 IMF 외환위기를 겪으면서 실업자의 증가가 납세자의 감소로 이어진다는 사실을 깨달았다. 따라서 노동생산성을 향상시키기 위한 정책적 모형의 수정을 위해 경제정책과 함께 복지정책에 역점을 두는 동시에 다양한 직업훈련과 근로 프로그램을 통해 노동자가 일터로 나갈 수 있도록 준비하고 있으며, 일하는 사람들에게 파격적인 국가 혜택을 주는 방향으로 나아가고 있다(동아일보, 2005). 이러한 맥락은 국가가 먹여 살리는 복지에서 국민이 일하면서 받는 복지로의 변화를 의미한다.

결국 국민의 정부정책 기본방향은 시장복지가 기본이고, 정책복지는 시장복지를 보완하는 것으로 소외계층의 근로능력과 의욕을 촉진시켜 경제발전과 연결되는 생산적 복지를 지향해야 한다는 것이었다. 국민의 정부 경제청사진에는 생활보호대상자를 집단시설에 수용·보호하는 것은 비용이 많이 소요되기 때문에 직업재활프로그램 등을 강화할 계획이라고 밝히고 있어 애초부터 장애를 지닌 시민들을 건강한 사회구성원으로 인정하지 않았고 사회경제적 권리도 인정하지 않았다.

정치민주화 과정을 거치면서도 장애인은 객체로서 정책결정 과정, 특히 중앙정부의 의사결정 과정에는 전혀 참여할 수 없는 상황이었고, 장애인복지위원회 등 필요할 때 상위 계층 장애인들의 일부만을 형식적으로 포함시켜 구색을 맞추는 정도의 사회정치적 양보를 하였으며, 종종 정실성과 관료성에 의해 정책을 왜곡하였다.

전문 공무원제가 도입되지 않은 우리나라 현실에서 중앙정부의 독과점은 국가자원을 상당 부분 왜곡시켰지만, 학자집단이나 정치권력도 공무원 사회에는 별 영향을 미치지 못하고 있다. 장애인재활 전문가 1인도 배치되어 있지 않은 중앙정부와는 어떤 방식으로도 심도 있는 대화나 발전을 기대하기가 어려운 데에도 그 원인이 있다.

정부예산 지원을 기대한 장애인 자조단체들이 자립생활센터의 간판을 걸어 놓고 임가공 하청업을 하는 경우도 있어 직업 가능성에 영향을 받지 않는 자립생활사업의 실체나 구분이 어려운 실정이다. 정부사업의 성과를 기대하기 위해서는 1970년대의 「특수교육진흥법」이나 「사회복지법」의 제정처럼 재활진흥법의 입법이 필요한 시대다.

관료주의와 정실주의적 성격이 강한 우리나라의 현실은 끊임없이 제기되는 시설의 비리, 예산의 비효율성, 행정 절차와 국가기구의 비민주성, 권한을 독점한 중앙정부의 관료, 정책결정의 불투명성으로 대표된다(김연명, 1999). 이처럼 우리나라의 사회적·경제적 조건은 분리 지향적이며, 장애인에게 우호적으로 전개되지 않고 있다.

　형식적인 지방분권의 모양을 하고 있는 현실은 지방자체단체에 상당한 역할을 분담함으로써 개선될 수 있을 것이다. 「지방자치법」상 지방자치단체는 자치입법권과 자치조직권, 자치행정권 그리고 자치재정권을 보장받도록 되어 있지만, 실제로는 중앙정부의 예속을 벗어날 수 없게 되어 있다. 또한 상위 법령에 제한을 두거나 정원조정에 관한 승인권을 행정자치부가 가지고 있고, 조세의 대부분을 중앙정부가 관리하는 상황에서 행정권의 확립은 기대할 수 없다.

3) 장애인의 참여와 선택

　재활의 목표는 심신에 장애를 지닌 모든 사람이 우리 사회에 필요한 하나의 구성원으로서, 또 평등한 인간으로서 완전한 참여를 이루는 사회통합에 있다. 재활이 추구하는 이러한 목표는 인간 존엄성의 회복과 시민적 권리와 의무의 회복을 통해 이루어진다. 장애인이 궁극적으로 헌법이 보장하는 지위를 확보하고 인격적 사회구성원으로서 인정받기 위해서는 생활능력의 회복과 시민권적 신분보장을 위한 취업의 기회가 필요하다.

　노동시장에서의 차별과 배제는 장애인에 대한 권력층의 정치적·경제적·사회적 지배를 의미한다. 존경받는 시민이 되기 위해서는 권리의 주장 못지않게 세금납부와 같은 의무의 수행도 따라야 하기 때문에 면세 시민적 권리는 없다(김형식, 2004a). 그러나 우리 정부는 장애인 무료승차와 무료입장 등 철저히 소외와 분리 정책으로 일관하고 있어 피폐된 국가를 분열시킬 가능성까지 노출시키고 있다.

　최근 장애인에 대한 사회적 관심이 높아짐에 따라 재활영역에서도 많은 이슈가 새롭게 나타나고 있다. 자립생활의 당위성은 장애인 삶의 변화라는 맥락에서 설정되며, '생존의 권리'를 획득한 이후 지역사회 안에서 생활하는 것이 중요한 목표가 된다. 중증장애인이 과거처럼 살아가기에는 사회가 너무 많이 바뀌었다. 우리 사회의 전통적 대가족 제도는 거의 붕괴되어 핵가족 시대로 변한지 오래이며, 의학의 발달로 장애인의 수명은 더욱 늘어나고 있어 장애인의 문제를 가족 내에서 해결하는 일이 점점 어려워지고 있다.

우리나라의 많은 거주시설이 단순 수용·보호하고 있는 역할만 담당하고 있는 현실은 매우 안타까운 일이다. 이러한 재활은 제대로 꽃도 한번 피워 보지 못하고 주변 영역에 매몰되고 있어 우려를 자아내며, 이에 많은 장애인은 수요자 중심의 서비스를 요구하고 있다. 여기에 대한 해답으로 직업재활 전문가는 지금보다 더욱 전문성과 힘을 키워야 한다.

수요자 중심의 서비스는 서비스 이용자의 희망과 욕구에 초점을 둔 자립생활에 의해 대표된다. 장애인의 직업재활과 구분되는 또 다른 이슈인 자립생활을 논함에 있어 핵심어는 선택권과 자기결정권이다. 장애인은 자신이 어디서 살 것인지, 누구와 함께 살 것인지, 어떤 생활양식을 선택할 것인지, 자신의 시간을 어떻게 활용할 것인지에 대한 생활 전반에 걸친 제 조건을 결정하고 선택할 수 있는 권리가 있다.

이 서비스 패러다임은 행위를 선택할 수 있는 결정권이 누구에게 있는가에 초점이 맞추어지고 있다. Johnes(1993)는 장애인 자신의 건강관리, 식사조절, 취침시간과 같은 일상의 활동뿐만 아니라 보호자를 결정하는 일, 금전적 관리, 거주지를 정하는 일까지 모두 스스로의 선택과 판단에 의한 의사결정에 참여하는 일이라고 설명하고 있다.

자립생활은 의사결정을 내리는 것과 일상적인 활동을 수행하는 데 있어 타인에 대한 의존을 최소화하며 만족할 만한 선택을 할 수 있다는 것에 근거하여 자신의 인생을 통제할 수 있다고 본다(Frieden, Richards, Cole, & Bailery, 1979). 이것은 일상생활에서 일어나는 사소한 일들, 지역사회에 전적으로 참여할 수 있는 일련의 사회적인 역할을 수행하고, 자기결정을 할 수 있으며, 타인에게 신체적·심리적 의존을 최소화할 수 있는 경우 등을 포함한다.

자립생활은 삶의 전 과정에서 참여 기회에 대한 보장이자 인권의 구체적인 표현이다. 물론 중증장애인 중에도 아주 복잡한 문제에 대해 중요한 결정을 하거나 다양한 활동에 참여하는 능력에 있어 영향을 미치는 경우가 있는 것은 사실이지만, 이들에게 있어 자립생활이란 스스로가 최대한 만족할 수 있는 수준에서 모든 기회를 소유하는 것을 의미한다. 여기에는 신변처리, 지역에서 일상생활에의 참가, 사회적 역할의 수행, 자기결정, 신체적·심리적으로 타인에게 의존 최소화 등이 포함된다.

당사자주의는 장애인의 정책결정 과정에의 참여와 직업재활 프로그램의 변화를 강하게 요구하고 있다. 자립생활을 갈망하는 장애인과 그 가족들은 기초 복지와 노동권 외에도 적정한 품위 있는 생활권을 주장하는 것이다.

직업재활 서비스가 목표로 하는 장애인 고용정책은 우리나라 노동부의 장애인 할당고용제(quota system)와 보건복지부의 직업재활사업의 이원화된 방식으로 이루어지고 있다. 일반적으로 각종 제재와 인센티브 그리고 지원이 수반되는 할당고용제는 후진국에서는 상당한 효과가 있는 것으로 알려져 있다(Buissson, 2004).

3. 자립생활과 직업재활의 관계

소비자 개념은 자립생활과 직업재활을 경쟁적인 정책목표로 보는 것이 아니라, 오히려 직업재활이 자립생활 목적을 보완하는 것으로 간주하며, 실질적 경제활동으로서의 취업은 자립적인 생활을 영위할 수 있도록 하는 몇 가지 방법 중 하나로 간주한다. 이러한 개념은 생산적으로 변화될 수 있는 개인의 능력 개발이 가족과 지역사회 생활의 또 다른 기여를 통해 얻어진다는 점을 강조한다.

스웨덴, 덴마크, 네덜란드와 같은 국가에서는 부모 역할에 대한 실질적 혜택을 제공하고, 사회 전체가 장애비용을 고루 부담한다. 또한 개방된 시장 고용 기회보다는 보호작업장, 자가치료, 일상생활 활동, 지역사회 내에서의 보호에 강조를 둔다.

이러한 국가들에서는 중증장애인이 경쟁적인 노동시장에 참여하지 않을 수 있는 매력적인 대안들을 제공한다. 중증장애인에게 장기 유상교육에 대한 기회를 제공하며, 직장에서의 교육휴가도 하나의 권리로 간주한다. 하지만 가장 광범위한 보호작업장 시스템을 갖춘 나라인 네덜란드는 정규 직장을 구하고자 하는 장애인의 동기를 감소시킨다는 비판을 받고 있다.

미국에서는 1978년 개정 「재활법」이 통과되기 전까지 직업잠재력이 없는 중증장애인을 위한 공공서비스는 제공되지 않았다. 그러나 스칸디나비아반도 국가들은 대부분 직업잠재력이라는 문제와 상관없이 1960년 이후부터 이러한 서비스를 제공해 왔다.

자립생활의 '통합의 장(integrated living)'이라는 표현은 시설화에 대한 다양한 대안이 장애인의 요구와 선호를 만족시키는 정도를 일반적으로 평가하기는 곤란하며, 어느 쪽에 무게를 둘 것인지는 각 개인에게 달려 있다는 것을 의미한다. 그러나 개인의 요구나 선호와 상관없이 생산적 복지의 시발처럼 시설 수용보다 지역사회의 비용부담이 훨씬 적다는 사실이 공리주의적 관점에서 입증되고 있다. 이런 맥락에서 장애인 직업재활과 자립생활을 비교해 보면 다음 〈표 17-2〉와 같다.

현실적으로 직업재활과 자립생활 서비스의 차이는 전문성 정도에 있다. 전문직의 특성은 윤리성, 객관성, 계통화, 지적 기술, 사회적 책임에 있다. 자립생활운동이 지향하는 방향과 방법이 아무리 많은 장점이 있더라도 전문성이 결여될 경우 자원의 낭비와 왜곡이 일어날 수 있다. 결국 자립생활운동의 궁극적 목적 달성을 위해 나름대로 필요한 지식체계, 이론, 기술, 방법론을 구축하고 정비해야 할 과제를 안고 있다.

자립생활을 통해 얻게 되는 고용은 개인에게 있어 새로운 자기존중감, 존엄성 그리고 자립성에 대한 느낌을 전달한다(Wehman, Wood, Everson, Goodwyn, & Conley, 1988).

자립생활은 풀뿌리 자조단체의 권익운동으로 증가되었다기보다는 재정상태가 열악한 자조단체들이 공공기금이나 국가예산을 확보할 기대를 가지고 급격히 증가되

〈표 17-2〉 직업재활과 자립생활의 특성

구분/영역	직업재활	자립생활	비고
서비스 적격성	고용할 만한	독립성	장애-공통
발생 근원	생산성 회복	직업재활 서비스 한계	
철학	전문가 중시	당사자주의	
실천면	상담과 훈련	지지와 옹호	
서비스 목표	고용	생활만족	
서비스 전달	서비스 제공자 중심	소비자 중심	

었다. 따라서 앞으로 「사회복지사업법」에 의한 법인이 아닌 자조단체에 정부예산을 지원하는 규정을 신설해야 할 것으로 보인다.

또한 재활은 장애인의 권익옹호 활동을 오히려 방해한다는 논리를 앞세운 일부 사회복지 영역의 사람들에 의해 우리나라에 변형 이식될 수 있는 가능성을 지니고 있다. 잘못된 제도와 정책은 확대 재생산되기 때문에 각별한 주의가 요구되는 부분이다. 사실상 우리나라에서 공공서비스 형태로 재활서비스가 제공되는 것은 미흡한 상황이며 장애인고용공단의 직업재활 서비스뿐이다.

역사적으로 자립생활 프로그램을 이용하는 중증장애인도 취업하기 위해 직업재활 서비스를 원하며, 필요시 자유롭고 융통성 있게 이동할 수 있어야 한다. 따라서 사용자의 상태와 프로그램의 성과를 보다 정확히 진단하는 방법을 개발하여 직업재활과 자립생활의 상호연계를 긴밀히 하는 재활전문가의 새로운 역할이 요구된다.

직업재활이 장기적인 비용 면에서 효과적이라는 주장을 계속할 수 있으려면, 중증장애인을 경쟁 고용시키기 위해 노력해야 한다. 재활전문가는 생산성 향상 기술에 익숙해져야 하고, 그러한 기술을 사용하여 비용효과적인 재활의 목표를 달성하며, 고용을 통한 장애인들의 자립적 생활과 목표를 이루어야 한다.

우리나라에 있는 자립생활센터에서는 장애인의 자립을 위한 직업의 중요성을 간과한 듯이 보인다. 그러나 적절한 자립생활 서비스에는 상호보완적이거나 보충적인 의미의 직업재활이 첨가되어야 한다. 자립생활 서비스는 많은 장애인이 직업적 역할을 재개하도록 도와주는 과정의 시작이며, 의료와 재활공학의 눈부신 발전은 과거에 고용을 생각할 수 없었던 중증장애인의 자립생활을 가능하게 하는 것이기 때문이다.

나아가 자립생활은 구체적 직업활동과 연결될 수 있다. 중증장애인이 의료적 자조능력을 개발할수록 가족과 지역사회의 삶에 보다 능동적으로 되고 이것이 직업적 목적 추구를 가능하도록 한다. 예를 들면, 과거에는 일방적으로 보호를 받아야 했던 중증장애인이 자립생활센터에 고용되어 일하거나 이사 등 관리자로서 참여할 수 있다.

또한 자립생활은 중증장애인이 직업재활을 준비하게 한다는 측면에서 중요하다. 자립생활 영역에서 이동문제, 건강, 의사소통, 사회적 태도 그리고 재정관리의 항목들은 사실상 직업재활 기술훈련의 이전에 습득해야 할 직업전 훈련 항목들과 조건이다.

또한 재활의 요소인 가족지원은 직업재활과 자립생활의 성취와 연결이 이루어진다.

　궁극적으로 자립생활은 그들이 살고 있는 지역사회 안에서 보다 자기충족적이고 생산적인 삶을 성취하고 유지할 수 있도록 장애인을 원조하는 것이다. 따라서 직업 생활에 필요한 기존 여건을 성숙하게 하는 전 단계의 과정이 중증장애인의 자립생활 이라고 볼 수 있다. 자립생활은 직업재활의 한 대안으로서가 아니라 상호보완적 영 역이라고 볼 수 있다(이달엽, 1997).

4. 자립생활운동의 쟁점

　우리나라에서 자립생활운동의 시발은 1970년대 장애인 학생 입학거부에 대항한 학생운동, 장애인 권익향상운동, 이동권운동의 노력 등에서 찾아볼 수 있다. 서울시 정개발연구원 실무자 70.2%가 기존의 비장애인 중심으로 운영되고 있는 복지시설과 단체 부설 형태에 대하여 반대하고 있다는 조사결과가 있는데 이는 장애인 당사자들 이나 자조집단으로부터 외면당하는 결과를 초래할 수 있다. 또한 전문성 면에서 취 약하긴 하지만 나름대로 순수한 자립생활운동의 왜곡이나 훼손이 나타날 수 있다.

　서울시정개발연구원에서 발간한 보고서에 따르면 정부의 재정지원을 받는 곳은 6개소에 지나지 않는다고 한다. 이들 기관의 재정은 연평균 1억 800만 원이지만, 정 부지원을 받지 않는 곳은 3,500만 원에 지나지 않아 재정적으로 매우 열악한 상황에 있다는 점을 알 수 있다. 이런 점에서 장애인 권리운동 형태의 자립생활사업은 정부 의 재정지원이 없이도 당사자들 사이에 지속적으로 전개될 것임에 틀림없다. 현재 우리나라에 있는 자립생활센터나 모임은 안정적인 재정지원이 안 되기 때문에 서비 스의 지속성과 일관성이 결여될 가능성이 있다.

　오늘날까지의 장애정책은 공급자가 중심이 되는 서비스 전달 행태뿐만 아니라, 장 애인을 항상 수동적 존재로 다루어 왔다는 것이 자립생활 이념의 진단이다. 자립생 활에 대한 개념은 크게 세 가지로 나누어 설명할 수 있다. 첫째, 장애인은 선택의 권 리를 가지고 있고, 둘째, 장애인은 사회에서 독립하여 생활하는 데 필요한 각종 서비스를 제공받을 권리를 가지며, 셋째, 장애인도 비장애인과 똑같이 사회에 의해 보호받아야 한다는 소비자주의 권리사상에 기반을 두고 있다. 이런 맥락에서 자립생활 서비스의 현실적 쟁점들을 살펴보면 ① 서비스 기관의 문제, ② 비전문성, ③ 협력의 문제, ④ 포괄적 서비스의 문제 등을 들 수 있다.

우리나라에서 장애인 재활과 복지서비스는 주로 민간영역에서 제공하여 수적으로 증가되었음에도 원스톱 서비스센터와 같이 통합적이고 효율적인 서비스 제공이 이루어지지 못하고 있다. 또한 서비스 전달체계의 미확립으로 기관은 서비스이용자 모집경쟁을 해야 하고, 장애인은 동일한 내용의 서비스가 중복적으로 제공되어 불편함을 겪고 있다. 이는 결국 시간적·경제적 낭비를 초래하여 장애인 당사자의 욕구에 부합된 서비스 제공을 하지 못하고 있으며, 이 문제의 해결은 중요한 과제라고 볼 수 있다(이달엽, 이승욱, 박혜전, 노임대, 2004).

프로그램 운영에 있어서도 장애인복지관과 사회복지법인의 이사회나 운영위원회, 자문위원회는 1년에 회의 한 번 제대로 개최하지 않는 형식적 기구로서 이사회의 51% 이상을 장애인으로 하여 실질적으로 사업운영을 감독하고 심의하는 자립생활센터와는 큰 괴리가 존재한다.

자립생활의 기본철학은 소비자 주권, 독립, 정치적·경제적 권리의 세 가지에 기초한다. 이러한 철학은 의사결정자로서의 전문가들이 보여 주는 권위를 거부하고 장애를 단순히 의학적 상태 혹은 신체적·정신적 손상으로 보기보다는 사회와 환경과의 상호작용의 결과로 보는 것이다(Dejong, 1979a). 하지만 당사자주의에서 한계라고 지적되는 것처럼 자립생활 전문 인력의 양성을 위한 기관은 존재하지 않고 있다.

자립생활센터의 계속적인 활용을 위해서는 장애인의 직업재활 서비스가 함께 병행되어야 한다. 이는 여러 외국의 자립생활 프로그램에서도 엿볼 수 있듯이, 개인의 기능 증진과 장애인의 지역사회 참여라는 관점에서 효과적이다.

따라서 자립생활 프로그램 역시 지역사회의 다른 프로그램이나 서비스 체계들과 함께 다루어져야 하며, 관련된 정부관계자나 주민의 이해를 높이는 일이 매우 중요하다. 또한 서비스 전달체계의 유연성과 다양성을 확보하고 자립생활센터의 지원에 대한 법률적·제도적 옹호 장치와 전략을 마련하는 데 중점을 두어야 할 것이다.

성인 누구에게나 당연시되는 자립생활은 중증장애인에게 있어 가장 큰 희망 중 하나다. 따라서 수많은 장애인이 이러한 목표를 달성하고 유지하기 위해 노력하지만 많은 어려움을 겪게 된다. 어려움을 겪는 요인들은 환경적인 비접근성(inaccessibility), 가족과 서비스 제공자들의 과잉보호적 태도, 경제적인 결핍, 자립생활에 대한 개념과 기술 부족, 필요한 지원체계와 서비스 부족 그리고 서비스 제공 시스템인 시설화에 대한 편견 등이다.

1992년 미국 개정 「재활법」 제7편은 정부재정을 지원받는 모든 자립생활센터는 정보와 의뢰 서비스, 자립생활 기능훈련, 동료상담 그리고 개인 및 체계적 옹호 서비스를 필수적으로 제공하여야 한다고 규정하고 있다. 여기서 정보와 의뢰 서비스는 주택, 활동지원인 서비스, 대독인(reader), 통역인, 전자 의사소통 장비(Telecommunication Devices for the Deaf: TDD)와 점자 및 개조된 보조기기와 같은 적응장비(adaptive equipment), 법적 권리, 교통, 지역사회 지지집단의 영역을 포함하고 있다.

자립생활 기능훈련 서비스는 지역사회 활동에의 참여, 자립생활 그리고 자기보호에 능숙해지도록 장애인을 원조하는 기능훈련 서비스를 포함할 수 있다. 예를 들면, 조리, 집안 청소, 가정재정, 물품 구매, 유료 도우미 관리, 공공 토론장소에서 교제하는 것을 포함하는 사회적 상호작용들이 있고 세탁소, 교회, 건강동우회, 시장, 도서관, 찻집, 상가, 오락실, 술집 등에서의 사교활동, 사회복지 및 재활서비스 기관에서의 자기주장 기능훈련, 교통수단 이용과 같은 지역사회 오리엔테이션 훈련도 있다. 또한 구직기술 훈련, 일반 대중의 그릇된 처우에 대응하는 훈련, 자신의 욕구를 재활전문가에게 효과적으로 표현하는 기술과 같은 것들도 포함한다. 서비스를 전달하는 방법에는 자립생활 프로그램에 의한 직접 서비스 전달, 서비스 제공자에게 의뢰함으로써 간접적으로 전달 그리고 이 두 가지를 병행하여 전달하는 방법이 있으며, 장애인이나 비장애인 모두가 참여할 수 있는 공간이 마련되어 있다.

기술 진보는 신체적 기능에 의존해야 하는 직업의 숫자를 감소시켰고, 따라서 많은 신체장애인의 취업 잠재력을 높여 주고 있다. 산업혁명 이전에는 많은 사람이 자기 집 밖에서 또는 마을에 있는 직장에서 일을 했다. 하지만 대량생산과 산업화 과정을 거치면서 직장은 바뀌었고, 사람들은 집을 나와 대규모 공장에서 일하기 시작했다. 이제 일부 대기업은 집에서 업무를 수행하게 함으로써 회사의 공간 비용과 교통 문제 그리고 직원을 위한 비용을 절감할 수 있게 되었다.

유연한 근로 일정과 직업 공유 등 고용정책은 체력이 제한된 사람들의 취업 가능성을 크게 높여 준다. 의사소통, 교육기회와 일상생활 활동을 개선하는 보조기구와 장치들은 고용기회를 높일 수 있다. 예를 들어, 캔자스뇌성마비연구기금센터(Cerebral Palsy Research Foundation Center of Kansas)는 고용문제를 집중적으로 다루는 재활공학센터다.

이처럼 중증장애인의 경쟁고용을 위해 공학, 기기제작 기술과 방법론에 필요한 지원 패키지를 개발하고 있다. 예를 들어, 조지워싱턴 대학교의 직업개발연구소는 업무평가와 직무분석을 통해 장애인을 배치하며, 전국농아기술연구소(National Technical Institute for the Deaf)는 농아 학생들에게 기술교육과 전문교육을 제공하고, 그들에게 적용 가능한 모든 기술을 활용하여 개인적·사회적 기술과 의사소통 기술을 개발하도록 돕고 있다.

참고문헌

강민희, 이선화, 최선희(2011). 자립생활센터의 역할 및 사례관리 개선방안 연구. 한국장애인개발원.

강희숙 외(2012). 장애인자립생활센터 사례관리의 이해. 관악장애인자립생활센터.

고관철(2012). 장애인자립생활센터의 한국적 발전방안 연구. 동국대학교 불교대학원 석사학위논문.

공진용(2010). 보조공학의 필요성과 지원정책 방향. 장애인보조기구의 중요성과 인식 확산을 위한 세미나.

교육과학기술부, 행정안전부, 문화체육관광부, 보건복지가족부, 노동부, 여성부, 국토해양부, 국가보훈처, 방
    송통신위원회 관계부처 합동(2003). 장애인 정책발전 5개년 계획: 분야별 세부 추진과제.

국가인권위원회(2006). 중증장애인 생활실태 조사: 활동보조인을 중심으로.

국립재활원(2003). 자립생활훈련 프로그램 매뉴얼.

국은주(2003). 중도장애인의 동료상담과 자립생활에 관한 연구. 중앙대학교 대학원 석사학위논문.

권건보(1999). 장애인의 기본권에 대한 연구. 서울대학교 대학원 석사학위논문.

권선진(2007). 장애인복지론. 서울: 청목출판사.

김경미(2005). 장애인활동보조 서비스 이용 이후 삶의 변화에 대한 연구: 신체적, 심리적, 사회관계적 측면. 한
    국사회복지학, 57(4), 253-274.

김경미(2009). 자립생활 체험 홈에서 장애인의 자립에 대한 경험과 변화에 대한 연구. 한국장애인복지학, 11,
    151-182.

김경미, 윤재영(2010). 강점 관점과 지역사회 네트워크를 기반으로 하는 통합적 사례관리 실천방법의 구조화:
    개념도 연구 방법을 활용하여. 한국가족복지학, 93-118.

김경혜(2004). 장애인자립생활센터 운영기반 조성 방안. 서울시정개발연구원 정책토론회 자료집.

김도현(2007). 당신은 장애를 아는가. 서울: 메이데이.

김동기(2013). 자립생활 이념에 기반 한 사례지원 모델 제안. 자립생활 이념에 기반을 둔 사례지원 모델 개발
    연구 토론회.

김동진(2013). 자립생활기술훈련이 발달장애 청소년의 사회정서 발달에 미치는 영향. 건국대학교 대학원 석사
    학위논문.

김동호(1997). 자립생활의 역사. 삼애마당, 12.

김동호(2000). 자립생활 패러다임에서 본 한국 장애인복지관 연구. 연세대학교 대학원 석사학위논문.

김동호(2001). 장애패러다임의 전환과 자립생활. 장애인고용, 42, 68-93.

김동호 외(2002). 미국의 장애인자립생활. 2002 사회복지사 해외연수 보고서.

김동호(2004). 오직, 권익옹호다. 서울: 정립회관.

김동호(2006). 장애인을 바꿀 것인가, 사회를 바꿀 것인가. 날개달기, 3, 8-9.

김동희(2011). 장애인주거지원법의 필요성에 관한 연구. 대구장애인재활협회 연구보고서.

김만지(1993). 사회사업 실천에서의 윤리적 딜레마에 관한 사례연구: 복지대상자의 자기결정권과 비밀보장을 중심으로. 이화여자대학교 대학원 석사학위논문.

김미경(2002). 국립재활원 자립생활 프로그램 평가. 재활의 샘, 15, 101-127.

김미숙, 변용찬, 최재성, 이연희, 김은정(2005). 사회복지시설 종합발전계획: 1차년도 미신고시설의 지원방안 및 시설정보화 방안. 보건복지부 복지자원정책과 연구보고서.

김미옥(2003). 장애인복지실천론. 서울: 나남출판사.

김수진(1996). 세계가 한동네. 한국국어교육학회, 166-167.

김성숙, 국민연금연구원(2007). 노령기초소득 보장제도의 국제비교 연구: 미국, 일본, 캐나다, 호주를 중심으로. 국민연금연구원.

김언아(2006). 장애인직업능력 분류 및 판정체계 연구. 한국장애인고용촉진공단고용개발원.

김연명(1999). 제1기획주제 토론. 1998년 한국사회복지학회 추계학술대회 자료집, 23-27.

김용규(2005). 장애인복지시설의 기능개선에 관한 연구. 명지대학교 대학원 박사학위논문.

김용득(2002). 장애 개념의 변화와 사회복지실천 현장. 한국사회복지학, 51, 157-182.

김용득, 유동철(2001). 한국장애인복지의 이해. 서울: 인간과 복지.

김은희(1999). 지체장애인의 자립을 위한 정책과제에 관한 연구. 계명대학교 대학원 석사학위논문.

김용학, 하재경(2009). 네트워크 사회의 빛과 그늘. 서울: 박영사.

김원경, 정대영(1994). 중증장애인 재활시설에서의 독립생활서비스를 위한 지침 탐색. 직업재활연구, 4, 19-31.

김재익(2003). 자립생활 개념과 우리나라의 현 상황. 제3회 자립생활아카데미 중증장애인 지역사회 통합과 지역사회 지원시스템 구축 세미나.

김재익(2005). 중증장애인 직업재활의 문제와 IL에로의 접근. 한국뇌성마비장애인연합.

김재익(2007). 자립생활기술교육 매뉴얼. Good Job 자립생활센터.

김재익, 김종인(2014). 자립생활실천론. 서울: 창지사.

김정렬(2004). 장애인권과 패러다임의 변화. 한국장애인복지 50년 국제학술대회 자료집, 414-433.

김종배(2006). 미국 자립생활 운동의 역사와 현재. 한국장애인자립생활센터협의회 세미나.

김종인(2007). 자립생활 운동의 이념과 철학. 장애시민학교. Good Job 자립생활센터.

김종인, 우주형, 이준우(2004). 재활복지개론. 서울: 인간과 복지.

김형식(2004a). 시민적 권리의 관점에서 본 장애인의 사회통합. 재활복지, 8(2), 2-20.

김형식(2004b). 직업재활 전달체계 및 네트워킹에 관한 토론. 2004년도 한국직업재활학회 연차학술대회 자료집, 115-119.

나운환(2008). 장애학. 서울: 나눔의 집.

명묘희(2002). 장애인 운전면허제도 개선 방안. 장애인 자동차운전면허제도 토론회 자료집, 100-109.

미국건축운수장애조정위원회, 서울시정개발연구원 역(2001). 미국 장애인 편의시설 가이드라인: 건물 및 시설 체크리스트. U. S. Architectural and Transportation Barriers Compliance 저. 서울시정개발연구원.

박광재, 김인순, 천친희(2000a). 장애인주거환경 개선 매뉴얼 1 지체장애. 서울: 한국장애인복지진흥회.

박광재, 김인순, 천친희(2000b). 장애인주거환경 개선 매뉴얼 2 시각장애. 서울: 한국장애인복지진흥회.

박광재, 김인순, 천친희(2000c). 장애인주거환경 개선 매뉴얼 3 청각장애. 서울: 한국장애인복지진흥회.

백동민(2002). 자립생활 모델의 우리나라 적용방안 모색. 2002 장애인의 날 기념 세미나 발표자료.

백승완(2001). 장애인자가운전과 삶의 질에 관한 연구. 사회복지, 151, 65-93.

변경희(2002). 자립생활모델의 우리나라 적용방안 모색. 국립재활원.

변경희 외(2011). 장애인과 함께하는 활동보조인양성 교육과정. 보건복지부.

변경희, 정무성(2008). 자립생활센터와 장애인복지관 역할 및 기능 재정립 연구. 한신대학교 산학협력단 장애인 장애인자립생활센터와 장애인복지관 역할 및 기능재정립연구 연구용역 최종보고서.

변용찬(2002). 장애인자립을 위한 장애인복지정책의 현황과 중·장기계획 발전방안. 한국보건사회연구원 연구보고서.

변용찬 외(2008). 중·장기 장애인복지 발전방안 연구. 한국보건사회연구원.

변용찬(2009). 2008년 장애인실태조사. 한국보건사회연구원.

보건복지부(2003). 장애등급판정기준.

보건복지부(2005). 중증장애인 자립생활센터 시범사업 추진계획. 보건복지가족부 한국보건사회연구원 정책보고서.

보건복지부(2006). 보건복지백서.

보건복지부(2007). 보건복지백서.

보건복지부(2014). 2014 보건복지 통계연보.

보건복지부(2015a). 2015 장애인활동보조 사업안내.

보건복지부(2015b). 2015 장애인복지사업안내.

서울시립대학교(2006). 서울의 장애인자립생활 패러다임(Independent Living Paradigm)의 실천 전략과 지원체계 강화방안. 제4회 서울사회복지 정책포럼.

서울시정개발연구원(2004). 장애인 자립생활센터 운영기반 조성방안 정책 토론회.

서울시복지재단(2011). 장애인 자립생활체험홈 운영 매뉴얼. 서울시복지재단.

서화자(1995). 장애인의 자립생활 이념에 대한 사회사업적 고찰. 사회복지, 봄호.

성기창(2009). 장애인주거 환경개선 사업의 제도적 문제점 및 개선 방안. 도시지역 장애인 주거환경개선 시범사업 세미나.

성숙진(2002). 미국 중증장애인 독립생활운동 개념과 발달과정. 재활복지, 6(2), 24-54.

성숙진(2004). 소비자주권의 필요성. 당사자주의 실현을 위한 과제와 방향 독립생활 세미나.

송상천(2004). 직업재활 전문 인력 양성과 배치 정책에 관한 토론. 2004년도 한국직업재활학회 연차학술대회 자료집, 141-150.

송영욱 역(1993). ADA의 충격. Eita Yashiro 외 저. 한국장애인연맹 출판부.

심석순, 이선화, 임수경(2007). 장애인자립생활센터 평가도구개발 연구. 재활복지, 13(3), 271-295.

아시아태평양장애인 10년 한국평가단(2002). 아·태 장애인 10년 평가대회 자료집.

양숙미(2001). 장애인의 자립생활 패러다임과 장애인복지 서비스의 실천 전략. 인문사회과학연구, 4, 90-108.

양옥경, 김미옥(1999). 사회복지 실천에서의 권한부여 모델에 관한 고찰. 사회복지, 겨울호.

양희덕, 정무성, 노승현(2007a). 장애인복지론. 서울: 학현사.

양희택(2013b). 장애인자립생활센터에서의 사례관리. 자립생활센터의 사례관리 모델 개발을 위한 토론회.

오길승(2007a). 중증장애인의 지역사회 통합을 위한 보조공학 서비스의 필요성. Good Job 장애인자립생활센터 2기 장애인시민학교 3강 자료.

오길승(2007b). 한국의 장애인보조기구서비스 현황 및 발전방향. 2007 한·독 보조공학 심포지엄.

오길승, 김형우, 오도영, 남세현, 이성희(2005). 보조공학서비스 욕구 및 수요 파악을 위한 실태 조사. 한국장애인고용공단 용역연구보고서.

오도영(2006). 지방자치단체 보조공학센터의 활성화, 이렇게 준비하자. 날개달기, 3, 10-11.

오도영(2008). 한국의 보조공학 서비스 활성화 방안 연구. 대구대학교 대학원 박사학위논문.

오혜경(1998). 장애인자립생활 실천에 관한 연구. 사회복지리뷰, 3, 39-63.

오혜경 외(1999).여성장애우 평등생활과 삶의 질 향상을 위한 정책과제. 장애우권익문연구소.

요코하마 테루히사(2000). 일본 장애인 운동의 역사와 과제. 한·일 장애인자립생활 세미나 자료집, 15-23.

우주형(2012). 소득보장. 중증척수장애인의 자립생활 증진방안 연구 자료집, 117-132.

유애란(2005). 자립생활의 이론과 실제. 제10회 직업재활 연수회 자료집, 146-157.

윤삼호 역(2006). 장애학: 과거, 현재, 미래[*Disability Studies: Past, Present and Future*], L. Barton, & M. Oliver 저. 대구DPI. (원저는 1990년에 출판).

윤재영, 박찬오, 박정현(2012). 장애인동료상담가 역할의 범주화. 재활복지 Journal of Rehabilitation Research, 17(2), 15-39.

윤재웅, 이덕영, 이수철, 김경명(2003). 장애인자가운전 특수차량용 리프트의 기구학적 해석. 산업기술연구, 15(2), 23-31.

이경희 역(2003). 장애인의 역량강화. 小川喜道 저. 서울: 시그마프레스. (원저는 1998년에 출판).

이달엽(1997). 재활과학론. 서울: 형설출판사.

이달엽(1999). 직업재활시설의 운영평가 기준에 관한 연구. 직업재활시설 운영평가 기준 마련 및 2000년도 정부사업 설명회.

이달엽(2000). 자립생활 패러다임과 직업재활 패러다임의 관계. 자립생활아카데미, 125-142.

이달엽(2003). 지체장애 근로자의 직업성공 요인에 대한 관한 연구. 한국사회복지학, 55, 131-154.

이달엽 외(2004). 장애인의 이동권과 접근성 보장을 위한 특수차량 개념 설계. 특수교육저널: 이론과 실천, 5(3), 139-159.

이달엽, 이승욱, 박혜전, 노임대(2004). 직업재활서비스 전달체계와 네트워크 구축에 관한 소고. 직업재활연구, 14(1), 217-246.

이달엽, 정우석(2005). 직업재활 관점에서 본 장애인 독립생활 운동의 의미와 협력체계 연구. 한국직업재활학회, 15(2), 155-175.

이덕영(2003). 장애인 운전능력 측정검사 기준의 완화. 산업기술연구, 15(2), 77-86.

이범석(2002). 장애인운전능력 평가의 재활 의학적 고찰. 장애인자동차 운전면허제도 토론회.

이범석(2005). 재활의학적 측면에서 본 장애인 운전면허제도 개선. 재활의 샘, 16, 117-146.

이성규(2000). 사회통합과 장애인복지 정치. 파주: 나남출판사.

이성규(2001). 장애인복지 정책과 노말리제이션. 서울: 홍익제.

이윤화(2000). 자립생활패러다임과 역량강화실천. 정립회관 직원교육 자료집.

이영주(2000). 우리나라 장애인 수용(재활)시설의 문제점과 개선방안에 대한 연구. 상명대학교 대학원 석사학
　　위논문.

이은경(1996). 미국 장애인자립생활 운동의 교훈. 장애인고용, 가을호.

이은선, 이범석, 나인수, 김지영(2002). 국립재활원에서 실시한 양팔장애인 운전훈련 예: 증례보고. 최신의학,
　　45(9, 10), 67-70.

이익섭(1997). 장애인복지 수준 평가에 관한 연구. 한국장애인재활협회 연구보고서.

이익섭(2003). 장애인당사자주의와 장애인 인권운동: 그 배경과 철학. 장애와 사회, 2(11).

이익섭, 김경미, 최윤영, 윤재영, 양희택, 김동기(2006). 장애인자립생활 시범사업 평가 및 모델 개발 연구. 보
　　건복지부 연구용역보고서.

이익섭, 최정아, 이동영(2007). 장애인 자립생활모델에 대한 탐색적 고찰: 사회적 배제 관점을 중심으로. 한국
　　사회복지정책, 14, 49-81.

이익섭 외(2009). 장애활동보조서비스 이용 및 공급실태 조사 연구. 연세대학교 사회복지연구소 장애인활동보
　　조서비스 이용 및 공급실태 조사연구 최종보고서.

이정구(2001). 휠체어리프트 안전실태 조사. 한국소비자원 KCA 보고서.

이정선 외(2008). 지적장애인 자립생활지원 정책 대안을 위한 한·일 세미나.

이주현 외(2004). 경수 제5번 사지마비 환자의 전동휠체어의 운전을 위한 다기능 손 보조기. 재활의 샘, 17,
　　134-139.

이주현, 이범석, 임문희(2005). 상지근력이 약화된 장애인에서 현행 운전면허 취득의 문제점: 증례보고. 대한재
　　활의학회지, 29(2), 235-238.

이준욱 외(2004). 국립재활원에서 운전훈련을 받은 후 퇴원한 뇌손상 장애인의 운전실태. 대한재활의학회지,
　　28(3), 220-225.

이희수(2001). 기초자치단체 중심 평생학습 네트워크 구축. 평생교육진흥원.

일본전국자립생활센터협의회(2009). 장애인당사자를 위한 자립생활센터 권이옹호 상담지원 입문 핸드북. 양천장애
　　인자립생활센터.

장애우권익문제연구소(2001). 자립생활운동. 장애우복지개론. 서울: 나눔의 집.

장애우권익문제연구소(2008). 장애인과 함께하는 활동보조인양성 과정. 서울: 리드릭.

장애인운전면허제도개선위헌소송연대(2004). 장애인 운전면허제도 개선안. 장애인운전권 확보를 위한 전문가
　　간담회.

전정식(2006). 한국 활동보조서비스의 현재. 한·일·미·독 4개국 활동보조서비스 지원 및 제도 심포지엄.

전재일, 이성희, 김효원(2000). 지역사회복지실천에 있어서의 탈시설화의 함의. 한국사회복지학회 2000년 춘계학
　　술대회 자료집.

정립회관 역(2001). 동료상담-원리와 전략. Nogami Haruko, Asaka Yuho 공저. 국립재활원.

정립회관 역(2003). 자립생활서비스 모델: 역사적 뿌리, 핵심요소, 실천방안[*Independent living service model*]. M. A. Lachat 저. 서울: 정립회관.

정무성, 양희택, 노승현(2008). 중증장애인의 근로욕구 및 실태조사를 통한 고용확대방안. 장애인복지개론. 서울: 학현사.

정완균(2002). 보조장치 개발을 통한 장애인운전능력의 향상. 장애인자동차 운전면허제도 토론회.

정인욱복지재단(2003). 2003 정인욱복지재단 특별연수 일본장애인자립생활 연수보고서.

정일교(2001). 유료도우미제도 도입을 위하여. 유료도우미제도의 필요성과 선행되어야 할 과제. 장애우권익문제연구소 세미나.

정재은(2012). 장애인의 소득보장에 관한 연구. 고려대학교 법학대학원 석사학위논문 미간행.

정종화(2000). 장애인의 역량강화를 위한 자립생활의 이론과 실제. 서울: 정립회관.

정종화(2001a). 선진국의 중증장애인 자립생활 현황과 과제: 스웨덴, 캐나다, 일본의 CIL모델을 중심으로. VOICE, 여름호.

정종화(2001b). 자립생활을 위한 한국의 장애인복지 전망과 전략: 자립생활 모델의 한국적 도입을 위하여. 2001 국제 장애인복지 실천세미나 장애인자립생활 실천을 위한 과제와 전망 세미나.

정종화(2001c). 장애인자립생활 실천을 위한 과제와 전망. 2001 국제장애인복지 실천 세미나.

정종화(2001d). 중증장애인의 자립생활 지원에 대한 평가와 향후 과제. 제9회 RI Korea 재활대회 발표 자료집: 아태장애인 10년 평가 및 한국장애인 10년 행동계획안 수립, 105-141.

정종화(2002). 장애인자립생활의 자기관리 지침서. 서울: 프랜드케어.

정종화(2004). 장애인자립생활의 이념과 철학. 장애와 사회, 봄호, 12-29.

정종화(2005). 장애인자립생활 패러다임의 전환에 따른 지역사회의 지원과 역할. 지역사회 장애인자립생활 기반 조성을 위한 세미나 자료집, 3-19.

정종화, 주숙자(2008). 자립생활과 활동보조서비스. 파주: 양서원.

정종화 외(2009). 장애인자립생활의 역량강화 이론과 실제. 서울: 삼육대학교출판부.

정중규(2006). 중증장애인 자립생활운동의 활동보조서비스가 중증장애대학생의 학교생활 및 학습효과에 미치는 영향. 나사렛대학교 대학원 석사학위논문.

조성열(2003). 바람직한 장애인 당사자주의를 위하여. 장애와 사회, 2(41).

조성열(2004). 직업재활 관련법·제도. 2004년도 한국직업재활학회 연차학술대회 자료집, 1-24.

조성재, 허창덕(2012). 중도시각장애인을 위한 동료상담활동 프로그램. 시각장애연구, 28(1), 149-179.

조영길(2004). 장애인당사자주의. 한국지체장애인협회.

조영길(2007). 중증장애인 고용지원 서비스 기관의 협력 요인 연구. 대구대학교 대학원 박사학위논문.

조영길(2010). 중증장애인의 독립생활. 서울: 시그마프레스.

조영길, 김남숙, 김은주(2011). 장애인자립생활센터 운영모델 및 평가기준 개발. 부산복지개발원.

조원일(2007). 일본의 사회복지에 관한 장애인자립생활 패러다임의 변천. 일본연구논총, 26, 425-456.

조원일 역(2009). 장애학에의 초대[*Shogaigaku eno shotai: Bunka, disuabiriti*]. I. Jun & N. Osamu 저. 서울: 청목출판사. (원저는 1999년에 출판).

조추용, 권현주(2000). 사례관리의 이론과 실제. 서울: 유풍출판사.

조한진(2005). 장애인자립생활지원법 제정의 필요성과 방향 세미나.

조한진, 전정식(2007). 자립생활센터의 중증장애인 고용과 고용지원 서비스 실태. 장애인고용, 17(1).

조한진(2013). 현 정부의 장애인 인권에 관한 이슈들에 대한 토론. 중증장애인의 인권 증진과 고용촉진을 위한 토론회.

조현승, 박문수, 고대역, 이제원, 이종구(2012). 전자바우처 도입과 사회서비스 산업의 환경 변화 보고서. 서울: 산업연구원.

조흥식(2004). 한국장애인복지정책 50년의 고찰 및 향후 전망과 과제. 한국장애인복지50년 기념 국제학술대회 자료집, 277-300.

장애인편의시설촉진시민연대(2001). 서울시지하철 편의시설 실태 조사와 개선 방안.

최영광(2000). 생활시설 장애인의 자립생활 프로그램 도입을 위한 기초 환경 탐색. 가톨릭대학교 대학원 석사학위논문.

최원석, 이성규, 임창규(2006). 보조공학서비스 효과성 제고 방안. 연구개발, 23, 11-171.

최윤영(2005). 독일의 자기결정의 삶과 활동보조서비스. 한·일·미·독 4개국 활동보조서비스 지원 및 심포지엄 자료집, 43-51.

최윤영, 이경준(2012). 장애인복지론. 서울: 학지사.

파라다이스복지재단, 장애인편의시설촉진시민모임(1998). 편의시설 다시보기. 서울: 명작.

한국뇌성마비복지회 역(1997). 신체장애의 심리적·사회적 충격[*The Psychological and Social Impact of Physical Disability*], R. P. Marinelli 저. 서울: 을유문화사. (원저는 1978년에 출판).

한국보건사회연구원(2008). 2008년 장애인실태조사 결과 보고서.

한국소아마비협회(2008). 활동보조인교육.

한국장애인개발원(2012). 장애인백서.

한국장애인단체총연맹(2001). 이동약자의 대중교통 이용을 위한 정책 건의서.

한국장애인단체총연맹(2003a). 장애범주 확대에 따른 지원책 확보를 위한 공청회 자료집.

한국장애인단체총연맹(2003b). 이동보장법률 제정을 위한 공청회 자료집.

한국장애인단체총연맹(2003c). '자립생활을 향한 새로운 도전' 장애청년자립생활캠프 자료집.

한국장애인단체총연맹(2004). 장애인 역량강화 방안연구. 한국장애인단체총연맹 자료집.

한국장애인단체총연맹, 장애우권익문제연구소(2002). 장애인차별금지법제 마련을 위한 기초연구 자료집.

한국장애인인권포럼 장애인정책모니터링센터(2007). 국제장애인권리협약과 국내 장애인 법제도 비교 연구 보고서.

한국장애인자립생활총연합회(2012). 자립생활센터 인증기준 개발연구.

한국장애자립생활정책협회(2006). '활동보조인제도와 자립생활운동 이대로 좋은가' 세미나.

한국척수장애인협회(2012). 중증척수(경수)장애인의 자립생활 증진방안 연구 자료집.

田中英樹(2000). 日本における障害者の地域自立生活支援. 弟4回 韓·日 地域福祉 比較研究 國際學術大會 資料集.

右田紀久惠, 井岡勉編(1993). 地域福祉. 東京: ミネルバァ 書房.

平井智美(1996). 知的障害をもつ本人の會の集?討議過程分析-セルフ-アドボカシ-に向けての支援の試み-. 東京都立大學社會科學研究科社會福祉專攻修士論文, 90-104.

橫須賀俊司(1993). 障碍者の介助制度: 自立生活の理想と展望. 東京: ミネルバア 書房.

桂川孝子(2001). 介護保險の醫療機關への影響. 健康保險, 8월호.

Adolf, D. R. (1992). Independent living and our organizations: Resource kit for independent living. Disabled peoples' international independent living committee.

Adolf, D. R. (1997). *Independent living and attendant care in sweden:* A consumer perspective. Tokyo: Gendaishyokan.

Adams, R. (1990). *Self-help social work and empowerment.* London: Macmillan.

Albrecht, G. (1992). *The disability business.* London: Sage.

Alliance for Technology Access (2000). *Computer and web resources for people with disability: A guide to exploring today's assistive technology.* Salt Lake City, UT: Publishers Press.

Antony, W. A., & Liberman, R, P. (1981). The practice of psychiatric rehabilitation: Historical, conceptual and research base. *Schizophrenia Bulletin, 12,* 542-559.

Applebaum, R., & Austin, C. (1990). *Long-term care case management: Design and evaluation.* New York: Springer.

Arnold, E. M., Walsh, A. K., Old, ham, M. S., & Rapp, C. A. (2007). Strengths-based case management with high-risk Youth. *Families in Society, 88*(1), 86-94.

Asam, W., Heck., M., Knerr, J., & Krings, M. (1989). *Hilfe Zur Selbsthilife. Ein Konzept Zur Unterstuetzung von Selbsthilfegruppen, Kommunale Sozialpolitik, 3.*

Baker, F., & Weiss, R. S. (1984). The nature of case management support. *American Psychiatric Association, 35*(9), 925-928.

Ballew, J., & Mink, G. (1986). *Case management in the human service.* Springfield. IL: Charles C. Thomas.

Barnes, C. (1991). *Disabled people in Britain and discrimination.* London: Hurst & Co.

Bartels, E. C. (1996). Citizens handbook for the Rehabilitation Act. http://www.risilc.org/

Bartels, E. C. (1997). The agreement to streamline the public vocational rehabilitation process. *American Rehabilitation, 23*(2), 33-35.

Batavia, A. I., & Schiriner, K. (2001). The Americans with Disabilities Act as engine of social change: Model of disability and the potential of a Civil Rights approach. *Policy Studies Journal.*

Beatty, P., Adam, M., & O' day (1998). Virginia's consumer-directed personal assistance service program: A history and evaluation. *American Rehabilitation, 23*(3), 31-35.

Benshoff, J. J. (1990). The role of rehabilitation and the issues of employment in the 1990s. In L. G. Perlman & C. E. Hansen (Eds.), *Employment and disability, trends and issues for the 1990s* (pp. 50-64). Washington, DC: National Rehabilitation Association.

Benshoff, J. J., & O'Brien, J. K. (1994). The Americans with Disabilities Act and job placement: Accessibility issues. *Journal of Job Placement, 10*(1), 25-28.

Beresford, P., & Croft, S. (1995). Whose empowerment? Equalizing the competing discourses in community care. In R. Jack (Ed.), *Empowerment in community care*. London: Chapman & Hall.

Betsy, S. V., & Greene, R. R. (1992). *Social work case management*. New York: ALDNE DE GRUYTER.

Blazuk, S., Crawford, C., & Wimberley, T. (1987). The ombudsman and the case manager. *Social Work, 32*(5).

Brabham, R., Mandeville, K. A., & Koch, L. (1998). The state-federal vocational rehabilitation program. *Rehabilitation counseling: Basic and beyond*. Austin, TX: Pro-ed.

Breadshaw, V. (1988). *Last on the list: Community services for people with physical disabilities*. London: King's Fund Institute.

Brisenden, S. (1986). Independent living and the medical model of disability. *Journal 'Disability, Handicap and Society'*, *1*(2), 173-8.

Brisenden, S. (1989). A charter for personal care. *Progress, 16*.

Brown, S. (1999). *Peer couseling: Advocacy-oriented peer support*. Houston, TX: ILRU.

Budde, J. F., Lachat, M. A., Lattimore, J., Jones, M. L., & Stolzman, L. (1987). *Standards for independent living centers, the research & training center on independent living*. Kansas: University of Kansas.

Cambridge, P. (1992). Case management in community service: Organizational responses. *British Journal of Social Work, 22*.

Campbell, J., & Oliver, M. (1996). *Disability politics: Understanding our past, changing our future*. London: Routledge.

Carkhuff, R. R. (1973). *The art of helping*. Amherst, MA: Human Resources Development Press.

Center for independent Living in Toronto (1997). Direct Funding pilot Project Final Evaluation Report: self Managed Attendant services in Ontario.

Charlton, J. I. (1994). The disability rights movement and the left. *Monthly Review: Independent Socialist Magazine, 46*(3), 77-85.

Chubon, R. E., & Bowe, F. G. (1994). *Social and psychological foundations of rehabilitation*. IL: Charles C. Thomas.

Clark, W., & Rice, D. (1980). *Implementation of independent living programs in rehabilitation*. Fayetteville: Arkansas Rehabilitation Research and Training Center, University of Arkansas.

Cloerkes, G. (2001). *Soziologie der Behinderten: Eine Einfuehrung*. Heidelberg: Universitätsverlag Winter GmbH.

Cohen, D., Vega, R., & Watson, G. (2001). *Advocacy for social justice*. Bloomfield. CT: Kumarian Press Inc.

Cole, A. (1983). 자립생활기술교육. 신체장애인을 위한 자립생활, 169-180.

Cole, J., Frieden, L., Richards, L., Bailey, D., & ILRU (1979). *Source book*. Houston, TX: ILRU.

Cook, A. M. (2002). Future directions in assistive technology. In M. J. Scherer (Ed.), *Assistive technology:*

Matching device and consumer for successful rehabilitation (pp. 269-280). Washington, DC: American Psychological Association.

Cook, A. M., & Hussey, S. M. (2002). *Assistive technologies: Principles and practice* (2nd ed.). St. Louis, MO: Mosby.

Council on Accreditation of rehabilitation facilities (1980). *Standards manual for rehabilitation facilities.*

Cunningham, C., & Davis, H. (1985). *Mental personal construct theory and mental health.* London: Croom.

Davis, A. H. (1997). The ethics of caring: A collaborative approach to resolving ethical dilemmas. *Journal of Applied Rehabilitation Counseling, 28*(1), 36-41.

Davis, K. (1981). *Grave road, disability challenge, 1.* London: Union of the Physically Impaired Against Segregation.

Davis, K. (1983). *Consumer participation in service design, delivery and control.* Derbyshire: Derbyshire Coalition of Disabled People.

Davis, K. (1988). *Issues in disability: Integrated living in social problem and social welfare.* Workbook for Course D211, Block 3, Unit 19. Milton Keynes: Open University Press.

Dearling, A. (1993). *Social welfare word book.* London: Longman.

Dejong, G. (1979a). Independent Living: From Social Movement to Analytic Paradigm. *Archives of Physical Medicine and Rehabilitation, 60*(10), 435-446.

Dejong, G. (1979b). *The movement for independent living: Origins, ideology and implicantions for disability research.* East Lansing Mi: Michigan State University.

Dejong, G. (1981). *Environmental accessibility and independent living: Directions for disability policy and research.* East Lancing, MI: University Center for International Rehabilitation, Michigan State University.

Dejong, G., & Hughes, J. (1982). Independent Living: Methodology for Measuring Long-term Outcomes. *Archives of physical medicine and rehabilitation, 63,* 68-73.

Dejong, G., & Wenker, T. (1979). Attendant care as a prototype independent living services. *Archives of physical medicine and rehabilitation, 60*(10), 477-482.

Dejong, G., & Wenker, T. (1983). *Attendant care.* In N. Crewe & I. Zola (Eds.), *Independent living of physically disabled people.* San Francisco: Jossey-Bass.

Downes, R. (1995). Know your right. *Greater London association of disabled people,* 45-48.

Downing, R. (1979). *Three working papers.* Los Angeles: Ethel percy Andrus Gerontology Center, University of Southern California.

Feldbaum, C. R. (1991). Employment protection. In J. West (Ed.), *The Americans with Disabilities Act: From policy to practice.* New York: Milbank Memorial Fund.

Fenton, M. (1989). *Passivity to empowerment.* London: RADAR.

Finkelstein, V. (1991). Disability: An administrative challenge? (The health and welfare heritage), in M. Oliver (Ed.), *Social work: Disabled people and disabling environments.* London: Jessica Kingsley.

Frieden, L. (1979). Independent living: Houston experience. *American Rehabilitation*, July–August.

Frieden, L., Richards, L., Cole, J., & Bailery, D. (1979). *ILRU source book: A technical asisstance manual on independent living*. Houston, TX: Institute for Rehabilitation and Research.

Funk, R. (1986). Self–advocates Push Beyond Civil Rights. *Independent Living Forum*, 4(1).

Galbrath, J. H. (1967). *The new industrial state*. Boston: Houghton Mifflin.

Gart, R. G. (1959). *A comparison of severely hadicapped and abled-bodied drivers*. Urbana, IL: University of Illinois. Unpublished Master's Thesis.

Gilbert, N., & Spect, H. (1986). *Dimensions of social Welfare policy* (2nd ed.). Englewood Cliffs, NJ: Prentice–Hall.

Gilbride, D. D., & Stensrud, R. (1992). Demand–side job development: Amode for the 1990s. *Journal of Rehabilitation, 58*(4), 34–39.

Goffman, E. (1963). *Stigma*. Englewood Cliffs, NJ: Printice Hall.

Gordon, R. (1970). *P.E.T: Parent Effectiveness Training*. New York: Peter H. Wyden.

Graves, I. (2005). *Disability rights handbook* (30th ed.). UK: Disability Alliance.

Gray, H. D., & Tindall, J. A. (1978). *Peer Counseling: An in-depth look at training peer helpers*. Muncie, IN: Accelerated Development.

Griffiths, R. (1988). *Community care: Agenda for action*. London: HMSO.

Grunow, D. (1998). Lokale Verwaltungsmodernisierung "in progress". In: Grunow, Wollmann, Hellmut (Hrsg.), *Lokale Verwaltungsreform in Aktion*. Basel usw., S. 1–25.

Gutierrez, L. M. (1990). Working with women of color: An empowerment perspective. *Social Work, 35*, 149–154.

Harris, L. (1986). *Disabled Americans into the mainstream*. New York: International Center for the Disabled.

Hedman, G. (1990). Rehabilitation technology. *Physical & Occupational Therapy in Pediatrics, 10*(2).

Heumann, J. (1979). *Personal communication concerning the center for independent living*. Berkeley, CA: Berkeley Calif.

Hiehle, G. (1980). *Project narrative, unpublished paper, independent living research study, department of rehabilitation*. Sacramento, CA: State of California Health and Welfare Agency.

Hubbard, M. et al. (1989). *Case management: Historical current & future perspectives*. Northampton, MA: Brookline Books, Inc.

Hyman, M. L. (1974). Hand–control drivers: Comparison of driving records and insurance rates with those of nonrestricted drivers. *Archives of Physical Medicine and Rehabilitation, 55*.

ILRU (2000). Directory of independent living programs. *Journal of rehabilitation research and development, 37*.

Institute on Rehabilitation Issues (1980). Implementation of independent living programs in rehabilitation: Report from the study group. *Seventh Institute on Rehabilitation Issues*. Hot Springs: Arkansas

Rehabilitation Research and Training Center.

ISSA (2002). Social security programs throughout the world: Europe 2002. Geneve.

Johnes, K. (1993). *Asylums and after: A revised history of the mental health service: from the early 18th century to the 1990s.* London and Atlantic Highlands, NJ: Athlon Press.

Johnson, P., & Rubin, A. (1983). Case management in mental health: A social work domain? *Social Work, 28,* 49-55.

Katz, A. H., & Eugene, I. B. (1976). The strength in us: self-help groups in the modern world. *New Viewpoints,* 258.

Kathy Kuhn, T. (1961). *The structure of scientific revolutions.* Chicago: University Of Chicago Press.

Kosciulek, J. F., & Merz, M. A. (2001). Structural analysis of the consumer-directed theory of empowerment. *Rehabilitation Counseling Bulletin, 44*(4), 209-216.

Kurtz, S. M., & Silverman, J. D. (1996). The Calgary–Cambridge Referenced Observation Guides: An aid to defining the curriculum and organising the teaching in communication training programmes. *Medical Education, 30,* 83-9.

Lachat, M. A. (1988). *The independent living service model.* San Leandro, CA: The Center for Resource Management, Inc.

LaPlante, M., Harrington, C., & Kang, T. (2002). *Estimating the amount and cost of the unmet need for personal assistance services at home.* San Francisco, CA: Disability Statistics Center.

Lassiter, R. A., et al. (1983). *Vocational evaluation, Work adjustment, and independent living for severely disabled pople.* Ilinois Springfield: Charles C. Thomas Publisher.

Lagen om Assistansersattning (1994). Lagen om stod och service for vissa funktionshindrade (1993.5.27. No.387).

Laurie, G. (1977). *Housing and Home services for the Disabled.* New York: Harper and Row.

Levitan, S. A., & Taggart, R. (1977). *Jobs for the Disabled.* Baltimore: The Johns Hopkins University Press.

Levy, J. M., Jessop, D. J., Rimmerman, A., Francis, F. L., & Levy, P. H. (1993). Determinants of attitudes of New York state employers towards the employment of persons with severe dandicaps. *Journal of Rehabilitation, 59*(1), 49-54.

Levy, L. H. (1976). Self-help groups: Types and psychological processes. *Journal of Applied Behavioral Science.*

Livak, S., Heumann, J., & Zukas, H. (1987). Attending to American personal assistance for independent living: A report of the national survey of attendant service program in the USA. *World Institute on Disability, 10.*

Macfarlane, A. (1990). The Right to Make Choices. *Community Care, 1,* 14-15.

Mackelprang, R., & Salsgiver, R. (1999). *Disability: A diversity model approach in human service practice.* Chicago, IL: Lyceum Books Inc.

Mason, M., & Rieser, R. (1990). *Disability Equality in the Classroom: A Human Rights Issue.* London: ILEA.

Mason, P. (1992). The representation of disabled people: A hampshire centre for independent living discussion paper. *Disability Handicapped and Society, 7*(1), 79-84.

Mathews, M. (1990). Independent living as a lifelong community Services. *Journal of Head Trauma*

Rehabilitation, 5(1), 23-30.

Mathews, R. M., & Seekins. T. (1987). An international model of independence, *Rehabilitation Psychology.*

May, R. J., & Rademacher, B. G. (1980). The use of Para-professionals of Assessors in Student Afairs Agencies. *Journal of College Studying Personnel, 21*, 368-369.

McFarland, R. A., Ryan, G. A., & Dinogman, R. (1968). Etiology of motor-vehicle accidents with special reference to mechanism of injury. *New England Journal of Medicine, 278*(25).

Means, B. L., & Bolton, B. (1992). A national survey of employment services provided by independent living programs. *Journal of Rehabilitation, 58*(4), 22-26.

Mendelsohn, S., & Fox, H. R. (2002). Evolving legislation and public policy related to disability and assistive technology. In M. J. Scherer (Ed.), *Assistive technology: Matching device and consumer for successful rehabilitation* (pp. 17-28). Washington, DC: American Psychological Association.

Miller, E. J., & Gwynne, G. V. (1972). *A life apart.* London: Tavistock Publications.

Moeller, M. L. (1996). *Selbsthifegruppen. Anleitung Und Hintergruende.* Reinbek: Rowohlt

Moore, S. T. (1990). A social work practice model of case management: The case management grid. *Social Work, 35*(5).

Morris, J. (1992a). *Disabled Lives: Many Voices, one Message.* London: BBC Continuing Education Department.

Morris, J. (1992b). Personal and political: A feminist perspective in researching physical disability. *Disability. Handicap and Society*, 7(2).

Morris, J. (1993a). *Community care or independent living?* New York: Joseph Rowntree Foundation.

Morris, J. (1993b). *Independent lives: Community care and disabled people.* Basingstoke: Macmillan.

Moser, I. (2000). Against normalization: Subverting norms of ability and disability. *Science as Culture, 9*(2), 201-240.

Moxley, D. P. (1989). *The practice of case management.* Thousand Oaks, CA: Sage Publications.

Nakannishi Shoji (2001). 자립생활운동의 역사적 변천과정 및 현황. 제1회 한·일 장애인자립생활 세미나.

Nathanson, R. B., & Lambert, J. (1981). Integrating disabled employees into the workplace. *Personnel Journal, 60*(2), 109-113.

National Council on Disability (1983). *National policy for persons with disabilities.* Washington, D.C: Nichols, Robert W.

National Council on Disability (1996). *Achieving Independence: The Challenge for the 21st Century.* Washington, DC: National Council on Disability.

Newton, L. A., Rosen, C. T., & Hobbs, C. (2001). Moving out and moving on: Some ethnographic observations of deinstitutionalization in an Australian community. *Psychiatric Rehabilitation Journal, 25*(2), 152-162.

Niehoff, Ulrich. (1994). Wege zur Selbstbestimmung. *Geistige Behinderung, 3*, 186-201.

Niehoff, U. (1998) Grundbegriffe selbstbestimmten Lebens. In: Vom Betreuer zum Begleiter. Eine

Neuorientierung unter dem Paradigma der Selbstbestimmung. Hrsg.: Bundesvereinigung Lebenshilfe fuer Menschen mit geistiger Behinderung e.V., 2, durchgesehene Aufl.. Marburg: Lebenshilfe-Verl.., 53-64.

Nosek, M. A. (1988). Independent living and rehabilitation counseling. In S. E. Rubin & N. M. Rubin (Eds.), *Contemporary challenges to the rehabilitation counseling profession*. Baltimore: Paul H. Brookes Publishing Co.

Nosek, M. A., Jones, S. D., & Zhu, Y. (1989). Levels of compliance with federal requirements in independent living centers. *Journal of Rehabilitation*, April.

Nosek, M. A., Fuhrer, M. J., & Howland, C. A. (1992). Independence among people with disabilities: II. personal independence profile. *Rehabilitation Counseling Bulletin, 36*(1), 21-36.

Nosek, M. A., Fuhrer, M. J., & Potter, C. (1995). Life Satisfaction of People with Physical Disability Status and Handicap. *Rehabilitation Psychology, 40*(3), 191-202.

Nosek, M. A., Zhu, Y., & Howland, C. A. (1992). The Evolution of Independent Living Programs. *Rehabilitation Counseling Bulletin, 35*, 174-89.

Nosek, M. A. (1998). Independent living,. In R. M., Parker & E. M. Szymanski (Eds), *Rehabilitation counseling: Basics and beyond* (pp. 107-141). Austin, Texas: Pro-ed.

OECD (2003). Transforming Disability into Ability.

Oliver, M. (1981). *The individual model of disability*. In V. Finkelstein (Ed.), *Rehabilitation: Supplementary readings*. Milton Keynes: The Open University Press.

Oliver, M. (1990). *The politics of disablement*. Basingstoke: Macmillan.

Oliver, M. (1991a). *Disability and participation in the labour market*. In P. Brown & R. Scase (Eds.), *Poor Work*. Milton Keynes: Open University Press.

Oliver, M. (Ed.). (1991b). *Social work: Disabled people and disabling environment*. London: Kingsley Press.

Oliver, M. (1996). *Understanding disability: from theory to practice*. London Macmillan.

Oliver, M. (2009). *Understanding disability: From theory to practice*. New York: St. Martin's Press.

Ontario Disability Support Program (1993~2003). Ministry of community and social service. Canada: Ontario Government.

Orme, J., & Glastonbury, B. (1993). *Care management*. London: The Macmillan Press Ltd.

Orsulic, J. S., Shepherd, J. B., & Britton, P. J. (2003). Counseling older adults with HIV/AIDS: A strength-based model of treatment. *Journal of Mental Counseling, 25*, 233-244.

Palames, C. (2011). Ed Roberts: Godfather of independent living. Retrieved November 15, 2013, from http://atotw.org/edroberts.html

Parker, R. M., & Szymanski, E. M. (1998). *Rehabilitation counseling: Basics and beyond* (3rd ed.). Austin, Texas: Pro-ed.

Parsons, T. (1957). The Mental hospital as a social system. In M. Greenblatt, D. J. Levinson, & R. Williams (Eds.), *The patient and the mental hospital*. Glencoe, IL: Free Press.

Perry, D. C., & Apostal, R. A. (1986). Modifying attitudes of business leaders towards rehabilitation. *Journal of Rehabilitation, 52*(4), 35-38.

People First (1996). *Speak out for equal rights workbook two.* London: Equal People Course Book.

Pilling, S. (1991). *Rehabilitation and community Care.* New York: Rout ledge.

Powell, T. H. (1991). *Supported employment: Providing integrated employment opportunities for persons with disabilities.* New York & London: Longman.

Radtke, P. (1990). Selbsthilfegruppen. In O. Speck & K. Martin (Hrsg.), *Sonderpaedagogik und Sozialarbeit* (Handbuch der Sonderpaedagogik; Bd 10). Berlin: Ed. Marhold im wiss.-Verl, 252-266.

Ratzka, Adolf. (1998). Aufstand der Betreuten. In A. Mayer & J. M. Ruetter (Hrsg.), *Abschied vom Heim*, 183-201.

Ramon, S. (Ed.). (1991). *Beyond community care: Normalization and integration work.* London: Macmillan Press Ltd.

Redford, D., & Whitaker, L. P. (1999). Peer mentor volunteers: Empowering people for a change. http://www.ilru.org

Reed, B. J. (2002). Assistive technology. In J. D. Andrew & C. W. Faubion (Eds.), *Rehabilitation service: An introduction for the human services professional* (pp. 198-237). Osage Beach, MO: Aspen Professional Services.

Riemer-Reiss, M. L. (2003). Rehabilitation professionals' perceived competencies in assistive technology: A preliminary analysis. *Journal of Applied Rehabilitation Counseling, 34*(2), 33-36.

Riemer-Reiss, M. L., & Wacker, R. R. (2003). Factors associated with assisted technology with assistive discontinuance among individuals with disabilities. *Journal of Rehabilitation, 66*(3), 44-50.

Roberts-DeGennaro, M. (1987). Developing Case Management as a Practice Model. *Social Casework: The Journal of Contemporary Social Work, 68*(8), 466-470.

Roessler, R. T. (1981). *Strategies for evaluating independent living programs.* Arkansas: University of Arkansas, Rehabilitation Research and Training Center.

Rothman, J. C. (2003). *Social work practice across disability.* Boston: Allyn and Bacon.

Rubin, S. E. (1977). A national rehabilitation program evaluation research and training effort: Some results and implications. *Journal of Rehabilitation, 43*(2), 28-31.

Rubin, S. E., & Rosseler, R. T. (1980). *Goal setting: Guidelines for diagnosis and rehabilitation program development.* Fayetteville: Arkansas Rehabilitation Research and Training Center, University of Arkansas.

Rubin, S. E., & Roessler, R. T. (1995). *Foundations of vocational rehabilitation process* (4th ed.). Austin, TX: Pro-Ed.

Saleebey, D. (Ed.). (1992). *The strengths perspective in social work practice.* White Plains, NY: Longman.

Satcher, J., & Hendren, G. R. (1992). Employer agreement with the Americans with Disabilities Act of 1990: Implications for Rehabilitation Counseling. *Journal of Rehabilitation, 58*(3), 13-17.

Saxton, M. (1981). A peer counseling training program for disabled women. *Journal of Sociology and Social Welfare, 8*, 334-346.

Saxton, M. (1983). Peer counseling. In N. M. Crewe & I. K. Zola (Eds.), *Independent living for physically disabled people.* San Francisco, CA: Jossey-Bass.

Saxton, M. (1991). Reclaiming sexual self-esteem-peer counseling for disabled women. *West. J. Med., 154*(5).

Schalock, R. (1979). *Independent living teaching manual.* Hastings, Nebraska: Mid-Nebraska Mental Retardation Services.

Schatzlein, J. E. (1978). Spinal cord injury and peer counseling/peer education. Regional Spinal Cord Injury Center, Department of Physical Medicine and Rehabilitation, University of Minnesota Hospital. (Unpublished paper).

Scherer, M. J. (2002). *Living in the state of stuck: How technology impacts the lives of people with disabilities* (3rd ed.). Cambridge, MA: Brookline Books.

Scherer, M. J. (Ed.). (2002). *Assistive technology: Matching devices and consumers for successful rehabilitation.* Washington, DC: American Psychological Association.

Schmidbauser, W. (1977). *Die hilflosen Helfer: ueber die seelische Problematik der helfenden Berufe.* Reinbek: Rowohlt.

Seifert, M. (1997). *Lebensqualitaet und Wohnen bei schwerer geistiger Behinderung Theorien und Praxis.* Reutlingen: Diakonei-Verl.(Berliner Beitraege zur Paedagogik und Andragogik von Menschen mit geistiger Behinderung, Bd. 3).

Servian, R. (1996). *Theorising empowerment-individual power and community care.* Bristol, Policy Press.

Shakespeare, T. (1993). Disabled people's self organization: A new social movement? *Disability, Handicap and Society, 8*(3).

Shapiro, J. P. (1993). *No pity.* New York: Random House.

Sharkey, P. (1995). *Introducing community care.* London: Collins Educational Ltd.

Shreve, M. (1991). *Peer counseling in independent living centers: A study of service delivery vriations.* ILRU Research & Training Center on Independent Living at TIRR.

Smith, L. W., & Quentin, W. S. (1994). Independent living centers: Moving into the 21st Century. *American Rehabilitation, 20*(1), 14-22.

Smith, R. O. (1987). *Models of service delivery in rehabilitation technology. In rehabilitation technological service delivery: A practical guide.* Washington, DC: RESNA Press.

Solomon, M. L. (1993). Is the ADA "Accessible" to people with disabilities? *Journal of Rehabilitation Adminstration, 17,* 109-117.

Solvang, P. (2000). The emergence of an us and them discourse in disability Theory. *Scandinavian. Journal of Disability Research, 2*(1), 3-20.

Spreat, S., & James, W. C. (2002). The impact of deinstitutionalization on family contact. *Research in Developmental Disabilities, 23.*

Star, T. (2001). *Matching assistive technology for consumer rehabilitation: Match guidebook and referral index.* Los Angeles: Unpublished Master's Thesis, California State University.

Stevenson, O. P. (1993). *Community care and empowerment*. New York: Joseph Rowntree Foundation.

Strum, L. J., & Ferris, G. R. (1982). Issues in hiring the handicapped: A positive outlook. *Personnel Adminstration, 27*(8), 75-81.

Stuart, J. (2006). *Family Justice Appraisals and Involvement with Deviant Peers Among Adolescents*. Unpublished masters thesis, University of Florida.

Sullivan, W. P. (1992). Reclaiming the community: The strengths perspective and deinstitutionalization. *Social Work, 37*(3), 204-209.

Swain, J., Finkelstein, V., French, S., & Oliver, M. (Eds.) (1994). *Disabling barriers: Enabling environments*. London: The Open University, Sage Publication.

Tate, R., & Jarvis, G. (1979). Independent living. *Archives of Physical Medicine and Rehabilitation, 10*.

Theunissen, G., & Plaute, W. (2002). *Handbuch Empowerment und Heilpaedagogik*. Freiburg im Breisgau: Lambertus.

Tossebro, J. (1998). Family attitudes to deinstitutionalization before and after resettlement: The case of a Scandinavian welfare State. *Journal of Developmental and Physical Disabilities, 10*(1), 55-72.

Trieschmann, R. B. (1980). Spinal cord injury: Psychological. *Social and Vocational Adjustment*. Elmsford, NY: Pergamon Press.

Tumer, R. (1969). The Theme of Contemporary Social Movements. *British Journal Of Sociology, 20*(December).

Turley, L., & Beck, R. (1991). *Americans with Disabilities Act: Manual for counselors, employers, and consumers*. Carbondale, IL: Regional Continuing Education Program.

U. N. (2006). 장애인권리협약.

U. S. Equal Employment Opportunity Commission (1991). The Americans with Disabilities Act; Your employment rights as individual with a disability.

Urban Institute (1975). *Report of the comprehensive needs study*. Washington, DC: U. S. Department of Health, Education, and Welfare, Rehabilitation Services Administration.

Varela, R. A. (1979). *Self-help groups in rehabilitation*. Washington, DC: American Coalition of Citizens with Disabilities.

Wehman, P., & Kregel, J. (1995). Supported employment: At the crossroads. *Journal of the Association for Persons with Severe Handicaps, 20*, 286-299.

Wehman, P., Kregel, J., & Barcus, J. M. (1985). From school to work: A vocational transition model for handicapped students. *Exceptional Children, 52*(1), 24-37.

Wehman, P., Wood, W., Everson, J. M., Goodwyn, R., & Conley, S. (1988). *Vocational education for multi handicapped youth with cerebral palsy*. Baltimore: Paul H. Brooks Publishing Co.

Wehmeyer, M. L. (1992). Self-Determination and the Education of Students with Mental Retardation. *Education and Training in Mental Retardation*, Vol. 27, 302-314.

Wehmeyer, M. L. (1999). A functional model of self-determination: describing development and implementing instruction. *Focus on Autism and Other Developmental Disability, 14*(1), 53–61.

Wehmeyer, M. L., & Bolding, N. (1999). Self-Determination Across Living and Working Environments: A Matched-Samples Study of Adults With Mental Retardation. *Mental Retardation, 37*, 353–363.

Wehmeyer, M. (1988). 자기결정(Self-determination)에 대한 특수교육 교사의 중요도 인식 및 교수 실행도에 관한 조사. *Asian Journal of Education 2003, 4*(1), 17–39.

Weick, A., & Chamberlain, R. (1997). Putting problems in their place: Further explorations in the strengths perspective. In D. Saleebey (Ed.), *The strengths perspective in social work practice* (2nd ed., pp. 39–48). White Plains, NY: Longman.

West, J. (1991). *The Americans with Disabilities Act: From policy to practice.* New York: Milbank Memorial Fund.

WHO (1980). ICIDH: International Classification of Impairments, Disabilities and Handicaps: A Manual of Classification Relating to the Consequences of Disease.

WHO (1997). ICIDH-2: International Classification of Impairments, Activities, and Participation. A Manual of Dimensions of Disablement and Functioning. Beta-1 Draft for Field Trials.

WHO (2001). ICF: International Classification of Functioning, Disability and Health.

Wohlfahrt, N., & Breitkopf, H. (1995). *Selbsthilfegruppen und Soziale Arbeit. Eine Einführung für soziale Berufe.* (ISBN 10: 3784107672 / ISBN 13: 9783784107677)

Wolfensberger, W. (1972). *The principle of normalization in human services.* Toronto: National Institute on Mental Retardation.

Wolfensberger, W. (1983). Social role valorization: A proposed new term for the principle of normalization. *Mental Retardation, 21*(6), 234–239.

Wolfensberger, W. (1989). Human service policies: the Rhetoric Versus the Reality. In L. Barton (Ed.), *Disability and dependency.* London: Falmer Press.

World Institute on Disability (1987). Attending to America: Personnel Assistance Service for Independent. (WID: http://www.wid.org).

Wright, G. N. (1980). *Total rehabilitation.* New York: Little, Brown.

Wright, T. J., Martinez, Y. G., Dixon, C. G., & Buckner, W. (1999). Minority consumers of independent living services: A pilot investigation. *Journal of Rehabilitation, 65*(2), 20–25.

Ysander, L. (1966). The safety of physically disability drivers. *British Journal of Industrial Medicine, 23*(3).

Zastrow, C. (1987a). *Social work with groups.* Chicago: Nelson-Hall Publishers.

Zastrow, C. (1987b). *Understanding human behavior and the social environment.* Chicago: Nelson-Hall Publishers.

DANSK Rehab Gruppe. http://www.rehabgroup.dk

HEALTTH & REHAB Scandinavia. http://health-rehab.com

National Council on Independent Living(NCIL). http://www.ncil.org.uk

찾아보기

저자 소개

조영길(Cho, Young-Kil)
고신대학교 직업재활학과 교수

김정미(Kim, Jung-Mi)
해운대장애인자립생활센터 소장

노경수(No, Gyeong-Su)
사상구장애인자립생활센터 소장

장애인자립생활개론

Introduction: INDEPENDENT LIVING

2016년 8월 5일 1판 1쇄 발행
2023년 8월 10일 1판 4쇄 발행

지은이 • 조영길 · 김정미 · 노경수
펴낸이 • 김 진 환
펴낸곳 • ㈜ **학지사**

04031 서울특별시 마포구 양화로 15길 20 마인드월드빌딩 5층
대표전화 • 02) 330-5114   팩스 • 02) 324-2345
등록번호 • 제313-2006-000265호

홈페이지 • http://www.hakjisa.co.kr
페이스북 • https://www.facebook.com/hakjisabook

ISBN 978-89-997-0994-4   93330

정가 15,000원

┃ 출판미디어기업 **학지사**

간호보건의학출판 **학지사메디컬** www.hakjisamd.co.kr
심리검사연구소 **인싸이트** www.inpsyt.co.kr
학술논문서비스 **뉴논문** www.newnonmun.com
원격교육연수원 **카운피아** www.counpia.com